湖北民族大学学术著作出版基金资助

白松强　著

中日文化遗产保护与利用比较研究

图书在版编目（CIP）数据

中日文化遗产保护与利用比较研究／白松强著 .—北京：中国社会科学出版社，2024.4
ISBN 978 – 7 – 5227 – 3347 – 0

Ⅰ.①中… Ⅱ.①白… Ⅲ.①文化遗产—保护—对比研究—中国、日本 Ⅳ.①K203②K313.03

中国国家版本馆 CIP 数据核字（2024）第 071179 号

出 版 人	赵剑英
责任编辑	孔继萍
责任校对	周 昊
责任印制	郝美娜

出　　版	中国社会科学出版社
社　　址	北京鼓楼西大街甲 158 号
邮　　编	100720
网　　址	http://www.csspw.cn
发 行 部	010 – 84083685
门 市 部	010 – 84029450
经　　销	新华书店及其他书店
印　　刷	北京君升印刷有限公司
装　　订	廊坊市广阳区广增装订厂
版　　次	2024 年 4 月第 1 版
印　　次	2024 年 4 月第 1 次印刷
开　　本	710×1000　1/16
印　　张	15
字　　数	239 千字
定　　价	88.00 元

凡购买中国社会科学出版社图书，如有质量问题请与本社营销中心联系调换
电话：010 – 84083683
版权所有　侵权必究

前　言

　　20世纪90年代，迅速发展的经济全球化浪潮增进了国家与国家、民族与民族之间的交往和联系，尤其是对发展中国家而言，使得在更大范围和更深程度上参与国际上的合作与交往成为可能。在此过程中，借助世界舞台，每个国家和民族都期望展示自己文化的个性魅力。由此，与军事、经济、科技等综合国力相比，来自文化方面的国家形象构建与展示也越来越受到重视，尤其是借助联合国教科文组织（UNESCO）的世界遗产和人类非物质文化遗产代表作名录，各国纷纷开启"文化软实力构建"模式，出台文化强国战略规划。

　　中国和日本一衣带水，历史人文渊源深厚，文化遗产资源丰富。20世纪90年代以来，特别是世纪交替之际，借助联合国教科文组织的双遗产名录制度，文化软实力的概念各自被中日两国政府纳入国家文化战略规划中。如今，中日两国成就了各自的世界文化遗产大国的地位，这不单单仅表现在各自成熟的文化遗产保护体系，而且在文化遗产的活化利用实践中，中日两国也自成体系，特色鲜明，尤其是"中国经验""中国路径""日本方案""日本模式"等更为人类共同的文化遗产保护、为实现文化遗产的可持续发展和永续利用提供了镜鉴。

　　文化遗产作为历史留给人类的宝贵财富，是一个国家和民族历史文化成就的重要标志。同时，基于对文化与旅游两者辩证统一关系的深刻认识，即文化作为旅游的重要内涵表征，旅游作为文化的重要传播载体，二者深度融合发展，又为时代大势所趋。文化遗产如何在保护与利用中取得平衡，相互统筹，既需要敬畏和尊重历史文化，也需要政策创新、制度创新，借鉴一切文明创新成果。

　　本书首先从中日两国的文化强国（文化立国）战略视角出发，通过梳理两国的世界双遗产申报及本国文化遗产保护体系构建历程，明晰其各自的道路自信与文化自信；其次分别走近不同类型的文化遗产，考察中日两国在国家文化软实力构建中所提炼出的具有独创性和先进性的"中国经验""中国路径""日本方案""日本模式"等保护与利用的好做法、新思路，总结中日两国在文化遗产领域所开创的成功典范，探讨如何建立有效的文化遗产保护与利用机制；最后面对新时代文化遗产发展的新形势、新机遇，进而提出中国要主动"走出去"，积极"请进来"，要以高度的文化自信和文化自觉广泛开展文化交流和文明互鉴，有效助推文化遗产保护与利用的高质量发展。

目　录

导　言 ………………………………………………………………… (1)

第一章　联合国教科文组织主导的文化遗产保护运动 …………… (10)
　　第一节　世界遗产名录制度创设及其分布不均衡问题 ………… (10)
　　第二节　人类非物质文化遗产代表作名录制度的创设 ………… (14)

第二章　中国的文化强国战略 ……………………………………… (22)
　　第一节　文化建设意识的自觉与强化 …………………………… (22)
　　第二节　文化遗产保护的策略与举措 …………………………… (26)

第三章　日本的文化立国战略 ……………………………………… (41)
　　第一节　日本文化立国战略的制度体系建设 …………………… (41)
　　第二节　文化立国战略的具体实施策略 ………………………… (47)

第四章　中国的文化遗产保护路径
　　　　　——以傩戏文化为例 ……………………………………… (58)
　　第一节　武陵山区傩文化资源分布及地域特色 ………………… (58)
　　第二节　武陵山区保护与利用傩文化的新路径 ………………… (79)

第五章　日本的文化遗产保护方案
　　　　　——以申报策略为例 ……………………………………… (99)
　　第一节　世界非物质文化遗产评审规则的变革 ………………… (99)
　　第二节　日本申报人类非物质文化遗产的策略转变 ………… (106)

第六章　中国的文化遗产保护经验
　　——以研培计划为例 ………………………………（123）
　　第一节　在高校开展研培计划的必要性与可行性 …………（123）
　　第二节　清华大学美术学院所开创的"清华经验" …………（131）

第七章　日本的文化遗产保护模式
　　——以日本遗产为例 ………………………………（154）
　　第一节　日本遗产名录制度创设的初衷 ……………………（154）
　　第二节　日本遗产名录认定项目的特色 ……………………（158）

第八章　中日对工业遗产的不同阐释
　　——以"Industrial Heritage"为例 …………………（173）
　　第一节　中日对"Industrial Heritage"的不同阐释 …………（173）
　　第二节　我国"工业遗产"称谓存在的问题及其局限性 ………（181）

第九章　文化遗产保护体系：中国路径探讨与日本标准借鉴 ……（196）
　　第一节　中华人民共和国成立以来中国文化遗产保护
　　　　　　制度的发展完善及分类体系鸟瞰 ……………………（196）
　　第二节　他山之石：对日本文化遗产保护标准的借鉴 ………（210）

结　语 ………………………………………………………（220）

参考文献 ……………………………………………………（227）

后　记 ………………………………………………………（234）

导　言

　　中国和日本，一衣带水，两国自古以来就在文化、政治和经济等诸领域有着很深厚的交流与联系。进入 21 世纪以来，中日两国政府都在文化遗产保护领域取得了长足的进步和发展，尤其是借助联合国教科文组织的双遗产名录制度（世界遗产名录和人类非物质文化遗产代表作名录），成就了名副其实的文化遗产大国。2015 年，中日两国又同时分别创设了"国家全域旅游示范区"和"日本遗产名录"制度，两者可谓殊途同归、异曲同工，在文化遗产资源的保护和利用方面，都做出了有益的积极探索和尝试。

　　针对文化遗产，就世界范围来讲，各国政府都面临着如何保护和如何利用的问题。近几十年来，党和各级政府都非常重视文化遗产的保护与利用，为此，中国也取得了举世瞩目的成绩（世界遗产总数量 56 项，仅次于意大利，名列世界第二；人类非物质文化遗产代表作名录总数量 42 项，名列世界第一）。但由于我国文化遗产保护体系的相对滞后[1]、文化遗产资源利用的混乱无序[2]、区域发展的不平衡和文化遗产资源类型差异等诸因素的存在[3]，使得中国对文化遗产的保护成效和利用实绩与日本、德国、法国等发达国家相比还有不小的差距[4]。

　　与我国隔海相望的日本于 1871 年便开始了针对文物的立法保护，1950 年新颁布的《文化财保护法》，实施了针对非物质文化遗产（无形

---

[1]　冯骥才：《符号中国：文化遗产（上下卷）》，译林出版社 2008 年版。
[2]　乌丙安：《非物质文化遗产保护理论与方法》，文化艺术出版社 2016 年版。
[3]　傅才武、陈庚：《当代中国文化遗产的保护与开发模式》，《湖北大学学报》（哲学社会科学版）2010 年第 4 期。
[4]　彭兆荣：《文化遗产十讲》，云南教育出版社 2012 年版。

文化遗产）的立法保护，这在世界上是首次，在人类文化遗产保护史上有着特殊的科学意义。《文化财保护法》颁布70年来，日本政府已经修订了40多次，从中不难看出日本政府在立法保护方面的细针密缕和精耕细作。2015年，日本政府又创设了"日本遗产"名录制度，与2014年相比，该名录制度直接促进了632万次外国游客入境日本，在世界旅游观光客入境人数排行榜上，日本也由第22名上升到第16名。可见，在文化遗产的利用方面，日本无疑进行了积极探索和有益尝试，取得了显著效果。

与日本相比，我们国家相关文化遗产的法律法规制定都相对较晚，修订的次数也很有限。在世界旅游观光客入境人数排行榜方面，虽然我们稳居世界第四名的位置，但2015年与2014年相比，中国外国游客入境人数也仅增加了126万次，这明显与中国是文化遗产大国的地位有显著落差。可见，日本在文化遗产的保护和利用方面，确实有很多值得我们学习的地方。基于此，对于中日两国各自的文化遗产保护与利用进行多层次定性、定量研究，就有其必要性和现实意义。

此外，中日韩三国政府间有文化部长会议机制，且从2007年1月首次在中国南通举办以来，到2019年8月，已连续举办了11次。它是重要的政府间协商机制，为东亚三国文化部长定期交换意见提供了良好的平台。[①] 2019年11月，中日两国政府还在日本东京举行了首次中日高级别人文交流磋商机制会议，双方共同协商要"丰富两国人文交流内涵，加强民意引导塑造，推进文明交流互鉴"[②]。基于此，在中日双方高层的重视和关心下，科研机构针对中日各自的历史文化、文化软实力构建、文化强国战略实施等内容，也积极展开了更全面、多维度的挖掘、探究和考证。所以，从客观大环境出发，注重中日文化遗产保护比较研究，概括日本的方案和模式，总结中国的经验和方法，就有可能将中国文化遗产保护放到国际比较的视野中进行更深入的研究，且基于这样的宏阔视野，更能进一步深化中国文化遗产保护研究。

---

① 《第十一次中日韩文化部长会议在韩国仁川召开》，《人民日报》2019年8月31日第3版。

② 刘军国：《中日高级别人文交流磋商机制首次会议在日本举行》，《人民日报》2019年11月26日第3版。

立足于中日两国文化强国战略下文化遗产保护的比较研究，综观国内学者的相关研究，其着重对法规、制度层面的介绍性文章，诸如文化遗产的认定，谁对于什么而认定了其有怎样的文化价值；文化遗产的普查，谁在哪里做了地毯式的文化事象登记和整理保护。但是，带着文化软实力构建问题意识，有针对性地实施个案研究的较少，尤其是从文化强国角度作深入的理论层面和保护意识层面的比较研究更少。不过，前人的研究对笔者的研究视野拓展无疑有很大的启发意义，其主要研究有：

王军的专著《日本的文化财保护》（1997）[①]，系统介绍了日本文化保护方面的制度与经验。沈坚的介绍文《日本人的文物意识》（2004）[②]，则是从心理学的层面，剖析日本国民的文化遗产保护意识。苑利的论文《日本文化遗产保护运动的历史和今天》（2004），综述了日本文化遗产保护运动的历史过程和诸多立法及对人类文化遗产保护的特殊贡献。[③] 顾军、苑利编著的《文化遗产报告——世界文化遗产保护运动的理论与实践》（2005）一书[④]，则列有"日本的文化财保护"专章，对日本文化遗产保护的组织、制度进行介绍。于小川的论文《从法令规制的角度看日本文化遗产的保护及利用——二战前日本文化财保护制度的成立》（2005）[⑤]，回顾了第二次世界大战前日本文化遗产保护的相关法律的制定、修改过程，阐述了法律在文化遗产保护中所起的重要作用及其局限。林和生的论文《日本对非物质文化遗产保护的启示》（2006）[⑥]，介绍了日本在非物质文化遗产保护方面所取得的显著成绩。色音的论文《日本文化遗产保护制度与文化政策》（2006）[⑦]，介绍了日本对文化遗产的分类

[①] 王军：《日本的文化财保护》，文物出版社1997年版。
[②] 沈坚：《日本人的文物意识》，《西北民族研究》2004年第4期。
[③] 苑利：《日本文化遗产保护运动的历史和今天》，《西北民族研究》2004年第2期。
[④] 顾军、苑利：《文化遗产报告——世界文化遗产保护运动的理论与实践》，社会科学文献出版社2005年版。
[⑤] 于小川：《从法令规制的角度看日本文化遗产的保护及利用——二战前日本文化财保护制度的成立》，《北京理工大学学报》（社会科学版）2005年第3期。
[⑥] 林和生：《日本对非物质文化遗产保护的启示》，载陶立璠、樱井龙彦主编《非物质文化遗产学论集》，学苑出版社2006年版，第338—343页。
[⑦] 色音：《日本文化遗产保护制度与文化政策》，载陶立璠、樱井龙彦主编《非物质文化遗产学论集》，学苑出版社2006年版，第344—354页。

和保护措施。周星、周超的论文《日本文化遗产的分类体系及其保护制度》（2007）①，则对日本文化遗产保护法制的形成与变迁脉络做了梳理。廖明君、周星的论文《非物质文化遗产保护的日本经验》（2007），介绍了日本政府在保护文化遗产方面所体现出的连续性、系统性和全面性。②周星、周超的论文《日本文化遗产保护的举国体制》（2008）③，介绍了日本通过立法，明确地规范文化遗产当事各方的相关法律责任和义务，进而促成了文化遗产保护的举国体制。周超的论文《日本法律对"民俗文化遗产"的保护》（2008）④，讨论了日本对"民俗文化遗产"之重视及其保护措施。吴咏梅的论文《浅谈日本的文化外交》（2008），就日本输出其价值观和提高国家形象的新型"文化外交"战略作了考证。由此可见，国内学术界在讨论文化遗产的有关问题时，会很自然地关注比我们先行一步的日本等发达国家。这种采用与国际比较的学术视野，除了学者本身的学术专长，也彰显出其深刻认识中国文化遗产保护的壮阔历程和取得辉煌成就的历史必然性，其本质是建立在中国文化自信基础上的一种文化自觉和责任担当。

2011年10月，党的十七届六中全会提出的实施文化"走出去"工程，进一步引发了学者对参与国际文化机制研究，拓展中国文化发展空间，提高国家文化软实力等学理方面的密切关注和热烈讨论。康保成的论文《日本的文化遗产保护体制、保护意识及文化遗产学学科化问题》（2011）⑤，则能跳出一般的介绍、说明模式，探讨文化遗产成为学科化的可能性。王京的论文《关于日本文化遗产保护制度的几个问题——以民俗及民俗学的关联为中心》（2012）⑥，辨析了日文中"文化财"与"文化遗产"概念的不同，并聚焦于日本文化遗产制度中民俗文化的地位。

---

① 周星、周超：《日本文化遗产的分类体系及其保护制度》，《文化遗产》2007年第1期。
② 廖明君、周星：《非物质文化遗产保护的日本经验》，《民族艺术》2007年第1期。
③ 周星、周超：《日本文化遗产保护的举国体制》，《文化遗产》2008年第1期。
④ 周超：《日本法律对"民俗文化遗产"的保护》，《民俗研究》2008年第2期。
⑤ 康保成：《日本的文化遗产保护体制、保护意识及文化遗产学学科化问题》，《文化遗产》2011年第2期。
⑥ 王京：《关于日本文化遗产保护制度的几个问题——以民俗及民俗学的关联为中心》，《文化遗产》2012年第1期。

孙洁的论文《日本文化遗产体系》（2013）①，在对有关概念进行解释的基础上，从法规的发展历程、具体分类、管理及保护机构、遗产教育、研究成果等多方面，综合介绍了日本文化遗产体系的概况。叶淑兰的论文《日本文化软实力：生成与借鉴》（2015）②，从日本丰富的物质性、精神性和制度性资源等方面，考察了日本文化软实力构建的成功秘籍。就此，学者们开始用多元化思维拓展视野，涵养学识，发掘文化遗产专业与其他专业的交叉点。一言以蔽之，新形势下，对中国文化遗产保护的研究，正不断得到发展和深化。

自美国学者约瑟夫·奈在1990年首先提出"文化软实力"的概念以来，尤其是随着经济全球化的发展，多数发达国家也开始积极重建和拓展文化的经济功能，学者们针对文化遗产的研究也开始形成高潮。单以日本为例，日本学者多采用以个案研究与宏观理论研究相结合的方法，多从国家文化战略体系理论的宏观框架中关注文化遗产的地位和作用，挖掘文化遗产在文明互鉴中的文化价值。主要研究有：

唐道子的论文《日本文化遗产保护协调现状与问题点》（1997）③，探讨了新形势下文化遗产保护应该采取多部门联动机制，加强文化遗产的综合保护能力。田中哲雄的论文《日本文化遗产的内容与特色》（1998）④，其依据文化财保护法，归纳了日本文化遗产的内容与特色，呼吁文化遗产应与新时代发展要求相适应。进入21世纪后，学者们多采用国际视野来探讨日本文化遗产的保护的政策走向。大贯美佐子的论文《〈保护非物质文化遗产公约〉第17条的分析与日本的国际支援的可能性》（2011）⑤，探讨了针对紧急保护名录，日本政府实施紧急国际救助的法律依据。才津祐美子的论文《世界遗产与日本

---

① 孙洁：《日本文化遗产体系（上）》，《西北民族研究》2013年第2期。孙洁：《日本文化遗产体系（下）》，《西北民族研究》2013年第4期。
② 叶淑兰：《日本文化软实力：生成与借鉴》，《社会科学》2015年第2期。
③ ［日］唐道子：《日本の文化遺産保存協力の現状と問題点》，東京：《建築雑誌》1997年（总1400期）第1期。
④ ［日］田中哲雄：《日本の文化遺産の内容と特色》，東京：《緑の読本》1998年（总45期）第3期。
⑤ ［日］大貫美佐子：《「無形文化遺産の保護に関する条約」第17条の分析と日本の国際支援の可能性》，東京：《文化政策研究》2011年（总5期）第1期。

的文化遗产》（2013）①，考察了日本政府利用联合国教科文组织来提升国家文化软实力的战略思路和方法。关根理惠、出口晶子的论文，以地域特点鲜明的个案研究，考证了如何保持文化遗产保护的良性循环和协同发展。②

仅用不到20年的时间，中国的文化遗产保护事业，就取得举世瞩目的发展成就，促使着越来越多的人探寻"中国奇迹"背后的制度密码。本书围绕中国文化强国战略何以永葆生机活力，中国文化遗产保护事业何以能够行稳致远等话题，运用历史、现实、未来相结合的研究方法，分析阐释中国文化遗产保护制度守正创新的理论底蕴、实践展开、时代要求等问题。

第一，比较研究法。罗马著名学者塔西陀曾提倡要想认识自己，就要把自己同别人进行比较。比较是认识事物的基础，可以帮助我们更好地认识事物的本质，把握事物的发展规律。本书的比较研究法主要是采用社会科学研究中常用的历史比较法（纵向比较）和类型比较法（横向比较）两类。前者是对中日两个政府同时在21世纪所倾力构建的文化强国战略发展历程进行对比分析，探求文化产业发展对提升国家文化软实力的重要作用。后者是通过中日各自的文化强国战略建设及实施历程的对比研究，进而引导出各自在文化强国战略背景下，从实践中总结提炼的针对文化遗产保护的发展模式和经验路径等，这主要着眼于其历史发展。全书撰写过程，以政治社会学、文化遗产学、社会文化学等作为学理依据，辅之以实证调研法、文献分析法、文化共生论为次要研究方法，通过个案考察，进而推导出"文化中国""文化日本"战略目标下各自的文化强国构建理念和主要实施策略内容，做出富有时代感的中日文化遗产保护比较的文化新诠释。

第二，实地调研法。基于理论与实践结合是区域国别研究的应有之义，2016—2019年，笔者多次赴日本文化厅、东京文化财研究所和国内的清华大学美术学院、武陵山区等单位和地区，以"亲身经历、亲眼目睹、亲耳

---

① ［日］才津祐美子：《世界遺産と日本の文化遺産》，東京：《21世紀東アジア社会学》2013年（总5期）第3期。

② ［日］関根理恵：《アランフェスの文化的景観に関する研究》，流山：《江戸川大学紀要》2017年（总27期）第3期。［日］出口晶子：《東アジアの木造船文化継承のゆくえ》，横浜：《国際常民文化研究叢書》2018年（总12期）第3期。

聆听"的躬行态度,把握好宏观与微观、中国与日本、传统与现实、理论与实践、文化与制度等的结合,不以局部概论全体,更不能满足于历史的切片,而是通过文献阅读、采访调查,获取海量一手资料,用数据分析法,示以代表性的事例,考证中日文化遗产保护体系的各自特色。

第三,文献分析法。民族学最重视田野调查,但仅仅依靠此方法尚不能达到全面、深入研究的效果,因此,学术界称之为非接触性研究方法的文献分析法,也是本书的适用方法之一。通过运用学术界新发表的科研成果,对收集到的与本书研究有关的公开出版的书籍刊物等资料进行分析研究,系统了解和全面掌握中日两国文化遗产保护的发展脉络,可在此基础上直指两国文化遗产保护的核心问题,极大地提升了研究效率,为进一步展开深入比较研究做好基础准备。

总之,对本书基于中日文化强国战略视域下的文化遗产比较研究,单一研究的方法显然无法驾驭,客观上需要多元研究方法共同发挥作用。其他的诸如层次分析法、个案研究法、历史分析法、因素分析法等也为本书的撰写提供了很好的借鉴。在此不再赘述。

创新是对制度理论研究的重要要求,制度理论研究要对实践做出贡献,关键在于其创新性。本书从选题到定稿,希冀能够对中国文化遗产保护的机制完善发展提供新的解释,新的阐发,具备些许解释力和引领性。在撰写过程中,也力图在探索研究主体之间的互动,完善文化遗产保护比较研究范式,拓展中日文化交流研究视角,考证中日文化遗产保护合作的可能性等方面既体现出继承性和民族性,也要呈现其原创性和时代性。

其实这些"创新",实际上是新世纪新时代下,学者怀有对民族文化保护责任自觉自为不断追求而产生的必然结果,是对前辈治学精神的一种赓续和传承,并非无源之水、无本之木,是充满"现实主义"的。柏贵喜先生、陈心林先生、段超先生等均对非物质文化遗产名录制度进行过反思和总结[1],使得笔者开始关注名录制度研究。哈正利先生深刻认识

---

[1] 柏贵喜:《"名录"制度与非物质文化遗产保护》,《贵州民族研究》2007年第5期。陈心林:《人类学视阈下非物质文化遗产名录制度的反思》,《青海民族研究》2015年第4期。段超、孙炜:《关于完善非物质文化遗产保护政策的思考》,《中南民族大学学报》(人文社会科学版)2017年第6期。

到中国民族学人类学本土化、国际化的困境，真切呼唤真正意义上的、充分的、平等的文化交流①，进而促使笔者思考如何利用专业特长进行跨境文化的比较研究。

采取学者李吉和、陈怡霈从经济利益、文化差异探讨民族歧视与反歧视问题的思路②，笔者也借此验证了在世界文化遗产保护领域中存在的这一铁的定律。田敏、邓小艳则从民族村寨旅游开发视角出发，关注民族文化的保护和传承③，进而使笔者在本书撰写主线中，始终不脱离文化遗产的保护。

学者严永和、谭志满、霍晓丽在联合国教科文组织的国际公约背景下，分别从《联合国原住民权利宣言》和《保护非物质文化遗产公约》的角度，各自利用"原住民传统资源知识产权"和"文化空间"的概念，探讨了"少数民族传统资源知识产权保护"与"少数民族传统文化的保护与传承"。④ 汲取两位先生的治学智慧，本书也借助联合国教科文组织的两公约两大遗产名录制度，来构思篇章布局，间架结构。彭修银、邹坚先生从"空寂"作为日本民族独特的美学范畴出发，考证了其在日本人绘画、造园及茶道等文化生活中的体现，尝试从哲学高度概括日本传统文化的意蕴特征。⑤ 这也更坚定了笔者选题之时始将目光向外，提升对外部世界了解的自信力。

综上可见，学术界前辈对民族民间传统文化的多维探讨以及对现存文化保护制度的个案考证研究，为本书充分理解和把握中日文化遗产保护比较研究得以开展（缘何重要）打开了新的研究视角。故此，这将是

---

① 哈正利、刘占勇：《中国民族学人类学本土化、国际化的困境与方向》，《民族学刊》2019年第3期。

② 李吉和、陈怡霈：《民族歧视问题研究述评》，《中南民族大学学报》（人文社会科学版）2018年第5期。

③ 田敏、邓小艳：《近十年国内民族村寨旅游开发与民族文化保护和传承研究述评》，《中南民族大学学报》（人文社会科学版）2012年第6期。

④ 严永和：《论〈联合国原住民权利宣言〉第31条的保护对象及其制度设想》，《中央民族大学学报》（哲学社会科学版）2013年第6期。谭志满、霍晓丽：《文化空间视阈下土家织锦保护与传承研究》，《西南民族大学学报》（人文社科版）2013年第10期。

⑤ 彭修银、邹坚：《空寂：日本民族审美的最高境界》，《华中师范大学学报》（人文社会科学版）2005年第1期。

本书研究的方向和切入点，是当下应该继续进一步给予关照和深化探讨，寻找中国故事的国际表达。会不会最终仅是跟在大家后面亦步亦趋，步其后尘，沦为邯郸学步、东施效颦，此乃笔者惴惴不安之处。

简而言之，本书的创新特色主要体现在：第一，具有较强的问题意识。本书以文化遗产为切入点，以问题意识为导向，在文化强国战略视阈下，通过个案研究，考证文化遗产如何在保护之间找到平衡点，总结可资分享的保护理念和中国经验，贡献中国智慧。第二，具有较广的国际视野。本书对同属世界文化遗产大国的中日进行跨文化比较研究，将历时溯源与共时扫描相结合，力图做到时空交错、视域宏阔。在一定程度上拓展文化遗产的研究深度，丰富此领域的相关研究成果。第三，具有较高的学术价值。本书以文化遗产学、社会文化学等作为学理依据，图文并茂，引述广博，注释详尽，并附有大量的知识参证，跟踪学术理论研究前沿，注重研究和回答文化遗产保护过程中的现实问题，从而使本书既对党和国家的文化决策具有重要的参考价值，又具有较高的学术价值。

第一章

联合国教科文组织主导的文化遗产保护运动

20世纪末，迅速发展的经济全球化浪潮，文化软实力之概念也因之被许多国家纳入其综合国力的概念与范围之中，而借助联合国教科文组织（UNESCO）所主导实施的世界遗产名录制度，则被诸多国家视为构建独树一帜的国家文化软实力的一条捷径。文化遗产保护热潮，就此在世界各国涌现。

第一节　世界遗产名录制度创设及其分布不均衡问题

1945年11月成立的联合国教科文组织（见图1-1），是以促进教育、科学及文化方面的国际合作为宗旨的联合国专门机构，致力于对世界和平和安全做出贡献。20世纪60年代，以埃及的"努比亚行动计划"[1]为契机，联合国教科文组织于1972年11月在第17届会议上通过《保护世界文化和自然遗产世界公约》（简称《世界遗产公约》）。该公约的通过，迅速提升了世界各国政府对保护人类共同文明、呵护地球珍贵资源的认识和理解。

---

[1]　20世纪60年代，埃及政府开始实施修建阿斯旺高坝之工程，面对努比亚古迹将永沉湖底的命运，联合国教科文组织积极向世界各国政府发出拯救埃及古遗迹的呼吁，并进行了一系列的救援活动，后在国际社会的共同努力下，阿布辛贝古庙、菲莱神庙等古遗址被整体迁移至高出河床水位60余米的后山上，埃及的文化遗产得到了有效的保护，也由此迈开了联合国教科文组织在世界古文化遗址保护方式方面的成功尝试。

图 1-1　UNESCO 总部大楼（法国巴黎）

与此同时，20世纪80年代迅速发展的经济全球化浪潮，在全世界范围内，使得各国、各地区间的经济互补更加密切和频繁，这也为许多国家经济的迅猛发展提供了难得的历史机遇。但不可否认，经济全球化也加剧了国家间的竞争，使得每个国家在谋求加强其经济、军事、科技等硬实力的同时，如何提升本国的文化、政治和外交等软实力，亦随之被纳入到国家综合国力的概念与范围之中。

"软实力（文化·政治·外交）"之概念自美国哈佛大学肯尼迪学院前院长、美国前助理国防部长约瑟夫·奈教授于1990年提出之后，其理论及价值便迅速得到了世界各国政府的广泛关注和积极响应，纷纷将其定位于国家形象的层面和提升到国家利益的高度，充分利用自己国家的资源优势，努力构建独树一帜的国家软实力。可以看出，"软实力"概念是对"基于人口·面积·资源"等之上的"经济·军事·科技"等有形的载体而言，是对所有非物质实力的一个很好的概括。尤其是文化软实力，基于文化所具有的精神性、集合性、一致性、社会性和独特性等特征，无疑是比政治软实力（领导力）和外交软实力（影响力）更具有广泛的社会基础和民族特性。故此，当今世界，许多国家都把提升国家文化软实力作为增强国家核心竞争力的重要战略之一。而联合国教科文组织所主导实施的世界遗产名录申报认定制度，正是顺应时代潮流，反映全球各民族诉求，符合人类的精神需求和共同愿望，故此得到了世界许多国家的积极响应和拥护。

《世界遗产公约》是为保护世界各国文化的独有性而采取的积极行动，其保护理念在各种国际公约中独树一帜。1973年7月，美国政府率先缔约了该公约。

1975年12月，该公约缔约国在达到20个的基础上正式生效。1976年11月，在联合国教科文组织框架内，筹建了世界遗产委员会，确立了每年至少召开一次世界遗产大会的惯例。

1977年6月，在法国巴黎召开的第一届世界遗产大会上，时任世界遗产委员会的14个委员国[①]制定了世界遗产名录制度，将世界遗产细分为文化遗产（文物·建筑群·遗址）、自然遗产（自然风貌·动植物生态区·天然名胜）和复合遗产（文化遗产·自然遗产）等三种。

1978年9月，第二届世界遗产大会在美国华盛顿召开，为了便于宣传和推广世界遗产保护理念，大会委员会公布了由比利时著名图像设计师米歇尔·奥利夫（Michel Olyff）设计的世界遗产标识。标识整体呈圆形，代表着世界，也象征着全球对人类的共同遗产进行保护。标识最外层由英语"World Heritage"、法语"Patrimoine Mondial"和西班牙语"Patrimonio Mundial"等三种语言的"世界遗产"词语所环绕，各缔约国在使用标识时只需保持英语和法语的字符原样，西班牙语则可用自己本国的语言来代替。文字内的圆圈代表大自然的赋予，中央的正方形代表人类技能和创造力的造物，由两只手呵护捧着，代表着人类的价值理性。圆圈与方形密切相连，代表着自然与人类的共融共存（见图1-2）。1978年9月，在美国华盛顿召开的第二届世界遗产大会上，产生了作为"世

---

① 时任第一届世界遗产大会委员会委员国的国家分别为来自"亚洲·太平洋"的伊朗（任议长国）、澳大利亚；来自"欧洲·北美洲"的法国（任副议长国）、波兰（任副议长国）、联邦德国、加拿大（报告担当国）、美国；来自于"阿拉伯诸国"的埃及（任副议长国）、伊拉克、突尼斯；来自于"非洲"的尼日利亚（任副议长国）、加纳、塞内加尔；来自于"中美洲·南美洲"的厄瓜多尔等14个国家。上述五大区域均遵照联合国教科文组织的地域区分法，当时《世界遗产公约》加盟国共有35个国家。

界遗产第一号"的共 12 件世界遗产名录项目（文化遗产 8 件/自然遗产 4 件），埃塞俄比亚、塞内加尔、美国、加拿大、厄瓜多尔、联邦德国和波兰七国成为世界上首次拥有世界遗产名录项目的持有国。①

图 1-2 世界遗产标识

1992 年 12 月，在美国圣塔菲召开的第十六届世界遗产大会上，世界遗产委员会首次定义了"文化景观"②的概念，进一步充实和丰富了世界遗产的内容。到 2021 年 7 月，第四十四届世界遗产大会闭幕之际，全球范围内《世界遗产公约》已有 194 个③国家缔约，是联合国教科文组织中缔约国家数量最多的公约。世界遗产名录也已认定了 1154 项（文化遗产 897 项·自然遗产 218 项·复合遗产 39 项），共有 167 个国家拥有了世界遗产名录项目。由此，《世界遗产公约》为人类文化的保

---

① 首批世界遗产名录共有 12 项，分别来自 7 个国家。欧美国家占总数的 58%。其中美国（2 项）、加拿大（2 项）、波兰（2 项）、厄瓜多尔（2 项）、埃塞俄比亚（2 项）、联邦德国（1 项）、塞内加尔（1 项）。

② 文化景观在分类上虽属于文化遗产范畴，但如果在自然要素也是其显著特征的情形下，那么该文化景观往往会被世界遗产中心认定而最终升格为复合遗产。世界上首例有关文化景观的世界遗产是 1993 年扩大为复合遗产的汤加里罗国家公园（新西兰），该公园曾于 1990 年被世界遗产中心认定为世界自然遗产。中国的庐山国家公园、五台山、杭州西湖、红河哈尼梯田、左江花山岩画等世界遗产都属于文化景观范畴。

③ 联合国教科文组织（UNESCO）的 195 个加盟国中，仅有图瓦卢（西太平洋岛国）和瑙鲁（南太平洋岛国）未缔约该条约。另外，联合国教科文组织的非缔约国梵蒂冈，也于 1982 年 10 月缔约了该条约。因此，共有 194 个国家缔约了《世界遗产公约》。

护提供了强有力的法律支撑，彰显了人类智慧的生命力和创造力，世界遗产名录也进而成为各国文化软实力构建中最优先考虑和实施的文化战略项目。

但同时也应该看到，《世界遗产公约》的政策出台及名录认定在初期均以欧美国家为主导，无论是世界遗产种类还是世界遗产的分布，都体现着严重的不均衡性（见表1-1）。

表1-1　　1993年/2008年/2022年世界遗产名录项目
世界各地域持有数量及比例表　　单位：项

年份\地域	欧美51国 数量	欧美51国 比例	亚太44国 数量	亚太44国 比例	非洲46国 数量	非洲46国 比例	中南美洲33国 数量	中南美洲33国 比例	阿拉伯等19国 数量	阿拉伯等19国 比例
1993	190	46.0%	81	20.0%	40	10.0%	53	13.0%	45	11.0%
2008	434	48.0%	182	21.0%	76	9.0%	120	14.0%	66	8.0%
2022	549	47.5%	280	24.1%	97	8.3%	145	12.5%	88	7.6%

资料来源：笔者参照"联合国教科文组织官网（https://whc.unesco.org/en/list/）"相关数据制作。另注：世界遗产名录截至2022年共有1154项，但有5项名录为跨国跨地域的扩展项目，分别涉及欧美、亚太和中南美洲，故总数为1159项。欧美共有51个国家拥有世界遗产项目，平均每个国家拥有10.76项，这一数据明显高于其他各大洲。

考虑到第二次世界大战后美欧在全球经济体系中的主导地位，且经济与文化又是辩证统一的关系，此种制度设计和公约体系最初有其一定的合理性，有助于全球的人类文化保护。然而，随着20世纪80年代世界多极化、经济全球化的深入发展，世界上的200多个国家（地区）和2000多个民族的"地方性/民族性/传统性"文化要素，获得了走向全世界的历史机遇，且积极拓展了文化多样性的内涵和外延，各国保护和传承民族民间传统文化的呼声也随之高涨。

第二节　人类非物质文化遗产代表作名录制度的创设

1999年11月，继联合国教科文组织第七任总干事长费德里科·马约尔卸任后，作为第八任总干事长——松浦晃一郎[1]走马赴任。松浦氏是首次入选担任联合国教科文组织总干事长的亚洲人，也是首位担任此职的日本人。其作为锐意革新的总设计师和携手开拓的新一代集体领导者[2]，基于对《保护民间创作建议书》（1989年）、《〈人类口承遗产杰作〉宣言》（1997年）的深刻再认识，基于世界遗产名录项目分布地域的不均衡性，以及其对亚非拉地区浩如繁星的民族民间传统文化的深切关注，在借鉴和发扬日本无形文化财保护体系的基础上，在十年的连任期内促使联合国教科文组织相继通过了《世界文化多样性宣言》（2001）、《水中文化遗产保护公约》（2001）、《非物质文化遗产保护公约》（2003）（以下简称"《保护公约》"）、《保护和促进文化表现形式多样性公约》（2005年）等一系列有关非物质文化遗产保护的文件，极大地促进了世界各国各民族，尤其是亚非拉地区广大发展中国家对非物质文化遗产的认识和保护意识。

正是得益于联合国教科文组织的倡导、推动和实施，得益于松浦晃一郎总干事长的真知灼见，得益于日本实施的无形文化财的保护体系，2000年4月，在20世纪的最后一年，在松浦上任总干事长半年之际，联合国教科文组织正式向各缔约国启动了"人类口头和非物质文化遗产杰作"计划。该计划虽然得到了欧洲等少数发达国家的抵制，却得到了亚非拉地区等发展中国家的积极响应和踊跃申报。[3]

"人类口头和非物质文化遗产杰作"项目申报/评审的流程，首先由联合国教科文组织各加盟国提出申报申请，进而提交由非政府机构及专

---

[1] 1937年9月出生于日本山口县，1959年从东京大学退学，1961年毕业于哈佛大学。1998年任联合国教科文组织世界遗产委员会议长。1999年11月作为亚洲首位联合国教科文组织总干事总履任，2005年11月再次获准连任，2009年11月卸任。他在任期内，曾主导联合国教科文组织通过了一系列针对非物质文化遗产实施保护的公约文件，促进了世界各国各民族对非物质文化遗产的重新认识。他在任期内著有《联合国教科文组织总干事长奋斗记（ユネスコ事務局長奮闘記）》（講談社，2004年）、《世界遗产—联合国教科文组织总干事长的陈诉（世界遺産—ユネスコ事務局長は訴える）》（講談社，2008年）等专著，现兼任中国人民大学法学院荣誉教授。

[2] ［日］松浦晃一郎：《ユネスコ事務局長奮闘記》，東京：講談社2004年版。

[3] ［日］松浦晃一郎：《文化遺産国際協力の今後の展望》，載文化遺産国際協力コンソーシアム《文化遺産国際協力の今後の展望——松浦ユネスコ事務局長講演会》，東京：東京文化財研究所2009年版，第7頁。

家所组成的预备研讨会进行候补项目的遴选，接下来由18位委员所组成的联合国教科文组织国际选考委员会进行评审，然后委员会向联合国教科文组织总干事长推荐优秀项目，最后由总干事长裁决代表作名录。"人类口头和非物质文化遗产杰作"项目必须满足下列条件之一：其一，须是拥有独特价值的非物质文化遗产；其二，从历史/艺术/民族学/社会学/人类学/语言学又或文学的视角，须是拥有独特价值的民间传统的文化表现形式。除此之外，还有六个方面作为申报/评审过程中的参考标准：即作为人类创造才能的杰作所体现的卓越价值；共同体传统的/历史的工具（手段）；体现民族/共同体的价值（作用）；技巧的卓越性；作为生活文化传统之独特性的价值；濒临消失的危险性。[1]

基于上述标准，2001年5月，在进入新世纪的元年，联合国教科文组织公布了首批入选"人类口头和非物质文化遗产杰作"的19项非物质文化遗产，其中亚非拉地区的发展中国家占总数的79%，而欧洲国家仅占4项，可谓与首批世界遗产名录大相径庭，这大大提升和促进了亚非拉地区国家对非物质文化遗产保护的认识与重视。

时隔一年，2003年11月，联合国教科文组织又公布了第二批"人类口头和非物质文化遗产杰作"共28项，欧洲国家仅占两项，在60多个申报国家中，亚非拉地区等国家继续对申报项目表现出极大的关注和热情。而在此前一个月，2003年10月，在联合国教科文组织第32届总会上，备受世人瞩目的《保护公约》以120国赞同，0国反对，美国、英国等8国[2]弃权获得通过。

《保护公约》共九部分四十条，在第一部分首条即明确了公约的宗旨与目的，在第二条则明晰地界定了非物质文化遗产的定义与种类；在第二部分的第四、五、六条中，则明确规定了"缔约国大会""政府间保护非物质文化遗产委员会"和"委员会委员国的选举和任期"；在第四部分的第十六条、十七条、十八条中，则明确了设立"人类非物质文化遗产

---

[1] 日本外务省：《ユネスコ「人類の口承及び無形遺産に関する傑作の宣言」の概要》，2013年4月30日，https://www.mofa.go.jp/mofaj/gaiko/culture/kyoryoku/unesco/isan/mukei2/unesco_gaiyo.html，2018年12月27日。

[2] 弃权的8国分别为美国、英国、加拿大、丹麦、瑞士、俄罗斯、澳大利亚和新西兰。

代表作名录（代表性名录）""急需保护的非物质文化遗产名录（危机名录）"和"最佳实践项目名录（最佳名录）"的章程；在第九部分第三十四条中，则对公约的生效时日做了规定。与《世界遗产公约》所界定的"具有突出的普遍价值"之评价基准所相对，《保护公约》则不去评判"非物质文化遗产自身价值的优劣高低"，而将"多彩多样的民族民间传统文化"视为评价规范，而且，最大限地更多去关注"创造、延续和传承非物质文化遗产的社区、群体和个人的参与（第十五条）"[1]，这也正是该公约的最大特色。

2005年11月，联合国教科文组织公布了第三批人类口头和非物质文化遗产杰作共43项，共有74个国家积极申报，其中22国为首次项目入选国，除捷克一国为发达国家外，其余均为发展中国家。可见，《保护公约》在广大发展中国家受到了欢迎和青睐。2006年1月，《保护公约》生效的满足要件——第30个缔约国——罗马尼亚成功加盟[2]，在其加盟时间满三个月后的4月20日，《保护公约》正式生效，这使得其成为联合国教科文组织所有文化公约中最快批约的公约。公约生效后，当初曾反对该公约的一些国家也逐渐改变态度，开始积极加入[3]。6月，作为公约生效后的首次重大事项，第一次缔约国总会在联合国教科文组织总部巴黎召开（见图1-3），会议设置了公约的主要执行机关——政府间委员会，并选举产生了18个委员国，中国、日本、印度等作为首批国家入选。随后，由于8月份非洲国家津巴布韦作为公约的第50个加盟国被联合国教科文组织批准，11月9日，联合国教科文组织又召开了临时缔约国总会，将政府间委员会委员国由18国增加到24国，并制定了各国任期的抽选规则。11月18日，由24个国家组成的政府间委员会第一届会议在公约的第一个加盟国阿尔及利亚首都阿尔及尔召开，就公约的具体运

---

[1] 文化部对外文化联络局：《联合国教科文组织〈保护公约〉基础文件汇编》，外文出版社2012年版。

[2] 根据《保护公约》第三十四条之内容"本公约在第三十份批准书、接受书、核准书或加入书交存之日起的三个月后生效，但只涉及在该日或该日之前交存批准书、接受书、核准书或加入书的国家"，罗马尼亚的缔约书使得《保护公约》的生效成为可能。

[3] 各国的具体加盟时间可参照联合国教科文组织官网（http://www.unesco.org/eri/la/convention.asp?language=E&KO=17116）中相关数据。

用展开讨论和商议。

图 1-3　UNESCO 总部大楼一号会议大厅

综上，人类口头和非物质文化遗产杰作是由时任第八任联合国教科文组织总干事长松浦晃一郎氏在 2000 年启动、2001 年公布的——以联合国教科文组织为实施主体，旨在保护以传统、口头表述、音乐、舞蹈、节庆礼仪、手工技能等为代表的非物质文化遗产。该项保护事业与世界遗产正好相反，实施的是一条"实践探索在前、立法实施在后，先有代表性名录、后有保护公约"的特色保护之路。代表性名录继 2001、2003、2005 年隔年公布三批共 90 项以后，2007 年却未再有新代表性名录公布，并未形成一个明显的周期性时间规律。再者，不论是作为《保护公约》最高权力机构的——缔约国大会，还是作为《保护公约》执行机构之一的——政府间委员会，首次会议均是在 2006 年才举办召开。可见，前三批人类口头和非物质文化遗产杰作项目的申报・评审过程，均尚未形成有法可依、有章可循的法律法规制度。

2008 年 2 月，政府间委员会第二届特别会议在保加利亚首都索非亚召开。本次会议虽是临时会议，却是对之前三届委员会会议总结和诸多审议再决议的集大成之会议。6月，在联合国教科文组织总部召开的政府间委员会第三届特别会议上，遴选出了象征《保护非物质文化遗产公约》的徽标，在来自101个缔约国的艺术家所提交的1297个方案中，由克罗地亚艺术家兼设计师Dragutin Dado Kovačević所设计的徽标（1904号）（见图1-4）被公认为是《保护公约》宗旨和精神的最佳体现。同年11月，在土耳其伊斯坦布尔召开的政府间委员会第三届会议上，审议并通过了将之前2001年（19项）、2003年（28项）、2005年（43项）所公布的共90项"人类口头和非物质文化遗产杰作"重新定名，统合为"联合国教科文组织非物质文化遗产"的决议案。因《保护公约》的正式实施，今后将不再实施《人类口头和非物质文化遗产杰作》计划。这一决议案是依据《保护公约》Ⅷ.过渡条款之第31条"与宣布人类口述和非物质遗产代表作的关系"而依法实施的。

图1-4 《保护公约》徽标

2008年，一年之间召开三次会议，审议和审议通过有关文件过百项，全面加强和提升对非物质文化遗产的保护气势如虹。2009年，联合国教科文组织更是通过了至今未被超越的一次记载91项名录的记录。从此，犹如世界遗产名录一样，联合国教科文组织非物质文化遗产也开始每年公布一次，使其不但成为了联合国教科文组织的恒定工作，更是在传承、保护和宣传人类非物质文化遗产方面做出了重要贡献，具有里程碑式的意义。

此后几年的历届政府间委员会议，主要围绕着项目申报规则、公约的操作指南、缔约国履约报告、基金使用计划等诸多事项进行了修订与完善。2013年，时逢《保护公约》发表10周年，联合国教科文组织在世界范围内举办庆祝活动，此年度的保护非物质文化遗产政府间委员会会议，更是高瞻远瞩，前瞻性地规划了未来三年的项目申报数量，其纲领性的指导方针，基本指明了今后一个时期对联合国教科文组织非物质文化遗产审议工作的基本思路。截至2022年7月，联合国教科文组织保护非物质文化遗产政府间委员会已召开14届常会，人类非物质文化遗产代表作名录已达629项（代表性名录529项·紧急保护名录71项·最佳实践名录29项），《保护公约》缔约国达180个国家，139个缔约国拥有该名录项目（见表1-2）。《保护公约》成为仅次于《世界遗产公约》，世界缔约国数量第二多的公约。但若从两公约诞生的时间来看，《世界遗产公约》要比《保护公约》早31年。所以，从缔约速度来看，《保护公约》显得更让许多国家青睐和接受。

表1-2　　2009年/2019年/2022年人类非物质文化遗产代表作名录世界各地域持有数量

单位：项

地域 年份	欧洲35国		亚太42国		非洲31国		北美洲11国		南美洲8国	
	数量	比例	数量	比例	数量	比例	数量	比例	数量	比例
2009	18	20%	37	41%	18	20%	9	10%	8	9%
2019	199	30%	284	43%	96	14%	34	5%	50	8%
2022	226	31%	318	43%	110	15%	35	4%	57	7%

资料来源：笔者参照"联合国教科文组织官网（https://ich.unesco.org/en/lists）"相关数据制作。另注：人类非物质文化遗产代表作项目名录截至2022年共有629项，因有多国联合申报项目，本表统计时按照国家为准有重复计算，故总数为746项。

通过表1-1和表1-2数据的比较，不难发现，由联合国教科文组织所主导的世界遗产和人类非物质文化遗产代表作名录的名录分布，在地域上呈不均衡状态，前者主要集中在欧洲，后者主要集中在亚太，分别呈现出两个极端。而这种现象除了与前者由欧美设计制度，后者由亚洲设计制度有关之外，也跟文化与经济的关系、文化是否构成生产力等问题有关。再以两种文化遗产名录数量的多少来对其持有国进行用排名的话（见表1-3），便可发现，中国、日本、印度、伊朗、法国、西班牙和意大利七个国家均为"双料文化遗产大国"，亚洲占有四国，欧洲占有三国；发达国家占四国，发展中国家占三国。即便是发展中国家，中国、印度、伊朗的经济总量在亚洲排名也均在前十名之列。[①] 可见，当今世界，经济与文化的紧密关系，文化与经济相互渗透，两者相互作用、相互促进，日益成为一个有机整体。无论是文化软实力的构建，抑或文化强国战略的实施，均需依赖于强大而雄厚的经济作为支撑。而从另一角度说，一个真正的经济强国，也必须努力建设成与之相辅相成、相互依存、相互依赖和相互适应的文化强国。正是基于这种认识，在21世纪初期，包括中国和日本在内的世界各国相继确立了文化强国战略。

表1-3　　世界遗产和人类非物质文化遗产代表作名录持有数量前十位国家

单位：项

世界遗产					人类非物质文化遗产代表作名录				
排序	国家	数量	排序	国家	数量	排序	国家	数量	
1	意大利	59	6	墨西哥	35	1	中国	43	6	克罗地亚	21
										伊朗	
2	中国	57	7	英国	33	2	法国	26	7	阿塞拜疆	19
3	德国	52	8	俄罗斯	31	3	土耳其	25	8	意大利	17
	法国										
4	西班牙	50	9	伊朗	27	4	西班牙	23	9	秘鲁	16
5	印度	42	10	日本	25	5	日本	22	10	蒙古	15
				美国			韩国				

资料来源：笔者参照"联合国教科文组织官网（https://whc.unesco.org/en/list/）"相关数据制作。

[①] 2021年亚洲各国家GDP排名，中国为第1位，印度为第3位，伊朗为第5位。具体可参照"国际货币基金组织：（https://www.imf.org/-/media/Files/Publications/CR/2022/English/1ALBEA2022003.ashx）"相关数据。

第二章

中国的文化强国战略

文化软实力集中体现了一个国家基于文化而具有的凝聚力和生命力,以及由此产生的吸引力和影响力。古往今来,任何一个大国的发展进程,既是经济总量、军事力量等硬实力提高的进程,也是价值观念、思想文化等软实力提高的进程。

——习近平《在十八届中央政治局第十二次集体学习时的讲话》(2013年12月30日)

第一节 文化建设意识的自觉与强化

自1978年实行改革开放政策以后,中国政府一直将经济建设视为优先发展方向,把发展作为解决一切问题的基础和关键,但同时国家已意识到文化建设的重要性、迫切性并开始积极地讨论。

1979年10月,邓小平在中国文学艺术工作者第四次代表大会上致祝词,指出要在建设高度物质文明的同时,还要建设高度的社会主义精神文明。

1981年2月,作为在新的历史时期首创的群众性活动,全国总工会、共青团中央等九家单位联合向全国人民特别是青少年发出倡议,开展"五讲四美"[①]文明礼貌活动。8月,共青团中央还决定在全国青少年中

[①] "五讲四美"的"五讲"为讲文明、讲礼貌、讲卫生、讲秩序、讲道德;"四美"为心灵美、语言美、行为美、环境美。

开展热爱祖国、热爱社会主义制度、热爱党的"三热爱"教育活动。此后,"五讲四美"与"三热爱"并提,成为全民文明礼貌活动的内容,被视为是建设社会主义精神文明的一项重要工作。

1982年9月,在中国共产党第十二次全国代表大会上,党中央在《全面开创社会主义现代化建设的新局面》的报告中明确提出了在建设物质文明的同时努力建设社会主义精神文明的战略决策,意义重大而深远。

1983年10月,时任中央军委主席的邓小平提出,"教育要面向现代化,面向世界,面向未来",为我国教育发展规定了明确的任务,又指出,党和人民要完成建设有中国特色的社会主义文化,就必须依靠教育。

1986年9月,党的十二届六中全会通过《关于社会主义精神文明建设指导方针的决议》,指出社会主义精神文明建设,是关系社会主义兴衰成败的大事,阐明了社会主义精神文明建设的战略地位、根本任务和基本指导方针。

1992年1月,邓小平发表南方谈话,指出要增强包括精神文明在内的社会主义国家的综合国力。这次谈话是把改革开放和现代化建设推进到新阶段的又一个解放思想、实事求是的宣言书,为中国的诸项文化事业发展提供了政策导向。

1994年3月,国务院第十六次常务会议审议并通过了《中国21世纪议程》,确定实施可持续发展战略。在社会可持续发展中,提高人口素质被确定为营造有利于经济社会协调发展和人的全面发展的人口环境的最关键环节。

1996年3月,八届全国人大四次会议批准《国民经济和社会发展"九五"计划和2010年远景目标纲要》,纲要提出,要大力发展各类社会文化,保护少数民族文化,构建立足中国而又面向世界的中华民族的社会主义精神文明。

1997年9月,江泽民在党的十五大《高举邓小平理论伟大旗帜,把建设有中国特色社会主义事业全面推向二十一世纪》的报告中指出,"社会主义现代化应该有繁荣的经济,也应该有繁荣的文化"[①]。并提出,建设立足中国现实、继承历史文化优秀传统、吸取外国文化有益成果的社

---

① 江泽民:《江泽民文选》(第二卷),人民出版社2006年版,第33页。

会主义精神文明。

1998年8月，文化部成立了文化产业司，这是中央政府部门第一次设立文化产业专门管理机构，督促重大文化产业项目实施，配合推进对外文化产业交流与合作，拟订文化产业发展规划和政策，起草有关法规草案等被确定为该司最重要的工作职责。

2000年10月，党的十五届五中全会通过了《中共中央关于制定国民经济和社会发展第十个五年计划的建议》，建议提出了"深化文化体制改革"与"完善文化产业政策"[①]的任务，并首次在政府文件中使用"文化产业"概念。

2003年12月，在全国宣传思想工作会议上，中共中央总书记胡锦涛提出，要"坚持把积极发展文化事业和文化产业作为宣传文化部门的重要任务"[②]，积极利用中华民族文化，不断增强中华民族的凝聚力。

2005年10月，党的十六届五中全会通过了《中共中央关于制定国民经济和社会发展第十一个五年规划的建议（讨论稿）》，该建议提出，"积极发展文化事业和文化产业，是建设和谐社会的重要任务"[③]，要加大政府对文化事业的投入，形成以民族文化为主体、吸收外来有益文化的文化市场格局。

2007年10月，胡锦涛在党的十七大报告中指出，要推动社会主义文化大发展大繁荣，"大力发展文化产业"，"增强国际竞争力"，"提高国家文化软实力"[④]，在中国特色社会主义的伟大实践中进行文化创造。

2008年1月，在全国宣传思想工作会议上，胡锦涛强调指出，要统

[①] 中华人民共和国中央人民政府：《中共中央关于制定国民经济和社会发展第十个五年计划的建议》，2000年12月20日，http://www.gov.cn/gongbao/content/2000/content_60538.htm，最后访问日期：2020年3月18日。

[②] 胡锦涛：《坚持用"三个代表"重要思想统领宣传思想工作　为全面建设小康社会提供科学理论指导和强大舆论力量》，《人民日报》2003年12月8日第1版。

[③] 中华人民共和国中央人民政府：《关于制定国民经济和社会发展第十一个五年规划建议的说明》，2005年10月8日，http://www.gov.cn/gongbao/content/2005/content_121428.htm，最后访问日期：2020年3月18日。

[④] 中华人民共和国中央人民政府：《胡锦涛在党的十七次全国代表大会上作报告（摘要）》，2007年10月15日，http://www.gov.cn/ldhd/2007-10/15/content_776431.htm，最后访问日期：2020年3月18日。

筹文化事业和文化产业，推动社会主义文化大发展大繁荣，提高国家文化软实力，提升文化生产力的发展。

2009年8月，中国第一部文化产业专项规划——《文化产业振兴规划》由国务院常务会议审议通过，规划强调振兴文化产业，必须坚持推动中华民族文化发展与吸收世界优秀文化相结合的中国特色文化产业发展道路，提高文化产业占国民经济的比重，增强中国的文化国际竞争力，这标志着文化产业已经上升为国家的战略性产业。

2010年5月，由文化部联合中国社会科学院、上海交通大学共同编写的《文化蓝皮书：2010年中国文化产业发展报告》发布，是第9本年度性国家文化产业报告。蓝皮书显示，2009年中国文化产业国内外市场规模大约为8000亿元人民币，文化产业承担着参与经济结构调整的历史性职责，且已经登上了国家战略性产业的位置。[①]

2010年10月，在党的十七届五中全会上通过了《中共中央关于制定国民经济和社会发展第十二个五年规划的建议》，该建议提出，"文化是一个民族的精神和灵魂，是国家发展和民族振兴的强大力量"[②]，且第一次明确提出要"推动文化产业成为国民经济支柱性产业"[③]。

2011年10月，党的十七届六中全会通过了《关于深化文化体制改革推动社会主义文化大发展大繁荣若干重大问题的决定》，指出要"坚持中国特色社会主义文化发展道路，建设社会主义文化强国"[④]，首次描绘了社会主义文化强国的蓝图。

党的十八大以来，以习近平同志为核心的党中央将文化软实力作为国家战略的重要指标，从理论和实践上将其推进到了新的高度。2013年12月30日，习近平总书记在十八届中央政治局第十二次集体学习时强调，"提升国家文化软实力，不仅关系我国在世界文化格局中的地位，而且关系我国国际地位和国际影响力，关系'两个一百年'奋斗目标和中

---

① 《中共十七届五中全会在京举行》，《人民日报》2010年10月19日第1版。
② 《中共十七届五中全会在京举行》，《人民日报》2010年10月19日第1版。
③ 张意轩：《去年文化产业规模达八千亿》，《人民日报》（海外版）2010年5月7日第4版。
④ 《中共中央关于深化文化体制改革推动社会主义文化大发展大繁荣若干重大问题的决定》，《人民日报》2011年10月26日第1版。

华民族伟大复兴中国梦的实现"①。在党的十九大报告中，习近平总书记再次强调，"要坚持中国特色社会主义文化发展道路，激发全民族文化创新创造活力，建设社会主义文化强国"②。党中央的决策部署，使得我国一直在实践探索中不断深化对文化强国的内涵认识，从而推进社会主义文化强国建设的进程不断深入向前。

就此，从思想上，国家已经深刻认识到文化产业不仅是社会主义市场经济条件下发展繁荣社会主义文化的重要载体，还是推动产业结构优化升级、转变经济发展方式的重要途径，明晰了文化产业在推动经济社会科学发展中发挥着重要作用。从政策上，党中央已从国家层面完成对文化大建设的统筹布局，洞察到文化与经济相融合所产生的综合竞争力已成为国家根本、持久、无可替代的竞争优势，开始尝试用文化与世界对话，实现了复兴中华民族文化的自觉和强大。

第二节 文化遗产保护的策略与举措

21世纪依然是世界经济发展的时代，为世界各国经济的发展提供了重要机遇。中国政府在2001年加入世界贸易组织（WTO）后，充分抓住经济全球化带来的机遇，积极参与国际竞争与合作，勇于迎接挑战，使得经济逐步进入高速发展时期，经济总量迅猛扩张，"中国制造"遍及全球，创新能力不断提升，时至今日，在世界经济中仍是"一花独放"。而与此同时，随着国际竞争的日趋激烈，国家间的竞争也表现为综合国力的竞争，尤其是以文化为代表的软实力在一国发展中的地位和作用亦愈发重要。

中国作为有着悠久历史和灿烂文明的文化大国，无论是地上的、水下的，还是有形的、无形的，天南地北、辽阔大地，处处可见底蕴深厚、内涵丰富的历史与文化资源。中华民族优秀的民族民间传统文化直接成

---

① 习近平：《习近平关于社会主义文化建设论述摘编》，中央文献出版社2017年版，第198页。

② 习近平：《党的十九大报告单行本：〈决胜全面建成小康社会 夺取新时代中国特色社会主义伟大胜利〉》，外文出版社2018年版，第24页。

为构建中国国家文化软实力的重要源泉，而借助联合国教科文组织这一国际舞台，通过积极申报世界遗产和人类非物质文化遗产代表作名录，被中国政府视为一条通向成功构建国家文化软实力的捷径。

一 积极申报世界遗产

《世界遗产公约》虽于1972年颁布，世界遗产名录认定也始于1978年，但中国彼时"文化大革命"刚结束，正值准备召开中共中央工作会议和党的十一届三中全会之际，刚刚开始把党和国家工作中心转移到经济建设上来，尚无暇顾及文化建设工作。直到1984年，侯仁之先生到美国讲学时了解到《世界遗产公约》及其名录之后，1985年11月，基于侯仁之等四位全国政协委员提案的积极推动，第六届全国人大常委会第十三次会议审议批准我国加入缔约《世界遗产公约》。同年12月12日，中国正式成为缔约国，由此汇入了联合国教科文组织世界遗产保护运动的大潮。[①]

1985年12月，中国作为亚洲的第9个缔约国家，正式签署了《世界遗产公约》。1986年，中国政府开始向联合国教科文组织申报世界遗产名录项目，致力于通过务实有效的保护体系来实现保护人类文明的使命。1987年12月，在法国巴黎召开的第十一届世界遗产大会上，共产生41项新的世界遗产名录项目（文化遗产32项/自然遗产8项/复合遗产1项），北京故宫、秦始皇陵、敦煌莫高窟、周口店北京人遗址、北京长城和泰山6处地方作为中国的首批世界遗产名录项目获此殊荣，榜上有名，泰山既是中国的第一个复合遗产，也是世界上首项复合遗产。自此以后，基于中国政府在世界遗产保护领域的务实工作和出色业绩，中国还分别于1991—1997年、1999—2005年、2007—2011年、2018—2021年四次当选为世界遗产委员会委员国。

2004年6月，中国政府还在中国历史文化名城苏州召开了第二十八届世界遗产委员会会议，这是中国政府第一次承办联合国教科文组织世界遗产委员会最高级别的国际会议，也是当时为止规模最大、会期最长、

---

① 景峰：《为人类妥善保护世界遗产（逐梦40年）》，《人民日报》2018年11月14日第22版。

议题最多的一次世界遗产大会。本届大会共审议了48项推荐项目,有34项(文化遗产29项·自然遗产5项)新遗产地入选世界遗产名录,中国政府推荐的"高句丽王城·王陵及贵族墓葬项目"作为中国的第30项世界遗产名录项目成功入选;另有6项原有世界遗产的扩展项目被列入,"沈阳故宫"和"盛京三陵"则分别作为明清故宫(中国的第6项世界遗产名录项目)、明清皇家陵寝(中国的第25项世界遗产名录项目)的扩展项目成功入选,这使得当时的世界遗产名录项目总数达到了788项,内容更加丰富和多样。

同时,大会期间通过的《苏州决议》,修改了2000年通过的《凯恩斯决议》中每年每个缔约国只能向世界遗产中心申报一项的规定,从2006年起,每个缔约国每年可以申报的世界遗产项目为两项,其中至少有一项为自然遗产项目,但从未申报成功的国家,则不在此限内。而大会通过的另一个重要文件《苏州宣言》,则呼吁各缔约国和国际社会应加强面向青年人普及世界遗产知识的教育,要更加重视青年人在世界遗产保护中的重要作用。

2005年10月,作为联合国教科文组织世界遗产委员会的官方咨询机构——国际古迹遗址理事会(ICOMOS)第十五届大会在古城西安召开,这是该理事会首次在东方文化发祥地——中国举办。会议最终通过了以古建筑、古遗址和历史区域周边环境保护为主要内容的《西安宣言》,超越了之前所通过的仅局限于对文物或遗迹本身实施保护规则和要求的《华盛顿宪章》《威尼斯宪章》及关于世界遗产真实性的《奈良真实性文件》等内容表述。吴良镛院士认为《西安宣言》首次从理论上较完整地阐述和推行保护文化遗产的环境,拓展了文化遗产保护的理念和涉及领域,开拓了思想方式和工作方法。国家文物局原顾问、中国文物学会名誉会长谢辰生先生认为《西安宣言》的出台恰在好时,其理念的出台正是我们现在客观需要的,可谓是为遗产搭建起了一道保护屏障。①

2007年6月,时任联合国教科文组织总干事松浦晃一郎盛赞中国为

---

① 光明网:《科学保护历史文化遗产的里程碑》,2005年12月9日,https://www.gmw.cn/01gmrb/2005-12/09/content_343265.htm,最后访问日期:2023年11月24日。

保护世界遗产所做出的巨大贡献。① 2014年，中国与哈萨克斯坦、吉尔吉斯斯坦联合申报的"丝绸之路：长安—天山廊道的路网"项目，成为亚洲首个成功列入《世界遗产名录》的跨国文化遗产项目，丝绸之路跨国保护研究首次取得突破性进展。2018年，国家还启动了中非世界遗产领域合作项目，在能力建设、世界遗产预备清单及遗产价值评估等方面与非洲地区缔约国展开更广泛和深入的合作。以此，中国在积极保护文化遗产的道路上，同时也开启了积极参与亚非文明互鉴和亚非文明价值阐释，为保护世界文化遗产贡献了中国智慧。

2019年7月，鉴于中国政府作为《世界遗产公约》的积极践行者、世界遗产保护事业的重要参与者，以及和世界遗产全球治理的坚定推动者所起到的重要作用，第四十三届世界遗产大会委员会一致决定2020年6月在中国福州举办第四十四届世界遗产大会，与会委员国还一致推选中国教育部副部长田学军担任第四十四届世界遗产大会主席。由此可见，联合国教科文组织对中国文化遗产保护工作事业予以充分肯定。

2021年7月，第四十四届世界遗产大会在中国福州开幕，这是继2004年在苏州举办的第二十八届世界遗产大会后，时隔17年又一次在中国举办的国际盛会。由联合国教科文组织主办、中国政府承办的第四十四届世界遗产大会，原定于2020年6月在福建省福州市举行，但根据当时全球防治新冠肺炎疫情态势，世界遗产委员会主席团一致决定推迟举办，改为2021年7月以线上为主的方式在福建省福州市举办。大会共新增13项世界遗产，全部为文化遗产，分别来自法国、德国、意大利、日本等世界遗产大国，中国申报的"泉州：宋元中国的世界海洋商贸中心"获准列入《世界遗产名录》，成为中国的第56项世界遗产名录项目。② 作为具有里程碑意义的大会，第四十四届世界遗产大会通过了《福州宣言》，重申了《保护公约》原则和开展世界遗产保护国际合作的重要意义，强调了保护世界遗产是全人类共同的责任，呼吁加大对发展中国家特别是非洲和小岛屿等发展中国家的支持，为共创互尊互鉴未来绘出了

---

① 《中国保护世界遗产进步巨大》，《人民日报》（海外版）2004年6月28日第4版。
② 李群：《守护亚洲文化遗产进行时》，《光明日报》2021年11月10日第16版。

蓝图。① 截至 2023 年 12 月，中国的世界遗产共有文化遗产 39 项、自然遗产 14 项、复合遗产 4 项（见表 2-1），是世界上拥有世界遗产类别最齐全的国家之一，其中自然遗产 14 项位居世界第一，复合遗产数量与澳大利亚并列成为世界第一，世界遗产总数仅次于意大利（58 项），位居世界第二。此外，首都北京还是世界上拥有世界遗产名录项目数量最多的城市（7 项）。

表 2-1　　中国的世界遗产名录项目数量表（1987—2023 年）

登录年份	文化遗产 39 项	自然遗产 14 项	复合遗产 4 项	扩展项目
1987	5 项	—	1 项	—
1990	—	—	1 项	—
1992	—	3 项	—	—
1994	4 项	—	—	—
1996	1 项文化景观	—	1 项	—
1997	3 项	—	—	—
1998	2 项	—	—	—
1999	1 项	—	1 项	—
2000	4 项	—	—	2 项文化遗产
2001	1 项	—	—	1 项文化遗产
2003	—	1 项	—	1 项文化遗产
2004	1 项	—	—	2 项文化遗产
2005	1 项	—	—	—
2006	1 项	1 项	—	—
2007	1 项	1 项	—	1 项自然遗产
2008	1 项	1 项	—	—
2009	1 项文化景观	—	—	—
2010	1 项	1 项	—	—
2011	1 项文化景观	—	—	—

① 林瑞琪：《这场盛会让世界看见福州别样美》，《福州日报》2022 年 6 月 14 日第 2 版。

续表

登录年份	文化遗产39项	自然遗产14项	复合遗产4项	扩展项目
2012	1项文化景观	1项	—	—
2013	1项文化景观	1项	—	—
2014	1项	—	—	1项自然遗产
2015	1项	—	—	—
2016	1项	1项	—	—
2017	1项	1项	—	1项复合遗产
2018	1项	1项	—	—
2019	1项	1项	—	—
2021	1项	—	—	—
2023	1项文化景观	—	—	—

资料来源：笔者参照"中国世界遗产网（http://www.sinowh.org.cn/List.aspx?Cid=74）"中相关数据制作。

从1987年首批世界遗产名录申请成功至今的35年间，中国仅有6个年度未能项目申报成功。特别是进入21世纪后，仅有2002年、2020年没有项目申报入选，除了这两次特殊的原因①，中国自从2003年开始，中国的世界文化遗产申报连续18年获得成功，使中国成为世界遗产领域实行申报限额制以来，唯一一个文化遗产申报连续成功的国家，成为世界上申报频率最高、申请成功率最高的国家。总之，中国政府近十几年在世界遗产保护领域中的不菲成就和杰出贡献，不但成就了中国的世界遗产大国的地位，也向世界成功推介了中国文化的魅力。

---

① 2002年6月，第二十六届世界遗产大会在匈牙利首都布达佩斯举行。从本年度起，世界遗产大会举办时间从往年的12月份左右改为6月份左右，因此，与前一届相比，召开时间只间隔了半年左右。加之各缔约国准备不足，所以造成了本年度的世界遗产名录项目申报减少，最终仅有10项文化遗产项目（意大利1项、墨西哥1项、阿富汗1项、德国2项、埃及1项、匈牙利2项〈含1项扩展项目〉、苏里南1项、缅甸1项）获得通过，是迄今为止历届世界遗产大会中通过名录项目最少的一次。2020年则因为新冠肺炎疫情的原因，原定于在中国福州召开的第44届世界遗产大会被迫延期至2021年7月以线上方式举行，故此该年度未有世界遗产名录项目产生。

二 积极申报人类非物质文化遗产

如上所述,尽管世界各国各民族所拥有的自然风光及所创造的人类文明千姿百态、丰富多彩,但由于世界各大洲的自然环境、人口分布、经济水平和社会发展等因素的差异,世界遗产在各洲各国的分布呈现着极大的不均衡性,特别是在20世纪末,有一半以上集中在欧洲①,即便到了21世纪,在拥有世界遗产名录项目最多的前五位国家当中,有4个都是来自欧洲国家。

1999年11月,首位从亚洲胜选出的联合国教科文组织总干事——松浦晃一郎就任,针对当时世界遗产在南北分布上的不均衡性,基于《关于保护传统文化和民间文化的建议书》(1989年第二十五届联合国教科文组织总会通过)、《关于人间国宝保护体系的创设》(1993年第一百四十二次联合国教科文组织执行委员会决议)、《关于人类口承及非物质遗产的制度创设》(1997年第二十九届联合国教科文组织总会通过)和《关于人类口承及非物质遗产的杰作宣言》(简称《杰作宣言》)(1998年第一百五十五次联合国教科文组织执行委员会通过)等文件的精神,开始积极改革,酝酿创设与世界遗产地位和影响力相等的有关非物质文化遗产保护的名录项目。

2000年4月,松浦晃一郎总干事致函各国政府,正式启动了"杰作宣言"的申报、评估工作。2001年5月,联合国教科文组织公布了首批包括中国昆曲在内的共19项杰作宣言名录项目。2001年11月,第三十一届联合国教科文组织总会通过了《世界文化多样性宣言》,提出了尊重和保持文化多样性的倡议宣言。

2002年9月,联合国教科文组织第三届文化和旅游部长圆桌会议在土耳其闭幕,会议通过了《伊斯坦布尔宣言》,重申了非物质文化遗产是文化多样性的体现,为实现世界各国各民族的文化繁荣做出了积极的探索。2003年10月,第三十二届联合国教科文组织总会上《保护公约》获得通过,这为世界各国各民族的优秀传统民间文化保护提供了系统性的法律保障。

---

① [日]古田陽久、古田真美:《世界遺産マップス-地図で見るユネスコの世界遺産(2017改訂版)》,広島:シンクタンクせとうち総合研究機構2016年版。

2003年11月，联合国教科文组织公布了第二批包括中国古琴艺术在内的共28项杰作宣言名录项目。2004年3月，阿尔及利亚首先缔约《保护公约》。2005年11月，第三批包括中国新疆维吾尔木卡姆艺术、蒙古族长调民歌在内的共43项"人类口承及非物质遗产的杰作宣言名录"项目产生。

2006年4月，在第30个缔约国①批准文件交存三个月后，《保护非物质文化遗产公约》被批准生效。2008年11月，联合国教科文组织设立"人类非物质文化遗产代表名录"制度，之前公布的三批"人类口承及非物质遗产的杰作宣言名录"项目共90项被作为首批的"人类非物质文化遗产代表名录"项目而合并和替代。自此之后，该名录遵照世界遗产的认定惯例，每年实施一次。

2009年9月，在公布第二批代表名录时，其中又充实和增补了"急需保护名录"和"优秀实践名录"项目。截至2022年7月，联合国教科文组织已认定并公布了14批共629项名录项目，《保护公约》也已缔约了180个国家，是联合国教科文组织诸公约中缔约速度最快的公约，世界上更多的国家正在越来越重视和保护非物质文化遗产。

中国历史悠久，民族众多，自古就创造了多彩和丰富的民族民间传统文化——非物质文化遗产。但从国家层面的立法保护来说，对照日本、韩国等国家，我国对非物质文化遗产的立法保护起步较晚。虽然1979年3月文化和旅游部等部委发起了"十部中国民族民间文艺集成志书"②的

---

① 《保护公约》生效前缔约的30个国家分别为阿尔及利亚、毛里求斯、加蓬、日本、巴拿马、中国、中非、拉脱维亚、立陶宛、白俄罗斯、韩国、塞舌尔、叙利亚、阿联酋、马里、蒙古、克罗地亚、埃及、阿曼、多米尼加、印度、越南、秘鲁、巴基斯坦、不丹、尼日利亚、冰岛、墨西哥、塞内加尔和罗马尼亚，欧美发达国家中仅有冰岛一国。

② 十部中国民族民间文艺集成志书：1979年3月，由文化和旅游部、国家民委及中国文联等共同发起，文化和旅游部民族民间文艺发展中心组织实施《中国民间歌曲集成》《中国民族民间器乐曲集成》《中国戏曲音乐集成》《中国曲艺音乐集成》《中国民族民间舞蹈集成》《中国戏曲志》《中国曲艺志》《中国民间故事集成》《中国歌谣集成》《中国谚语集成》10部集成的编纂出版工作，该文化事业规划每省·自治区·直辖市各10卷，共300卷，计450册，约5亿字。2009年10月，历时30年，汇集凝聚了全国数十万各民族文化工作者智慧和心血的《中国民族民间十部文艺集成志书》全部出版完毕，除港澳台外，该集成共298部省卷，计400册，约4.5亿字。它被誉为"中国民间文艺的万里长城"，是改革开放以来我国在民族民间文化抢救与保护方面所取得的标志性成果，为我国后来的非物质文化遗产保护及其立法工作提供了丰富素材和学术支持。

编撰工作，1979年8月国家轻工业部还认定了第一批"中国工艺美术大师"①，这些内容都涉及今日我们所言之的非物质文化遗产，但论及真正的立法保护，却始自20世纪90年代。

1997年5月，第一部涉及部分非物质文化遗产保护的《传统工艺美术②保护条例》（国务院令第217号）颁布实施，标志着中央政府对非物质文化遗产进行立法保护的开端。在民间，在联合国教科文组织的倡议和影响下，1997年12月，学者詹正发③在《武当学刊》撰文，在国内首次提出了"非物质文化遗产"一词。1998年12月，时任九届全国人大教育科学文化卫生委员会主任委员朱开轩在对云南省民族民间传统文化保护工作进行调研时，建议云南可以立足优势，实行"先地方、后中央"的立法思路。

2000年5月，《云南省民族民间传统文化保护条例》在云南省九届人大常委会第十六次会议以全票赞成的表决结果审议通过，这是我国第一部专门保护民族民间传统文化的地方性法规。2002年8月，在经过深入调研、长期论证基础上，文化部向全国人大教科文卫委员会提交了《中华人民共和国民族民间传统文化保护法（建议稿）》。在此基础上，2003年11月，全国人大教科文委员会成立了起草小组，形成了《中华人民共和国民族民间传统文化保护法（草案）》。2004年8月，参照国际经验，全国人大教科文委员会又将该法律草案的名称调整为《中华人民共和国非物质文化遗产保护法》。

2005年3月，国务院办公厅颁发了《关于加强我国非物质文化遗产

---

① 中国工艺美术大师作授予国内工艺美术创作者的最高国家级称号，自1979年创设以来共历经七届认定了724位（1979年8月33位·1988年4月63位·1993年12月64位·1997年9月45位·2006年12月161位·2012年11月78位·2016年12月280位）。第一届至第四届由轻工业部组织实施，第五届改由发改委组织实施，第六届又改由工信部等八部委组织实施，第七届则一改由之前的"官办"转由中国轻工业联合会和中国工艺美术协会组织实施，名称也由"中国工美艺术大师"变更为"中国工美行业艺术大师"，并在名称前加届次（2016年12月评审为第一届）。

② 传统工艺美术品种分类共有雕刻、陶瓷、印染、织绣、编结、织毯、漆器、家具、金属、首饰及其他11大类。

③ 詹正发，1964年生，男，湖北郧西人，法学硕士，汉江师范学院副教授。1997年12月在《武当学刊》（总第17卷第4期第39—41页）撰文发表《非物质文化遗产的法律保护》一文。

保护工作的意见》（国办发〔2005〕18号），为日后形成有中国特色的非物质文化遗产保护制度奠定了基础。2006年5月，国务院批准文化和旅游部确定并公布第一批国家级非物质文化遗产名录共518项（国发〔2006〕18号）。2007年6月，文化部公布了第一批国家级非物质文化遗产项目代表性传承人共226名（文社图发〔2007〕21号）。

2007年6月，根据《国家"十一五"时期文化发展规划纲要》要求，从加强传统文化整体性保护的角度出发，文化部还正式设立了第一个国家级文化生态保护实验区——闽南文化生态保护实验区，标志着中国文化遗产——尤其是非物质文化遗产的保护进入一个整体、活态保护的新阶段。2019年3月，《国家级文化生态保护区管理办法》正式实施，标志着中国依法行政、依规保护非物质文化遗产又迈上一个新的台阶。这为探索文化遗产的保护和发展、继承与创新开辟了新道路。截至2022年7月，全国已建立了23个国家级文化生态保护实验区，其中闽南文化生态保护区、徽州文化生态保护区、热贡文化生态保护区等7个保护区去掉了"实验"二字，正式升格为国家级文化生态保护区。

2008年1月，时隔不到一年，文化部公布了第二批国家级非物质文化遗产项目代表性传承人共551名（文社图发〔2008〕1号）。在同年6月，国务院批准文化和旅游部确定并公布第二批国家级非物质文化遗产名录共657项（含扩展项目名录147项）（国发〔2008〕19号）。2009年5月，文化部公布了第三批国家级非物质文化遗产项目代表性传承人共711名（文非遗发〔2009〕6号）。

2011年2月，在第十一届全国人大常务委员会第十九次会议上，《中华人民共和国非物质文化遗产法》（主席令第42号）（以下简称"《非物质文化遗产法》"）以155票赞成、2票反对获得通过，标志着中国的非物质文化遗产保护将走上依法保护的阶段。2011年5月，第三批国家级非物质文化遗产名录共355项（含扩展项目名录164项）（国发〔2011〕14号）由国务院批准，文化部确定。2012年12月，第四批国家级非物质文化遗产项目代表性传承人共498名（文非遗发〔2012〕51号）由文化部公布。2014年11月，国务院批准文化部确定了第四批国家级非物质文化遗产代表性项目名录共306项（含扩展项目名录153项）（国发〔2014〕59号）。

2015年6月,为提高非物质文化遗产传承人群的当代实践水平和传承能力,进一步促进非物质文化遗产融入现代生活,文化部启动了中国非物质文化遗产传承人群研修培训计划试点工作,首批18所高校在暑期开展了传统工艺项目的培训工作。通过参与高校的不断努力,逐步确立了强基础、拓眼界、增学养的总体要求,以及"见人见物见生活"的非物质文化遗产保护理念,包括传统工艺在内的非物质文化遗产的保护进入发展振兴的新阶段。

2016年6月,文化部下发《关于加大对非遗代表性传承人开展传习活动支持力度、落实好传习补助经费的通知》(办非遗函〔2016〕202号),将国家级非物质文化遗产项目代表性传承人的传习活动补助标准再次提升,提高到了2万元。①

2017年12月,文化部下发《文化部关于评选全国非物质文化遗产保护工作先进集体和先进个人的通知》(办非遗函〔2017〕1204号),"就党的十八大以来在非物质文化遗产的调查、整理、抢救、保护、传承、发展、科研、培训、宣传、展演等方面成绩显著,具有先进性、典型性、代表性,在社会上有较大影响"② 的集体和个人进行评选,进而表彰先进、树立典型,努力推动全国非物质文化遗产保护工作再上新台阶,为构建文化强国战略提供有力保障。

2018年5月,文化和旅游部公布了第五批国家级非物质文化遗产代表性项目传承人共1082名,人数创历史新高,彰显了中央政府对作为非物质文化遗产保护和传承的重要载体——人——的重视和关切。

2021年6月,国务院公布了第五批国家级非物质文化遗产代表性项目名录(国发〔2021〕8号),共包括185项国家级非物质文化遗产代表性项目名录和140项国家级非物质文化遗产代表性项目扩展项目名录。至此,国务院先后于2006年、2008年、2011年、2014年和2021年

---

① 2008年,中央财政开始对国家级代表性传承人在开展传习活动时给予资金补助,补助标准为每人每年0.8万元。2011年,这一标准升至每人每年1万元。2016年,这一补助额度每人每年再次提升至2万元。

② 文化部:《文化部关于评选全国非物质文化遗产保护工作先进集体和先进个人的通知》,2017年12月29日,http://zwgk.mcprc.gov.cn/auto255/201801/t20180102_830243.html,最后访问日期:2020年3月18日。

公布了五批国家级项目名录，共计 1557 个国家级非物质文化遗产代表性项目，按照申报地区或单位进行逐一统计，共计 3610 个子项。① 这些措施切实提升了中国的非物质文化遗产系统性保护水平，为实现中华民族伟大复兴的中国梦提供了强大精神力量。

2021 年 10 月，文化和旅游部、教育部、人力资源和社会保障部联合印发《中国非物质文化遗产传承人研修培训计划实施方案（2021—2025）》，方案提出，围绕"十四五"非物质文化遗产保护重点工作，配合乡村振兴等国家重大战略，重点开展传统工艺、传统表演艺术类非物质文化遗产项目的研修培训，同时探索民间文学、民俗等非物质文化遗产项目的试点工作。②

表 2-2 中国非物质文化遗产代表性名录项目及代表性传承人数量（2001—2023 年）

登录年份	人类非物质文化遗产代表作名录	国家级非遗项目	国家级非遗传承人
2001	代表名录 1 项	—	—
2003	代表名录 1 项	—	—
2005	代表名录 2 项	—	—
2006	—	518 项	—
2007	—	—	第一批 226 名
2008	—	510 项（扩展 147 项）	第二批 551 名
2009	代表名录 22 项、紧急保护名录 3 项	—	第三批 711 名
2010	代表名录 2 项、紧急保护名录 3 项	—	—
2011	代表名录 1 项、紧急保护名录 1 项	191 项（扩展 164 项）	—
2012	最佳实践名录 1 项	—	第四批 498 名
2013	代表名录 1 项	—	—

---

① 中国非物质文化遗产网、中国非物质文化遗产数字博物馆：《国家级非物质文化遗产代表性项目名录》，2021 年 6 月 10 日，https://www.ihchina.cn/project#target1，最后访问日期：2022 年 5 月 18 日。

② 文化和旅游部：《〈中国非物质文化遗产传承人研修培训计划实施方案（2021—2025）〉印发》，2021 年 10 月 21 日，http://zwgk.mct.gov.cn/zfxxgkml/zcfg/zcjd/202110/t20211021_928453.html，最后访问日期：2022 年 6 月 19 日。

续表

登录年份	人类非物质文化遗产代表作名录	国家级非遗项目	国家级非遗传承人
2014	—	153 项（扩展 153 项）	—
2015	—	—	第五批组织申报
2016	代表名录 1 项	—	—
2017	—	—	第五批推荐 1113 名
2018	代表名录 1 项	—	第五批 1082 名
2019	—	第五批组织申报	—
2020	代表名录 2 项	—	—
2021	—	185 项（扩展 140 项）	—
2022	代表名录 1 项	—	第六批组织申报
2023			
合计	共 43 项	1557 项（604 项）	3068 名①

资料来源：笔者参照"中华人民共和国文化和旅游部政府信息公开网站（http://zwgk.mcprc.gov.cn）""白松强：《国家文化软实力视阈下中国的非物质文化遗产保护现状——以中日韩三国的世界非物质文化遗产名录申报为例》，《文化软实力研究》2017 年第 4 期，第 64—77 页"中相关数据制作。

综上，短短十几年的非物质文化遗产保护工作的开展和实践，创造了中国政府在此领域的非凡业绩（见表 2-2），在全人类文化遗产保护事业上铸就了辉煌的篇章。2007 年 4 月，时任联合国教科文组织总干事松浦晃一郎参观在联合国教科文组织总部举办的中国非物质文化遗产节时曾高度评价说："近年来，中国一直站在保护非物质文化遗产的前线，本次活动突出反映了中国非物质文化遗产的多样性，中国在保护中起着关键作用，这是中国和联合国教科文组织携手合作的共同成果。"② 2013 年 6 月，时任联合国教科文组织总干事伊琳娜·博科娃评价中国非物质文化

---

① 注：截至 2018 年 5 月，3068 名国家级非物质文化遗产代表性项目代表性传承人已有 407 人去世。参见邢晓梅《我省国家级非遗传承人达 150 人，居全国第三》，《太原日报》2018 年 5 月 18 日第 8 版。2021 年 12 月，文化和旅游部发布公告取消乔月亮等 5 人国家级非物质文化遗产代表性传承人资格。因此，截至 2021 年 12 月，国家级非物质文化遗产代表性项目代表性传承人总计 3063 人。

② 刘玉琴、李琰：《中国文化令世界称奇》，《人民日报》2007 年 4 月 27 日第 14 版。

遗产保护时说:"中国的非物质文化遗产保护走在世界前列。"① 而针对中国的文化遗产,2016年7月,伊琳娜·博科娃则评价说:"中国在保护遗产方面为世界树立了良好的典范,中国的经验值得世界其他国家分享。"② 2018年7月,现任联合国教科文组织总干事奥德蕾·阿祖莱在其上任以来的首次正式对华访问并与习近平主席举行的历史性会晤中,亦积极强调了中国文化遗产的重要性(中国在世界遗产数量的排名中居全球第二位)。③

2011年10月,党的十七届六中全会审议通过的《中共中央关于深化文化体制改革推动社会主义文化大发展大繁荣若干重大问题的决定》,首次提出建设"文化强国"长远战略,强调"文化在综合国力竞争中的地位和作用更加凸显……增强国家文化软实力、中华文化国际影响力要求更加紧迫……文化越来越成为民族凝聚力和创造力的重要源泉、越来越成为综合国力竞争的重要因素、越来越成为经济社会发展的重要支撑……必须增强国家文化软实力"④。其中"加强国家重大文化和自然遗产地、重点文物保护单位、历史文化名城名镇名村保护建设,抓好非物质文化遗产保护传承"⑤ 被视为建设优秀传统文化传承体系的中心工作。该决定是继1996年党的十四届六中全会讨论思想道德和文化建设问题以来,也是自2007年党的十七大以来,中央领导同志再一次集中探讨文化课题,且首次将"文化命题"作为中央全会的议题,其战略部署和政治意义、理论意义和实践意义十分重大。2012年11月,党的十八大又将"文化强国"上升为国家战略的重大决策,更为文化遗产的保护和发展带

---

① 中国新闻网:《联合国教科文组织总干事:中国非遗保护居世界前列》,2013年6月16日,http://www.chinanews.com/gn/2013/06-16/4931971.shtml,最后访问日期:2019年1月18日。
② 顾震球:《中国是保护世界遗产的典范》,《中国文化报》2016年7月25日第1版。
③ 联合国教科文组织:《阿祖莱成为首位访华得到中国国家主席接待的教科文组织总干事》,2018年7月17日,http://www.unesco-hist.org/index.php?r=article/info&id=1879,最后访问日期:2022年6月19日。
④ 《中共中央关于深化文化体制改革推动社会主义文化大发展大繁荣若干重大问题的决定》,《人民日报》2011年10月26日第1版。
⑤ 《中共中央关于深化文化体制改革推动社会主义文化大发展大繁荣若干重大问题的决定》,《人民日报》2011年10月26日第1版。

来新机遇。2017年10月,党的十九大将"加强文物保护利用和文化遗产保护传承"作为坚定文化自信的一个部分写进报告中。[①] 综观中国的文化遗产保护成就,可以看到一条清晰的主线,那就是——"文化遗产"是"文化强国"题中应有之义。

[①] 郑娜、苗春等:《习近平与中国文化遗产保护》,《人民日报海外版》2020年5月19日第7版。

第 三 章

日本的文化立国战略

20世纪中叶的日本,经历了战败后的经济困难期,却用短短的23年,便跃居成世界第二大经济体。即便20世纪90年代日本经济进入了低速增长期,也是全球第三大经济体。论及这其中的奥秘,传统文化的力量功不可没。[①] 进入21世纪后,随着经济全球化的深入发展,经济与文化之间的互动越加频繁,文化的经济功能也愈发突出。随着泡沫经济的破灭,日本经历了"失去的三十年",但在文化领域,日本正以国家意志、举国之力,试图托举起文化强国之梦。

第一节 日本文化立国战略的制度体系建设

20世纪中叶后的日本,其国民经济的发展经历了过山车般的变化。1945年,日本作为一个满目疮痍、资源匮乏的战败国,战前积累的财富丧失殆尽,经济陷入崩溃的边缘。后得益于美国的大力扶植、世界政治形势的骤变及自身对机遇的把握,在1946—1955年的10年间,日本国民生产总值(GNP)年均增长率达到9.2%。[②] 1956—1973年间,经济年平均增长率始终保持在10%以上[③],短短的23年时间,日本经济以惊人的速度增长,迅速跃升为仅次于美国的世界第二大经济强国,创造了20世

---

① 曹佳:《20世纪90年代日本经济形势中的文化因素探源》,硕士学位论文,山东大学,2010年。
② 《日本收入倍增计划可资借鉴》,《时代金融》2012年第34期。
③ 陈武元:《日本经济高速发展时期高等教育的主动适应》,《高等教育研究》1992年第2期。

纪人类经济发展史上的奇迹之一。

进入20世纪80年代，深受石油危机影响的日本未能继续保持高速增长奇迹，国民经济进入了低速增长期。20世纪90年代，房地产和股市泡沫的破灭，日本经济增长出现了断崖式的下跌，1991—2000年间，国内生产总值（GDP）年均增长率仅为1.38%①，低于所有发达国家，被称为"失去的十年"。步入21世纪后，日本经济表现仍旧疲软，2001—2010年间，国内生产总值平均实际年增长率进一步下滑到1%以下，出现了长期的通货紧缩，遭遇到了第二个"失去的十年"。② 而2011—2018年的数据显示，由日本史上担任首相时间最长的安倍晋三所实施的"安倍经济学"，也并未能使日本经济出现明显好转，直接把日本带入了第三个"失去的十年"。③

《易经》言曰："穷则变，变则通，通则久。"④ 日本政府为积极应对经济的低迷状态，同时化解现代化起飞阶段所带来的社会问题增多、社会结构错动、社会秩序失范等问题，其实早在20世纪七八十年代，日本政府就开始积极探索把文化作为重要的经济资源来利用，并大力发展与之有关的事业，以带动和推动整个国民经济的发展。⑤ 比如，在1975年，针对《文化财保护法》的修订，新增设了文化遗产种类——传统建筑物群，并积极利用其来拓展旅游市场，发展旅游经济。1979年，大平正芳首相强调日本已从经济中心的时代过渡到了重视文化的时代。1980年，200多位有识之士对日本的文化行政提出了"从经济建设为中心向重视文化建设的转变，从中央集权到地方分权的转变，提高人民对丰富的精神和文化生活

---

① 李长久：《"失去十年"后的日本经济》，《瞭望新闻周刊》2001年第34期，第24页。
② 张梦颖：《日本经济再次经历"失去的十年"》，《中国社会科学报》2012年8月24日第A3版。
③ ［日］山岡鉄秀：《新・失敗の本質——「失われた30年」の教訓》，東京：育鵬社2019年版。
④ （魏）王弼注，（东晋）韩康伯注，（唐）孔颖达正义：《周易正义》，上海古籍出版社1997年版，第87页。
⑤ ［日］日下公人：《文化立国のための政策論（汉译：为文化立国的政策论）》，東京：《中央公論経営問題（汉译：中央公论经营问题）》1978年第1期。［日］栗村和夫：《「文化立国論」によせて（汉译：基于"文化立国论"）》，東京：《月刊社会党（汉译：月刊社会党）》1985年第1期。［日］飛岡健：《文化倍増論——経済大国から文化大国へ（汉译：文化倍增论——从经济大国到文化大国）》，東京：日本文芸社第1989年版。

的追求，振兴地方文化建设和加强国际文化交流"等政策性建议。①

今天我们提及日本的文化立国战略，往往以1996年7月日本文化厅所公布的《21世纪文化立国方案》(《文化立国21プラン》)为标志②，而实际上，日本的文化立国战略的实施，可以追溯到1991年甚至更早。1985年10月，《广场协议》③签订后，日本即设立了"文化政策研究会"，其作为首相的私人咨询机构，在题为《文化时代》的报告中，多次提及"从物质丰富到精神满足"制度建设的必要性。同时，该研究会还召开"文化政策的国际潮流"国际学术研讨会，关注国外的文化政策研究。而诸如神奈川县知事长洲一二④等所发起的"地方文化主导先行"之倡议，也让更多地方政府开始投身于文化建设。⑤ 总之，持续40年间经济繁荣背后所日益凸显的金钱至上、环境恶化、公平缺失、道德沦丧等社会问题，使得人们对回归文化本位的热情变得更加高涨，开始深刻认识到文化环境对经济社会发展所起的主导作用。

1989年7月，文化厅设置了"文化政策推进会"，作为文化厅厅长的私人咨询机构⑥，其专门为政府实现文化振兴的目标提供政策性建议。

---

① 谢冠富：《日本的文化立国战略》，《党政干部参考》2012年第1期。
② 王岳川：《大国文化创新与国家文化安全》，《社会科学战线》2008年第2期；李海霞：《日本文化产业战略思想及其启示》，《现代日本经济》2010年第6期。
③ 广场协议（Plaza Accord）：20世纪80年代初期，美国为改善财政赤字剧增、对外贸易逆差大幅增长的不利境况，同日本、英国、法国及德国的财政部长和央行行长于1985年9月在纽约广场饭店举行会议，达成了五国政府联合干预外汇市场，诱导美元对主要货币的汇率有秩序地贬值，以解决美国巨额贸易赤字问题的协议。因协议在广场饭店签署，故该协议又被称为《广场协议》。《广场协议》签订后，日元大幅升值，国内泡沫急剧扩大，最终由于房地产泡沫的破灭而造成了日本经济的长期停滞。
④ 长洲一二（1919—1999），生于日本东京，日本政治家、经济学者。曾历任神奈川县知事、地方分权推进委员会委员、神奈川县国际交流协会会长、神纳川学术研究交流财团理事长、湘南国际村协会社长等职。
⑤ 日本艺能实演家团体协议会：《日本の文化行政について知る》，2011年2月28日，https://www.geidankyo.or.jp/12kaden/net/administration.html，最后访问日期：2019年7月27日。
⑥ 1945年8月，作为第二次世界大战的战败国，日本接受《波茨坦公告》宣布无条件投降。同时，针对文化事业，日本政府也开始放宽限制，约束政府行政行为，支持、认同民间自由开展的各类文化艺术活动，对其采取内容不干涉之原则。为此，文化厅往往委托相关领域的专家学者组成第三方的独立评审机制，由其对政府支持的文化艺术活动做出分析和判断并提出建议和决策，以供政府行政部门参考。然而，日本政府既不干预文化艺术活动，又要谋求文化艺术的振兴，从实际操作上来说，具有较大的难度。

1990年3月,由文化政策推进会建议设立的——艺术文化振兴基金(国家出资500亿日元、民间集资100亿日元)正式启动,这使得公共文化艺术事业可以不受国家财政所左右,充分保障了该事业的顺利开展,进而具有划时代意义。1991年7月,以坂本朝一为会议长、共44位文化艺术界代表在东京召开了文化政策推进第六次全体会议。会议直面当前文化振兴的必要性和紧迫性,通过了《"文化时代"文化振兴所应采取的重点方略》,该决议内容基本奠定了《21世纪文化立国方案》的框架基础,意义深远,影响重大。①

1995年7月,文化政策推进第十二次全体会议在东京举行,以坂本朝一、三浦朱门为正副会长的共47位文化艺术界代表参会,会议通过了《以新的文化立国为目标——当前文化振兴所要实施的重点措施》(《新しい文化立国を目指して——文化振興のための当面の重点施策について》),确立了继承/发展传统文化、振兴地方文化/生活文化、用文化贡献国际社会等6项施策方针,为《21世纪文化立国方案》的顺利颁布奠定了重要的制度基础,反映了日本社会对文化振兴的现实需要。②

1996年7月,作为日本掌管文化振兴与国际文化交流的最高权力机关——日本文化厅,根据国情形势,正式出台了《21世纪文化立国方案》。首先,该方案确立了"创新(Innovation)""基础(Infrastructure)""投资(Investment)"三个基本概念:创新指文化创新,用以促进民族文化的繁荣,推动社会实践的发展,促进人的全面发展;基础指文化作为一个民族和国家得以存在与发展的基础,既是构筑民族精神的基石,也是衡量一个国家软实力和综合国力的重要指标;投资指文化经济,是把文化遗产作为重要的经济资源来保护,并大力发展与之相关的事业,以带动和推动整个国民经济的发展。

此外,该方案还着力促进"从物质丰富到精神满足""从经济增长到文化繁荣""以新的文化立国为目标""将文化振兴视为当下最重要的战

---

① [日]田中允:《文化の時代に対処する我が国の文化振興の当面の重点方策について——文化政策推進会議の提言》,《教育委員会月報》1991年第8期。[日]青柳正規:《文化立国論 日本のソフトパワーの底力》,東京:筑摩書房2015年版。

② [日]北村祐司:《新しい文化立国をめざして文化政策の現状と課題》,東京:《社会民主》1996年第10期。

略任务"四个转变。最后,就方案的预期目标——文化立国的日本印象,则设定了"魅力文化/走向世界之国""亲密接触/体验文化之国""继承传统/力图创新之国""地方文化/缤纷多彩之国""文化业态百/花齐放之国"五个目标。总之,《21世纪文化立国方案》首次将文化振兴放在最优先发展的战略地位,标志着文化振兴施策提升到了国家层面。

2001年12月,历经五年间的社会实践,《文化艺术振兴基本法》(《文化芸術振興基本法》)(法律第148号)公布实施,标志着从诸多方面为文化艺术活动的开展和文化政策的贯彻执行提供了强大的法律保障。该法共三章三十五条,确立了振兴文化艺术的基本理念,明确了国家和地方政府的权责利,具体规定了与振兴文化艺术有关的基本政策。遵照该法律第二章第七条"为使文化艺术振兴等相关施策得到全面落实,政府必须制定与文化艺术振兴相关的基本方针"之条款,2002年12月,内阁会议一致通过了《文化艺术振兴基本方针》(第一期·五年规划),方针阐述了"实施的必要性"及"国家所起的作用"等四条基本方向,还将"各领域域的文化艺术振兴""文化财的保护及利用""地方文化艺术的振兴""国际文化交流的提升"等十一项条列为基本施策,文化立国战略就此全面在国内展开(见图3-1)。

图3-1 2003年和2013年出版的有关文化政策的书籍

2007年2月，内阁会议通过了《文化艺术振兴基本方针》（第二期/五年规划），本期方针基于日本地方文化因少子化/过疏化造成的衰退，及联合国教科文组织通过的《文化多样性保护国际公约》等国内外情势的变化，进一步强调了文化艺术振兴的意义和应当察知的视点。与第一期相比，"日语教育的普及和发展"之政策被删除，其余十条则在继承第一期社会事业实践活动成果的基础上继续迈向前进。

2011年2月，文化审议会[①]连续进行了17次会议审议，《文化艺术振兴基本方针》（第三期/五年规划）如期在内阁会议获一致通过。与前两期相比，本次的基本方针中新增了六大重点施策，分别为"推动政策落地/繁荣文化活动""营造良好环境/发挥人才作用""积极正确引导/优化学校教育""强化使命担当/提升传承质量""振兴地方文化/融入当下生活""积极走向世界/展现日本魅力"。此外，基本方针还确立了PDCA循环——"计划（Plan）/实践（Do）/检验（Check）/改善（Act）"作为评价之法，使得第3期的文化艺术振兴方针在思想方法和工作步骤方面，更加系统化、条理化、图像化和科学化。基此，第三期基本方针的五年规划取得了显著的阶段性成效。[②]

2015年5月，经第17期文化审议会第五次总会（总第75次）审议、第15期文化政策部会第9次会议审议，内阁会议通过了《文化艺术振兴基本方针——用文化艺术资源创造未来》（第五期/2015—2020），基本方针首次增添了副标题，提出文化应是21世纪日本社会走向的必由之路。为切实提高基本方针的可操作性，日本政府加大了科学统筹、合理布局、细化措施、综合推进的力度，从"继承发展传统文化""保护利用文化遗

---

① 文化审议会：为适应日本中央省厅等部署的改革而于2001年1月依据《文部科学省设置法》第29条及《文化审议会令》而设立的审议机构，其主要为文部科学大臣及文化厅长官提供咨询，内设"文化政策部会""美术品补偿制度部会""世界文化遗产部会""无形文化遗产部会"和"国语分科会""著作权分科会""文化财分科会""文化功劳者选考分科会"等常设机构。但部会和分科会都没有专门的编制，委员由各领域专家学者兼任，属于非实体机构，数量为30人以下，任期1年，可连任。

② 日本文化厅：《文化芸術の振興に関する基本的な方針（平成23年2月8日閣議決定）》，2011年2月8日，http://www.bunka.go.jp/seisaku/bunka_gyosei/hoshin/kihon_hoshin_3ji/index.html，最后访问日期：2019年7月29日。

产""挖掘地方多元文化""全民参与国民共享"等多个层面推动文化艺术的持续振兴和发展。① 此外，基本方针还从五个方面设立了预定目标和关键指标，例如其一的造就因日本文化魅力而使世界游客慕名而至之国，力争2020年访日外国游客达到2000万人次，借此增强日本文化的国际影响力和世界知名度。

2017年6月，日本第一百九十三次国会（常会）对《文化艺术振兴基本法》做了修订，重新命名为《文化艺术基本法》，新版共四章三十七条，新增了"有关文化艺术推进的体制构建"章节，设置了文化艺术推进会议，由其负责对文部科学省、内阁府、总务省、外务省、厚生劳动省、农林水产省、经济产业省、国土交通省等行政机关的实施多部门联动机制，统筹协调部门间的资源配置。与之相应地，基本法还使得都、道、府、县及市、町、村等均成立了各自等级的文化艺术推进会议，进而形成了全国"上下一盘棋"，有序地推进了文化艺术发展的大繁荣。

以上为日本政府近30年间有关文化立国战略的制度体系建设历程，限于囿于篇幅，仅是略述大旨，粗具梗概，未能细致入微，纤悉无遗，诸如2000年1月颁布的《文化审议会令》；2004年4月文化厅所实施的"文化艺术创造都市"活动事业；2011年4月文化厅基于"3.11大地震"而下发的《有关当前的文化艺术活动》；2014年3月文部科学省所通过的《文化艺术立国中期方案》；2014年12月文化厅所实施的机关转移/机能强化事业；2017年12月内阁官房和文化厅联合下发的《文化经济战略》等，不逮详述。这些政策与法律，极大地助力了日本文化振兴的健康稳健发展，最终为其跃升为世界文化强国铺平了道路。

第二节　文化立国战略的具体实施策略

综观日本文化振兴30年的发展历程，尽管具体的实施策略可谓形式多样、内容丰富，但作为整个文化立国战略的实施策略，则可归纳概括

---

① 山东省文化和旅游厅：《日本如何践行文化基本法》，2015年11月9日，http://www.sdwht.gov.cn/html/2015/tszs_1109/26651.html，最后访问日期：2019年7月30日。

为三个方面。

一 保护利用文化遗产（世界遗产）

目前提及各国文化遗产的保护，总绕不开联合国教科文组织所主导实施的世界遗产名录申报制度。当下，《世界遗产公约》的194个缔约国中仅有27个国家（占总数的13%）尚未拥有世界遗产名录项目。可见，公约基本保护理念深入人心，世界遗产名录世人皆知。

20世纪80年代，日本受"经济至上"观念影响，在加入《世界遗产公约》方面，日本政府的态度不甚积极，迟迟未能缔约公约。1990年，受文化厅文化政策推进会的建议，日本政府才逐渐转变态度，将目光转向世界。[①] 1992年6月，作为当时世界发达国家行列的最后成员，日本终于缔结了《世界遗产公约》。

而自此之后，日本政府在世界遗产名录申报方面可谓是洗心革面，举国倾力。1992年，日本在缔约当年即向联合国教科文组织递交了世界遗产名录申报清单，截至2022年7月，日本政府在申报的30年间，已经成功拥有了25项世界遗产名录项目（文化遗产20项·自然遗产5项）（见表3-1），这一数量，在世界遗产名录项目国家排行榜中，使得日本稳居第10名[②]，且在排名前12位的国家中，仅有日本一国是在20世纪90年代才缔约《世界遗产公约》的，而大约与日本同时间缔约公约的荷兰（12项）、克罗地亚（10项）、塔吉克斯坦（2项）和所罗门群岛（1项）四个国家，最多的才有12项，最少的仅有1项。由此可见，日本立足自身独特的自然和文化资源优势，在文化立国政策的积极推动和参与下，使其创造了世界遗产申报的"日本模式"（见表3-1）。

---

① ［日］新井直树：《日本の世界遺産が抱える課題：保護と経済効果のジレンマ》，《Boss》東京2014年第10期。

② 世界遗产名录项目拥有国依据数量而定前10位分别是：意大利（59项）、中国（57项）、德国（52项）、法国（52项）、西班牙（50项）、印度（42项）、墨西哥（35项）、英国（33项）、俄罗斯（31项）、伊朗（27项）、日本（25项）、美国（25项）12国，其中德国和法国并列位居第3，故此日本名列第10位。

表 3-1　日本入选世界遗产名录项目统计（1993—2022 年）

入选时间	项目名称及国际 ID 编号	入选种类	入选基准	遗产所在地
1993 年	法隆寺地域佛教建筑物丨660	文化遗产	1.2.4.6	奈良县
1993 年	姬路城丨661	文化遗产	1.4	兵库县
1993 年	屋久岛丨662	自然遗产	7.9	鹿儿岛县
1993 年	白神山地丨663	自然遗产	9	青森县/秋田县
1994 年	古都京都之文化财丨688	文化遗产	2.4	京都府/滋贺县
1995 年	白川乡·五箇山合掌造建筑历史村落丨734	文化遗产	4.5	岐阜县/富山县
1996 年	原爆遗址（广岛和平纪念公园）丨775	文化遗产	6	广岛县
1996 年	严岛神社丨776	文化遗产	1.2.4.6	广岛县
1998 年	古都奈良之文化财丨870	文化遗产	2.3.4.6	奈良县
1999 年	日光之神社庙宇丨913	文化遗产	1.4.6	栃木县
2000 年	琉球王国时期御城及相关遗产群丨972	文化遗产	2.3.6	冲绳县
2004 年	纪伊山地之圣地与参拜道丨1142	文化遗产	2.3.4.6	奈良县/三重县/和歌山县
2005 年	知床丨1193	自然遗产	9.10	北海道
2007 年	石见银山遗迹及其文化景观丨1246	文化遗产	2.3.5	岛根县
2011 年	平泉——展现佛国净土的建筑·庭院及考古学遗址群丨1277	文化遗产	2.6	岩手县
2011 年	小笠原诸岛丨1362	自然遗产	9	东京都
2013 年	富士山——信仰的对象与艺术之源泉丨1418	文化遗产	3.6	静冈县/山梨县
2014 年	富冈制丝场与绢产业遗产群丨1449	文化遗产	2.4	群马县（证书详见图 3-2）
2015 年	明治工业革命遗迹：钢铁、造船和煤矿丨1484	文化遗产	2.4	山口县/福冈县/佐贺县/长崎县/熊本县/鹿儿岛县/岩手县/静冈县

续表

入选时间	项目名称及国际ID编号	入选种类	入选基准	遗产所在地
2016年	勒·柯布西耶的建筑作品——对现代建筑运动的杰出贡献 l 1321	文化遗产	1.2.6	东京都①
2017年	"神宿之岛"宗像·冲之岛及相关遗产群 l 1535	文化遗产	2.3	福冈县
2018年	长崎与天草地区的隐蔽基督教遗址 l 1495	文化遗产	3	长崎县/熊本县
2019年	百舌鸟和古市古坟群：古代日本墓葬群 l 1593	文化遗产	3.4	大阪府
2021年	奄美大岛、德之岛、冲绳岛北部及西表岛 l 1574	自然遗产	10	鹿儿岛县/冲绳县
2022年	日本北部绳文史前遗址 l 1632	文化遗产	3.5	北海道/青森县/岩手县/秋田县

资料来源：笔者参照"联合国教科文组织官网（http://whc.unesco.org/en/statesparties/jp）"相关数据制作。

此外，日本还曾于1993—1999年、2003—2007年、2011—2015年三次担任世界遗产委员会委员国，其中，1995—1996年、2013—2014年间还曾担任世界遗产委员会副议长国。而具体到人，则有松浦晃一郎于1998年11月担任世界遗产委员会议长一职，他还全力促成了1998年在京都举办的第22届世界遗产大会；东京大学西村幸夫教授于2002年12月当选联合国教科文组织的咨询机构——国际古迹遗址理事会（ICOMOS）②副会长；九州大学河野俊行教授则于2017年12月当选该理事会会长。同时，国际古迹遗址理事会日本国家委员会（日本古迹遗址保护协会）遵循国际古迹遗址理事会之章程，以汇集的大批文化遗产专家为后盾支撑，提升了日本文化遗产保护与研究水平。2017年12月，该委员会还积极响应

---

① 该世界遗产名录项目由东京都代表日本政府与法国、德国、瑞士、印度、比利时、阿根廷共7国共同联合申报。

② 国际古迹遗址理事会（ICOMOS）：于1965年在波兰华沙成立，作为世界遗产委员会的专业咨询机构，它由153个国家的文化遗产领域的专家组成，拥有近1.01万名会员，是古迹遗址保护和修复领域唯一的国际非政府组织，在评审世界各国申报的世界文化遗产名录项目方面起着重要作用。

图3-2 日本的世界遗产认定书

理事会号召,以世界遗产的认定基准为法式,主导实施并甄选出了"日本20世纪遗产20选+1"共21项创造性的天才文化杰作。显而易见,日本政府不仅仅是在世界遗产名录申报方面不遗余力,还积极参与世界遗产多方面事务,它的世界遗产申报与保护体系逐渐走向成熟,迈向世界。

二 继承发展传统文化(人类非物质文化遗产)

世界各国各民族都有自己的传统文化,日本也不例外,作为东方的文明古国,其历史悠久,传统文化深厚。1950年5月,日本所颁布的《文化财保护法》中有关针对"无形文化财和无形民俗文化财"的保护条款,被视为是世界上第一部纳入非物质文化遗产保护的综合性法典[1]。日

---

[1] 河野俊行:《無形文化遺産条約の思想と構造—世界遺産条約、日本法との比較において》,東京:《国際交流》2004年第4期。

本将传统艺能（能乐、邦乐、雅乐、歌舞伎）、手工技艺（金工、漆艺、染织、陶艺）等列为无形文化财，将风俗习惯（生产生计、社会生活、例行节日）、民俗艺能（神乐、风流、舞台艺）、民俗技艺（生产生计、衣食住）等列为无形民俗文化财，这些保护理念和分类标准，为联合国教科文组织践行的非物质文化遗产保护事业做出了积极的表率与示范作用，在世界非物质文化遗产保护史上占据重要地位。

表3-2　日本入选人类非物质文化遗产代表作名录项目统计
（2001—2022年）

入选时间及项数	入选项目种类		项目名称及扩展子项目
2001年5月18日 1项	第一批人类口头和无形遗产杰作宣言名录	能乐	2008年6月，在法国巴黎召开的《保护公约》第二届缔约国大会上，依据《保护公约》8.31.1之条款，决定将该三项名录项目统合为"第一批人类非物质文化遗产代表作名录"。2008年11月，在土耳其伊斯坦布尔举办的《保护公约》第三届政府间委员会会议上，上述决定获缔约国一致表决通过。
2003年11月7日 1项	第二批人类口头和无形遗产杰作宣言名录	文乐木偶戏	
2005年11月25日 1项	第三批人类口头和无形遗产杰作宣言名录	歌舞伎	
2009年9月30日 13项	第二批人类非物质文化遗产代表作名录		雅乐、石州半纸、日立风流物、大日堂舞乐、早池峰神乐、少女舞蹈节、甑岛来访神、秋保的插秧舞、说唱故事题日立、奥能登田神祭、阿伊奴人传统舞蹈、京都祇园祭花车节、小千谷缩·越后上布苎麻布织造工艺
2010年11月16日 2项	第三批人类非物质文化遗产代表作名录		冲绳传统舞蹈组踊、结城䌷绢织物技艺
2011年11月27日 2项	第四批人类非物质文化遗产代表作名录		壬生花田植、佐陀神能
2012年12月6日 1项	第五批人类非物质文化遗产代表作名录		那智田乐
2013年12月4日 1项	第六批人类非物质文化遗产代表作名录		和食：日本人的传统食文化
2014年11月27日 1项	第七批人类非物质文化遗产代表作名录		和纸：日本的手漉和纸技术（石州半纸的扩展项目）共3项

续表

入选时间及项数	入选项目种类	项目名称及扩展子项目
2016年12月1日 1项	第九批人类非物质文化遗产代表作名录	花车节（日立风流物、京都祇园祭花车节的扩展项目）共33项
2018年11月29日 1项	第十一批人类非物质文化遗产代表作名录	来访神（甑岛来访神的扩展项目）共10项
2020年12月17日 1项	第十三批人类非物质文化遗产代表作名录	传统建筑工匠技艺共17项

资料来源：笔者参照"日本文化厅官网（http：//www.bunka.go.jp/）"相关数据制作。

如上所述，今日，已成为联合国教科文组织实施的两大文化遗产名录申报制度之一的——人类非物质文化遗产，其实就源于日本对此所做出的巨大贡献。1999年11月，松浦晃一郎作为首位由日本人出任的联合国教科文组织总干事，在参照借鉴日本无形文化财/无形民俗文化财保护体系的基础上，2000年4月，联合国教科文组织即致函各成员国，启动了人类口头和无形遗产杰作宣言项目申报工作，日本、中国、韩国等国家热烈响应，积极申报。后经近一年的审查、评议，2001年5月，联合国教科文组织公布了第一批人类口头和无形遗产杰作宣言名录共19项，日本的无形文化财能乐入选。自此，日本开启了"积极主动，全力参与，年年申报"的模式，跑出了"日本速度"。截至2022年7月，日本已申报成功的人类非物质文化遗产代表作名录项目已达22项（见表3-2），总数位居世界第3名，数量仅次于中国和法国。从表中可知，自2009年第二批人类非物质文化遗产代表作名录实施以来，联合国教科文组织遵循着每年公示一批名录的法则，但基于申报/评审制度的更变[①]，日本

[①] 2013年12月，第八届保护非物质文化遗产公约政府间委员会会议在阿塞拜疆首都巴库召开，会议就2014、2015年度的人类非物质文化遗产代表作名录项目申报数量上限做出了决议，含代表性名录、紧急保护名录、最佳实践名录和国际援助项目共为60项，一国只可评审一项，且按照对申报项目的评审设置的优先原则，像中国、日本、韩国等人类非物质文化遗产代表作名录项目超过15项的国家，2015年则不予评审申报项目。2015年11月在纳米比亚召开的第十届保护非物质文化遗产公约政府间委员会会议上，则继续对各国的申报项目评审给予严控，原则上只最低保证每一缔约国两年有一次评审的机会。

2015年和2017年未有项目入选,且从2014年起的申报项目来看,其成功入选的项目均是扩展项目。而"扩展项目"这一制度,其实也是源于日本对人类非物质文化遗产制度设计的创新和贡献,如今,包括扩展项目在内,日本已有79项无形文化财和无形民俗文化财荣登人类非物质文化遗产代表作名录,扩展项目使得日本将本国更多的民族民间传统文化跻身非物质文化遗产品牌百花园,让日本文化赢得世界喝彩。

松浦晃一郎在1999—2009年间的两任总干事任期内,促使联合国教科文组织相继于通过了《保护公约》等一系列有关非物质文化遗产保护的文件,极大地促进了世界各国各民族,尤其是亚非拉地区广大发展中国家对非物质文化遗产的保护意识和重新认识。而日本也借助联合国教科文组织这一国际舞台,不但成就了非物质文化遗产强国地位,也使得日本在非物质文化遗产领域所汇聚的"日本经验",成为展现"日本文化力量"的代表性名片(见图3-3)。

图3-3 日本的世界非物质文化遗产证书

三 挖掘地方多元文化（日本遗产·日本博）

日本在世界遗产和人类非物质文化遗产的保护方面，内有本国自成一家的保护体系之规范，外有国际完善健全的保护法律之引导，世界遗产拥有数量世界排名第 10 位，人类非物质文化遗产拥有数量世界第 3 位，隐隐有文化强国之象。作为一个拥有保护法律体系健全的国度，在挖掘地方多元文化方面，日本也一如其在工业领域的既往表现一样，有着极强的快速反应机制和创新能力。①

除实施日本遗产项目外（本书第七章有专门论述），借助 2020 年东京奥运会之契机，在从各个角度向世界展示日本的世界遗产和人类非物质文化遗产之同时，进而从更高层面来展现日本人的美意识，反映当代日本人的价值观，构建出"文化日本"的国际形象，也是日本政府实施文化立国战略的一个重要方面。

2015 年 10 月，首相安倍晋三在首相官邸主持并召开了"日本之美"综合计划第一次恳谈会，包括作家、演员、实业家、染色家、茶道家、美术家等在内的共八位受邀者参加了恳谈，"日本之美"综合计划恳谈会主席津川雅彦提议可将引以为豪的日本文化聚集一堂，命其名为"日本博"，进而在世界各主要都市巡回举办。

2016 年 7 月，时值日本与意大利缔结修好通商条约 150 周年，日本在意大利举行了"日本佛像展"，展出的 21 件作品融合了多种不同的艺术风格和宗教元素，本身就是多元文化的体现，极大地增进了意大利民众对日本历史文化的认识和理解。11 月，"日本之美"综合计划第四次恳谈会暨日本艺术 2018 年综合推进联合第一次会议在日本首相官邸举行，会议就前三次的"日本之美"综合计划恳谈会情况进行了总结，并就未来四年的实施规划进行了谈谈和部署。

2017 年，"日本之美"综合计划的实施进一步深化和扩大。同年 11 月，先是在古都京都召开了"2017 中日韩文化艺术教育论坛"，扩大了东亚三国在文化艺术领域协作的影响力；接着在东京的联合国大学举办了

---

① ［日］国学院大学日本文化研究所：《〈日本文化〉はどこにあるか》，东京：春秋社 2016 年版。

"2017文化交流使论坛",论坛以"向世界传递日本之心"为主题,倡导各文化艺术成就者多多通过多种活动,积极向世界展现日本文化魅力。同月,时值亚太经合组织(APEC)会议在越南举行,日本文化厅还在越南举办了"APEC2017越南御朱印船计划",各种形式的人文交流活动提升了海外日本文化中心的传播能力。

2018年7月,时值日法友好160周年之际,日本在法国举办了"日本域情2018:共鸣之魂",作为日法交流史上最大规模的日本文化/艺术盛典,它以巴黎为中心,辐射全法,时间跨度达八个月,内容涉及绘画、陶艺、雕刻、染织、舞俑、太鼓、话剧及电影等,在举办的系列展览和舞台公演中,有近300万人的直接观众,使得日本文化更加深入法国民众的内心。11月,为庆祝日本与墨西哥建交130周年,日本政府在墨西哥举行了一系列展现传统文化的公演活动。同月,日本文化厅还在东盟(ASEAN)十国实施了以动漫、电影为主题的文化交流、协作事业,促进了日本与东南亚各国的文化交流。2018年12月,第一次日本博综合推进会议在日本首相官邸举行,会议确定在2020年隆重举办日本博,并确立了日本博的重点目标,即借助2020年东京奥运会进一步扩大海外访日人数;提升地方旅游业中访日外国人的比率;确立日本国家品牌,提升文化软实力。据日本文化厅2021年11月公布的《2020年度举办"日本博"相关效果检验报告书》之内容,尽管经历了新冠疫情冲击,2019—2020年间,日本在47个都道府县开展了约34000场活动,涉及约3350万人,与伦敦奥运会(2008—2012年)的文化战略结果(约117717场活动、涉及4340万人)相比[①],日本博实施两年的活动业绩,参加者总数已经接近伦敦奥运会的规模,虽然活动场次不及伦敦,但每场活动的参加者人数庞大是其鲜明特征。

2019年3月,经过三年多的会议推进和筹备,日本政府在东京国立剧场举行了隆重的、传递日本之美的——日本博开幕仪式,文部科学大臣柴山昌彦和文化厅长官宫田亮平共同为日本博开幕剪彩,这是日本继实施世界遗产、人类非物质文化遗产和日本遗产等文化立国施策之后,

---

① [日]日本芸術文化振興会:《〈日本博〉開催に係る効果検証報告書》,東京:日本芸術文化振興会2021年版,第100页。

日本政府又开启的一新的战略实践。同月，作为日本博实施政策中的一环，日本国际交流基金在美国纽约举办了"Japan 2019"，通过美术·舞蹈等文化艺术形式，向美国民众全面展示了日本的传统艺术与当代活力，使得美国对日本的多彩艺术世界有了更深的认识。

此外，从2019年3月至2022年3月的三年间，日本政府还将通过举办31场主办·共办型项目、12场创新型项目、26场文化资源活用推进项目、93场参与策划型项目等富含专题化、体验化、情景化的一系列展览·公演·论坛·节庆等活动[①]，进而达到向世界推介底蕴深厚、形式丰富、魅力恒久、内涵多元的日本文化之目的。可见，日本政府正不断完善顶层设计，从国宝到动漫，从古代珍品到国民性格，从传统文化到现代文明，自古及今、由小到大，就多种文化事象的继承保护、振兴利用等进行了全方位的宣传和推介，以更深入细致的工作实践来夯实文化立国战略。

---

① 日本文化厅：《日本博採択·認証一覧（令和元年7月2日公表資料）》，2019年7月2日，http://www.bunka.go.jp/seisaku/nihonhaku/pdf/r1413086_03.pdf，最后访问日期：2019年8月8日。

第四章

中国的文化遗产保护路径
——以傩戏文化为例

傩戏作为在民间祭祀基础上发展而成的一种戏剧/戏曲形式,在中国各地、各民族中均有流传。21世纪初,受联合国教科文组织的积极影响,中国政府开始对民族民间传统文化实施非物质文化遗产认定制度,傩戏正是在此种背景下再次焕发了新生。非物质文化遗产不但是一个与民族密切相关的概念,更是一个与国家紧密相连的概念,故此,保护非物质文化遗产对中国构建的文化强国战略具有重要的现实意义。武陵山区地处渝、鄂、湘、黔交会之处,民族众多,文化深厚,傩戏广布。如何真正做好中华优秀传统文化——傩文化的"创造性转化、创新性发展",进而带动"脱贫攻坚"工作,对作为典型的连片特困地区的武陵山区有着积极的战略意义,同时也能推进民族文化的多样性发展,维护中华民族"多元一体"文化格局,提高国家文化软实力,提升文化强国的建设步伐。

第一节 武陵山区傩文化资源分布及地域特色

傩——作为原始宗教信仰的产物,源于宗教而又超越了宗教。① 从先秦时期《周礼·夏官司马·方相氏》中的"帅百隶而时(事)难(傩),以索室殴疫"② 及《礼记·月令》中的"季春之月(三月),命国傩,……孟秋之月(七月),天子乃傩,……仲秋之月(八月),天子乃傩,……

---

① 康保成:《傩戏艺术源流》,广东高等教育出版社2011年版。
② (汉)郑玄注,(唐)孔颖达疏,(清)阮元校刻:《十三经注疏附校勘记(上下册)》,中华书局影印1980年版,第851页。

季冬之月（十二月），命有司大傩……"①之记载可见，在商周时期，傩已为国家礼仪之象征。《论语·乡党》中"乡人傩，（孔子）朝服而立于阼阶"②的记载，从侧面印证了傩在春秋末期已成民间风俗。

进入封建社会以后，得益于农耕文明的发展与进步，傩祭也以更加开放的姿态影响和塑造了博厚的民族民间传统文化，处处可见"俗传傩逐厉"③"捧腹看傩驱不祥"④之景象。时至今日，滥觞于中国原始社会时期，盛行于商周时期的傩，经过3000多年的历史与文化积淀，依旧薪火相传、生生不息，甚至还流传至朝鲜半岛⑤和日本⑥等国。当今，依然在民间广为相传的有傩祭（广西隆安）、傩仪（安徽池州）、傩歌（湖南沅陵）、傩舞（江西南丰）、傩戏（贵州岑巩）、傩俗（河北武安）、傩艺（陕西宁强）等多种文化表现形式。

自20世纪末期以来，随着联合国教科文组织针对非物质文化遗产所实施的保护倡议，中国政府积极参与和全面实施，作为一种远古的原始文化和民族民间传统文化的一个重要组成部分，今天，傩文化更是国家文化的象征——非物质文化遗产的重要组成部分。武陵山区少数民族众多，文化深厚，在我国1557项（含604项扩展名录项目）国家级非物质文化遗产代表性项目名录⑦中，有关傩戏（含阳戏）的共有20项，而来

---

① （汉）郑玄注，（唐）孔颖达疏，（清）阮元校刻：《十三经注疏附校勘记（上下册）》，中华书局影印1980年版，第1374页。

② 杨伯峻：《论语译注》，中华书局2002年版，第105页。

③ （明）贝琼：《四部丛刊初编（二五〇）·清江贝先生文集》，上海书店出版社1989年版，第357页。

④ （宋）朱翌：《潜山集补遗附录》，中华书局1985年版，第69页。

⑤ ［韩］田耕旭：《韩国面具戏（非物质文化遗产）的保护情况和改善方向》，载刘祯、李茂主编《祭祀与傩——中国贵州"撮泰吉"学术讨论会论文集（上下册）》，学苑出版社2016年版，第559—574页。

⑥ 曲六乙：《中国傩戏与日本能乐的比较——兼议东方传统艺术的特征》，《民族艺术》1996年第3期。

⑦ 国务院先后于2006年、2008年、2011年、2014年和2021公布了五批国家级项目名录，前三批名录名称为"国家级非物质文化遗产名录"，《中华人民共和国非物质文化遗产法》实施后，第四批名录名称改为"国家级非物质文化遗产代表性项目名录"，共计5批10类1557项3610子项。具体可参考"中国非物质文化遗产网·中国非物质文化遗产数字博物馆：《国家级非物质文化遗产代表性项目名录》，最后访问日期：2021年6月10日，https://www.ihchina.cn/project#target1，2022年5月18日。"

自武陵山片区的竟占有 10 项，可见武陵山片区非物质文化遗产资源的博大精深和丰富多彩。

"武陵"一词最早源于西汉至隋唐时期所设置的武陵郡，其位于华中腹地，是古代的一个行政单位。[1] 今日我们通常意义上所言的武陵山区，则指武陵山及其余山脉所在的区域，习惯上也称之为武陵山片区，其东临两湖（雪峰山），西通巴蜀（大娄山），北连关中（大巴山），南达两广（苗岭），区域面积 17 万多平方公里，包括了渝、鄂、湘、黔 4 省市的 71 个市县区（见表 4－1），是连接华中与西南的重要纽带。武陵山区自古就是多民族聚居的区域，境内有土家族、苗族、侗族、白族、回族和仡佬族等 9 个世居少数民族，现人口达 3645 多万，其中少数民族人口达 1400 多万，以土家族、苗族、侗族为主体的少数民族约占总人口的48%。[2] 独特的自然风貌和浓厚的人文环境，造就了武陵山区丰富多彩的民族民间传统文化，但囿于地理、历史和自然条件的限制，这里既是上古巴蜀文化、荆楚文化、云贵高原文化的交会地，也是中国区域经济的分水岭和西部大开发的最前沿，还是中国现有的 14 个集中连片特困地区之一，集民族地区、革命老区和贫困地区于一体，是少数民族聚集多、贫困人口分布广、跨省交界面大的经济协作区和连片特困区。[3]

表 4－1　　　　　　　　　武陵山区行政区域范围

省（市）	市（州）	县（市、区）
重庆市	0 个	7 个（丰都县、石柱县、秀山县、酉阳县、彭水县、黔江区、武隆区）
湖北省	2 个 恩施州、宜昌市	11 个（恩施市、利川市、建始县、巴东县、宣恩县、咸丰县、来凤县、鹤峰县、秭归县、长阳县、五峰县）

---

[1] 胡茂成、戴小明：《武陵山区域发展研究报告"武陵山少数民族地区经济社会发展高峰论坛"论文集》，中国社会科学出版社 2012 年版，第 1—2 页。

[2] 国家民族事务委员会：《武陵山片区基本情况》，2012 年 3 月 16 日，http://www.seac.gov.cn/art/2012/3/16/art_5461_150691.html，最后访问日期：2019 年 9 月 7 日。

[3] 国家改革和发展委员会：《国务院扶贫办、国家发展改革委关于印发武陵山片区区域发展与扶贫攻坚规划的通知》，2011 年 10 月 31 日，http://www.ndrc.gov.cn/zcfb/zcfbqt/201304/t20130425_538575.html，最后访问日期：2019 年 9 月 7 日。

续表

省（市）	市（州）	县（市、区）
湖南省	7个 邵阳市、常德市、张家界市、益阳市、怀化市、娄底市、湘西州	37个（新邵县、邵阳县、隆回县、洞口县、绥宁县、新宁县、城步县、武冈市、石门县、慈利县、桑植县、武陵源区、永定区、安化县、中方县、沅陵县、辰溪县、溆浦县、会同县、麻阳县、新晃县、芷江县、靖州县、通道县、鹤城区、洪江市、新化县、涟源市、冷水江市、泸溪县、凤凰县、保靖县、古丈县、永顺县、龙山县、花垣县、吉首市）
贵州省	2个 遵义市、铜仁市	16个（正安县、道真县、务川县、凤冈县、湄潭县、余庆县、碧江区、万山区、江口县、玉屏县、石阡县、思南县、印江县、德江县、沿河县、松桃县）

资料来源：参照"《武陵山片区区域发展与扶贫攻坚计划（2011—2020年）》"制作。因为表格所限，将"恩施土家族苗族自治州"略称为"恩施州"，将"石柱土家族自治县"略称为"石柱县"，其他湘西州、秀山县、酉阳县等也均属此类，在此谨特作说明。

武陵山区作为以土家族、苗族为主体的多民族聚集地区，其民族民间传统文化源远流长，独特丰厚。单说傩文化，武陵山区的国家级非物质文化遗产代表性项目名录就有10项（见表4-2），占全国总数的一半，如果也算上湖南郴州的临武傩戏、贵州黔南州的荔波布依族傩戏、贵州毕节的庆坛等在内的话，仅湖北、湖南、贵州3省的傩戏，即占全国国家级非物质文化遗产代表性项目名录中总数的70%（14项）。由此可见，武陵山区有着极其丰富的傩文化资源。而这种多样性和丰富性，其实在一定程度上又体现在其差异性上，正是有差异的存在才有交流的必要，差异是文化交流、借鉴、融合的起点。

表4-2　　武陵山区获国家级非物质文化遗产代表性项目名录的傩戏项目

项目名称	项目序号·编号	项目种类	入选时间	项目类型	所在地区
侗族傩戏	233·Ⅳ-89	传统戏剧	2006年（第一批）	新增项目	湖南省新晃县
沅陵辰州傩戏	233·Ⅳ-89	传统戏剧	2006年（第一批）	新增项目	湖南省沅陵县

续表

项目名称	项目序号·编号	项目种类	入选时间	项目类型	所在地区
德江傩堂戏	233·Ⅳ-89	传统戏剧	2006年（第一批）	新增项目	贵州省德江县
仡佬族傩戏	233·Ⅳ-89	传统戏剧	2008年（第二批）	扩展项目	贵州省道真县
鹤峰傩戏	233·Ⅳ-89	传统戏剧	2008年（第二批）	扩展项目	湖北省鹤峰县
恩施傩戏	233·Ⅳ-89	传统戏剧	2008年（第二批）	扩展项目	湖北省恩施市
梅山傩戏	233·Ⅳ-89	传统戏剧	2011年（第三批）	扩展项目	湖南省冷水江市
张家界阳戏	1119·Ⅳ-157	传统戏剧	2011年（第三批）	新增项目	湖南省张家界市
上河阳戏	1119·Ⅳ-157	传统戏剧	2014年（第四批）	扩展项目	湖南省怀化市
酉阳土家面具阳戏	1119·Ⅳ-157	传统戏剧	2021年（第五批）	扩展项目	重庆市酉阳县

资料来源：参照"第一批、第二批、第三批、第四批和第五批国家级非物质文化遗产代表性项目名录"制作。有关"阳戏"是"傩戏"的考证和论述，具体的文献资料有陈玉平《阳戏研究综述》，《贵州民族学院学报》（哲学社会科学版）2009年第3期；吴秋林《阳戏的类型学研究》，《贵州民族学院学报》（哲学社会科学版）2009年第3期；吴电雷《论西南地区阳戏与傩的种属关系》，《人民论坛》2013年第18期；王相力《传承文化 保护国宝——四川传统戏剧的生存现状与发展前景》，《艺术评论》2015年第9期。

一 侗族傩戏

侗族傩戏俗名"咚咚推"，因傩戏演出时在"咚咚"（鼓声）和"推"（锣声）的锣鼓声中跳跃进行而有其名，侗族傩戏现传承于湖南省新晃侗族自治县贡溪乡四路村天井寨。该村寨地处云贵高原苗岭山脉延伸末端，湘黔交界的顶天山北侧，依山而筑，风景秀丽，民风淳厚，人丁兴旺，现有村民近1300余人，居民以龙、杨、姚等姓氏居多，其中侗族人口占90%以上。

据村中龙氏族谱记载，天井寨的建村历史最早可追溯到1419年，民居建筑大都是明清以来的民居乡土阁楼，材质多是木质结构的吊脚楼和开口屋，多以石质材料作为围墙、道路，古朴独特，古寨至今仍有42栋木构建筑保存完好。尤其是现存传统建筑（群）质量良好且分布连片集中，风貌协调统一，仍有原住居民生活使用，保持了传统区的活态性。基于此，2009年，天井古寨被新晃县人民政府列为县级文物保护单位；2013年，天井寨被湖南省人民政府评为历史文化名村；2014年，天井寨荣获国家民委命名的首批中国少数民族特色村寨；2016年，天井寨被住房城乡建设部等部门列入第四批中国传统村落；2017年，天井寨村又荣获第三届湖南省美丽少数民族特色村镇。2019年，《天井寨传奇》在中央电视台科教频道《地理中国》栏目正式播出，这部地理人文纪录片对天井寨人文历史、民间习俗节等进行了详细的考察和解读（见图4-1）。

图4-1 天井寨的侗族傩戏会演现场

天井寨的侗族傩戏历经发展，约至清朝顺治年间而基本成型，而至咸丰初年，咚咚推已进入鼎盛时期。[①] 但后受侗民姜灵芝[②]领导的农民起义之影响，天井寨人口锐减，咚咚推也一度中断。民国期间，因村寨乡绅龙继湘的倾心倾力，咚咚推再度复兴。中华人民共和国成立后，为弘

---

① 穆昭阳、胡延梅等：《现状、问题与守承：天井侗族傩戏"咚咚推"的调查》，《民间文化论坛》2013年第1期。
② 姜灵芝（？—1874），今新晃县贡溪乡甘屯村人。1854年其在太平天国运动的影响下，召集了5000多名侗、苗族人民揭竿而起，以玉龙山（距离天井寨15公里）为根据地，在湘黔桂边界发动了反对清王朝黑暗统治的武装起义。他多次打败地方武装，开仓济民，令土豪劣绅闻风丧胆。鼎盛时期队伍曾扩充上万人，先后占领晃州、芷江等县部分地区，1874年清兵攻陷玉龙山，姜灵芝英勇牺牲。至今，新晃县仍流传着不少关于姜灵芝的传说故事。

扬民族民间传统文化,新晃县文化局等单位多次到天井寨实施考察、调研,并组织咚咚推参加市县文化会演,侗族傩戏逐渐为世人所熟知。①1990年1月,文化部在北京召开全国文化艺术工作情况交流座谈会,重申了关于弘扬民族优秀文化的若干问题。基于此精神,1992年,村民重做多副咚咚推用的傩面具,舍弃了之前的纸质面具,使得咚咚推回归了艺术本真。也借此契机,咚咚推逐渐引起了国内外专家学者的广泛关注,扩大了其在傩戏界的文化地位。2006年5月,受国家非物质文化遗产保护热潮的影响,咚咚推以"侗族傩戏"之称,荣登第一批国家级非物质文化遗产代表作项目名录。2014年11月,天井寨傩戏表演队还应邀参加了在浙江乌镇举行的第二届国际戏剧节,使得侗族傩戏登上了世界级舞台。2018年11月,代表湖南省的新晃县傩戏剧团将侗族傩戏"咚咚推"参加了在韩国济州岛举行的第五十七届耽罗文化节,使得侗族傩戏真正走向了世界。

二 沅陵辰州傩戏

辰州傩戏又称土家傩,现流传于湖南省西北部的沅陵县七甲坪镇(湖南省群众文化艺术之乡),沅陵在秦朝时称辰州郡,地处今怀化市的最北部。辰州傩戏历史悠久,诸史籍记载者甚多,1705年的《沅陵县志》和1745年的《永顺县志》均有记载,当时就已相当兴盛。辰州傩戏历来无职业班社,艺人多为巫师,或附于坛门。1958年,因"大跃进"运动一度被视为迷信活动而遭到禁止,直到改革开放后的1981年,沅陵县始派专员参加在湘西州凤凰县召开了"湖南傩堂戏座谈会"之后,辰州傩戏才正式开始复演。

1998年8月,湖南省文化厅、省民委在沅陵县七甲坪镇召开了沅湘傩戏傩文化学术研讨会,来自8个国家共计60余名专家、学者出席了会议,研讨会大大提升了辰州傩戏的国际影响力。2006年5月,"辰州傩戏"成功入选第一批国家非物质文化遗产代表作项目名录。2008年10月,七甲坪镇党委政府还主办了首届辰州傩文化艺术节,集中展现了辰州傩文化的魅力。时隔十年之后的2018年9月,沅陵县第二届辰州傩文

---

① 江月卫、杨世英等:《中国侗族傩戏"咚咚推"》,四川人民出版社2008年版,第2页。

化（傩戏）展演在七甲坪镇拉开序幕（见图4-2），以此为契机，推出一台台精彩的傩文化非物质文化遗产展演，傩文化传承与发展、傩文化与乡村振兴等主题也精彩呈现，先后建成了傩戏文化广场、文化大楼、巫傩文化圣山——镇山等文化阵地，既推动了公共文化服务体系的建设，也满足了人民群众日益增长的精神文化需求。

图4-2　沅陵辰州傩戏展演

三　德江傩堂戏

提及德江傩堂戏，专家认为："世界傩戏在中国，中国傩戏在贵州，贵州傩戏在德江。"[1] 德江傩戏表演因多在主人家的堂屋举行，因此被当地人称为"傩堂戏"。傩戏大约在明代初期传入德江，明代中期其体系成熟。因特殊的地理位置和历史沿革，受到600多年土司制度统治的德江县，使德江傩堂戏不仅源远流长，而且保存十分原始和完整。

改革开放以后，德江傩堂戏重新迎来了春天。1987年11月，以贵州

---

[1] 成嘉廷、邓刚：《德江傩堂戏——土家人的千年传承》，《贵州日报》2016年7月13日第8版。

省民委和贵州民族大学联合在中国美术馆举办"贵州省民族民间傩戏面具展览"为契机，德江傩堂戏引来曲六乙等傩戏专家关注。1988 年 11 月，中国傩戏学研究会成立，使得大批国内外傩戏专家、学者也相继来德江考察、调研，德江傩堂戏由此蜚声海内外。1993 年 3 月，贵州省文化和旅游厅认定德江县为全省唯一的"傩戏之乡"。2003 年 10 月，德江县政府承办了首届中国梵净山傩文化学术研讨会，来自国内及日本、韩国、德国等国家的百余名专家、学者出席了会议，成功推动了德江傩文化的保护和发展。2006 年 5 月，"德江傩堂戏"入选第一批国家非物质文化遗产代表作项目名录。

2008 年 12 月，德江县荣获文化部"中国民间文化艺术之乡（傩戏）"称号。2018 年 11 月，以"傩文化传承发展与新时代乡村振兴"为主题的中国梵净山第二届傩文化学术研讨会在德江隆重开幕（见图 4 - 3），来自国内及日本、韩国等国家的 100 多位傩文化专家、学者参加研讨会，对德江县傩文化的产生、流变，传承与发展，保护以及对现当代

图 4 - 3　德江傩堂戏展演

文化艺术的价值等多方面展开研讨，挖掘傩文化内涵，助力全域旅游，助推脱贫攻坚与乡村振兴。① 2019 年 7 月，素有"神秘傩寨"之称的德江县荆角乡岩底村举行了大型的傩戏表演，借助"发展乡村文化旅游，助力脱贫攻坚，喜迎国庆七十周年"的主题②，这些演出所收获的不仅仅是掌声，更重要的是借助傩戏千百年的丰厚积淀，使得人们对民族的优秀文化艺术有更丰富的认识和深切的理解。

四　仡佬族傩戏

仡佬族傩戏现流传于素有"黔蜀门屏、银杉之乡、仡佬故土"之称的贵州省遵义市的道真仡佬族苗族自治县。这里由于地理、历史、民族等诸多因素的共育影响，至今还保存着丰富的傩文化，故有"傩戏王国"之称，日本傩戏专家广田律子盛赞"贵州傩戏在道真"。③ 据明正德年间的《四川总志》和清乾隆年间的《贵州通志》之记载，仡佬族傩戏在元末明初已传入道真。之后数百年间其历演不衰、生生不息。中华人民共和国建立后，曾因一系列政治运动影响而时有中断。改革开放以后，尤其是 1987 年 11 月，随着国务院批准设立道真仡佬族苗族自治县，县政府拯救发掘民族文化力度加大，仡佬族傩戏的表演也更加丰富多样，重新回归了社会。1988 年，以日本广田律子为代表的国内外专家、学者开始调研仡佬族傩戏，引起世人关注。

20 世纪 90 年代以后，随着电视、电脑、手机等大众信息传播器材的普及，祭祀性的傩戏表演观赏性大打折扣。同时，打工浪潮兴起后所带来的可观收入，傩戏艺人的表演收入相形低下，后继乏人。为打破不利局面，2007 年 5 月，道真仡佬族傩戏被贵州省人民政府公布为第二批省级非物质文化遗产。2008 年 6 月，道真仡佬族傩戏被列为第一批国家级非物质文化遗产扩展项目名录，对它的保护与传承工作获得了空前的发展。2012 年 5 月，道真县还成立了仡佬族傩戏艺术团，在它的带动下，全县迄今仍有 50 余个坛班，630 余人活动于境内，与时下流传的禅乐、梵呗乐、南清宫等释道教

---

① 赵相康、尹洁：《梵净山傩文化学术研讨会举行》，《贵州日报》2018 年 11 月 27 日第 6 版。
② 杨旭、张宏扬：《"神秘傩寨"傩戏演出正精彩》，《铜仁日报》2019 年 7 月 22 日第 2 版。
③ 何雪恒：《浅谈道真仡佬族傩戏》，《商》2013 年第 20 期。

音乐的旋律和曲调相融合，构建了中国傩戏独特的艺术风格，内容品类和呈现形式也更为丰富多元，内容更为丰富，形式更为多样，形成了仡佬族最具代表的文化习俗（见图4-4）。2018年9月，由中国傩戏学研究会唯一授牌的傩戏文化研究中心——中国傩戏城挂牌，该城是当今世界最大的傩文化古城，以科学的规划和精心的营造，集中展示出了傩文化的精髓。

图4-4　仡佬族傩戏展演

五　鹤峰傩戏

鹤峰傩戏又名傩愿戏，是一种以还愿为依托，以傩坛为表演载体，以祭仪为表现形式的一种地方性演剧艺术。从《田氏一家言·澧阳口号》[①]中可知，鹤峰傩戏自1621年（明天启元年）就以其特色技艺和浓厚的宗教色彩而发展成熟，一直到中华人民共和国成立前，基本上乡乡都有傩

---

① 《田氏一家言》是1679年（清康熙十八年）容美土司首领田舜年主持编定的一部大型诗文丛集（十二卷），自田九龄始，至田舜年止，共收录六代七位田姓诗（文）人的作品（含田楚产），历时二百多年，创作各类诗词三千多首（今存有380题、524首），是田氏作家群的诗歌总集，也是土家族文学史上一块划时代的丰碑。《澧阳口号》诗曰："山鬼参差迓里歌，家家罗拜戴身魔；夜深响彻呜呜号，争说邻家唱大傩。"

坛，代代传承、生生不息。①中华人民共和国成立后，傩坛还愿活动一度被禁，20世纪70年代所成立的傩戏剧团，也仅是用傩戏唱腔来展演现代剧情。改革开放以后，傩愿戏逐渐在各乡恢复演出，尤其是20世纪80年代至90年代中期，曾经有过短暂的辉煌。20世纪90年代后期，随着经济建设大潮的影响，大量农民外出务工，傩愿戏的出演机会越来越少，仅剩鹤峰县的清湖村和江口村可以完整表演整套傩祭的傩坛。②

进入21世纪以来，在国家针对民族民间传统文化保护的倡导与推动下，鹤峰傩愿戏真正迎来了发展的春天。2004年5月，鹤峰县承办了中日韩民俗演艺保护与研究国际学术研讨会，以此为契机，鹤峰傩戏以其神秘的色彩和丰富的内容（见图4-5），不但引发了国内外专家、学者的极大关注，也对恩施州民委、州民协做好民族民间传统文化的保护抢救工作产生了积极深刻的影响。2005年8月，鹤峰县燕子镇清湖村（傩戏）被恩施州政府命名为民族民间文化生态保护区。同年11月，出于对民族民间传统文化的切实保护，燕子镇清湖村和铁炉白族乡江口村荣获由鹤峰县人民政府命名的"傩戏艺术保护村"，使得鹤峰傩戏的传承与发展由此获得了更大的空间。2008年6月，鹤峰傩戏被列为第一批国家级非物质文化遗产扩展项目名录，鹤峰县乘势而上，着力构建和完善了以傩戏为代表的非物质文化遗产传承和保护体系。2014年6月，时值全国第九个"文化遗产日"，鹤峰县首次举办"我的家乡·我的梦"非物质文化遗产系列文艺展演活动，傩戏、南戏、渔鼓、满堂音、三棒鼓、花鼓灯等16个节目展现了独具土家族特色的民间艺术风采，也给鹤峰文化旅游产业的快速发展带来了生机和活力。

2015年6月，鹤峰县文体局还在鹤峰县中华苏维埃政府旧址内举办非物质文化遗产展厅，通过对傩面具、戏剧服饰等文化符号元素的组织宣传、展演活动③，激发群众自觉参与到非物质文化遗产的传承和保护中来的热情，使得鹤峰傩戏姿态不再小众高冷，而让越来越多的人开始关

---

① 吴振琦、崔彬等：《恩施土家族苗族自治州鹤峰县傩愿戏的田野调查》，《民间文化论坛》2011年第3期。
② 王世平：《清湖傩愿戏何去何从》，《恩施晚报》2005年9月25日第8版。
③ 刘娇、陈晓：《走进鹤峰"非遗"展厅》，《恩施晚报》2015年6月29日第4版。

图4-5 鹤峰傩戏展演

注和喜爱。2016年5月,鹤峰县文化馆戏曲普查组还深入基层,不断采集与鹤峰傩戏相关的艺人数量、戏曲分布、内容创作、发展现状、活化利用、传承问题等数据信息,并拍摄了傩戏经典剧目《姜女下池》等相关图片影像资料,傩戏与纪录片的结合,让我们看到了新的可能——用纪录片的形式来发现、记录和传播传统民族艺术的故事。①

六 恩施傩戏

恩施傩戏包括三岔还坛神和红土傩愿戏,三岔和红土分别是恩施市下面的两个直属乡。在申报市、州、省级非物质文化遗产时,三岔还坛神一直被称为恩施坛傩,归类为民间信仰;红土乡的傩愿戏称之为恩施傩戏,归类为传统戏剧。2007年6月,由湖北省人民政府公布的《湖北省人民政府关于公布第一批省级非物质文化遗产名录的通知》(鄂政发〔2007〕38号)中,将三岔还坛神和红土傩愿戏两者合并均列为"传统

---

① 恩施州文体新广局:《鹤峰县文化馆下乡开展戏曲普查工作》,2016年5月26日,http://app.enshi.cn/print.php?contentid=210399,最后访问日期:2022年6月24日。

戏剧"类第一号（编号：51Ⅳ-1），定名为傩戏。2008年6月，恩施傩戏被列为第一批国家级非物质文化遗产扩展项目名录，为区别鹤峰傩戏，国务院将其定名为恩施傩戏（见图4-6）。

图4-6 恩施傩戏展演

明朝万历年间编修的《巴东县志·风俗》中记载："信鬼尚巫，多不由礼，叫啸以兴哀。"[①] 由此可见，明朝时期巫鬼之风气在恩施州十分兴盛。民国时期至中华人民共和国成立前，恩施州傩文化在三岔、红土等地依然非常盛荣，分布着众多傩坛。中华人民共和国成立后，傩文化虽然受政治影响曾一度中断，但没有被完全禁止。1956年11月，湖北省第一届戏曲观摩演出大会在武汉举行，恩施州推选的傩戏孟姜女成亲在会演上获得好评。1982年，以湖北民族大学民族研究院的雷翔教授为主的专家、学者针对恩施傩戏实施田野调查，进行多方面的文化艺术考证。1986年，三岔傩戏第27代传人——谭学朝成立了三岔区民间艺人协会，

---

① 袁艳梅：《古傩史料·湖北方志卷》，中央民族大学出版社2003年版，第60页。

开始系统地举办傩戏培训班。① 1990年12月，三岔文化站因为傩戏的保护而被评为全国先进文化站。1991年，时任文化和旅游部冯牧副部长为三岔镇文化站题写了"祖国文化的瑰宝"的题词。

进入21世纪后，恩施傩戏获得了更多更大的荣誉。2002年，三岔镇被湖北省人民政府授予"湖北省民间艺术之乡（傩戏）"称号。2003年3月，三岔镇又荣获文化部命名的"全国民间艺术之乡（傩戏）"。2005年，三岔镇被恩施州确定为民族民间文化生态保护区。2008年6月，恩施傩戏与鹤峰傩戏一同被列为第一批国家级非物质文化遗产扩展项目名录。2013年4月，中央电视台纪录频道到三岔镇拍摄傩戏《打烘火》，为傩戏走出湖北、走向全国提供了很好的契机。2016年12月，三岔傩戏传承基地被湖北省民族宗教事务委员会命名为"湖北省少数民族非物质文化遗产保护传承示范基地"。傩戏在恩施这片神奇的土地上重新绽放起来。

七 梅山傩戏

梅山傩戏，也是作为古老的中国傩文化体系中一朵风标独树的奇葩而荣获国家级非物质文化遗产代表作项目名录。梅山傩戏主要流传于古"梅山峒蛮（今娄底、邵阳、益阳市等）"区域，其奉蚩尤为傩祖，以今冷水江市岩口镇为核心向周边辐射，是民间举行祈福、求子、驱邪等傩事活动时展演的娱神、娱人的戏剧艺术形式。至今在冷水江市仍有9个乡镇的20余个傩坛200多名艺人频繁演出傩戏。现存《搬开山》《搬六娘》《搬架桥》《搬锯匠》等10余个剧目，唱腔为民间小调，以嬉笑怒骂的风格让人有亲切感（见图4-7）。②

进入21世纪以来，以国家的顶层设计为指引，冷水江致力于推进傩文化的保护事业。2006年10月，冷水江市被中国民间文艺家协会命名为"中国蚩尤文化保护基地"。2007年5月，在冷水江市召开的首届梅山文化艺术节上，中国傩戏学研究会批准"湖南省冷水江市傩文化研究基地"为该研究会的第一个团体会员。同年9月，在北京召开的"2007中日文

---

① 欧阳亮：《鄂西"还坛神"仪式艺术传承人个案研究》，《艺术探索》2011年第2期。
② 李晓容：《梅山傩戏》，《娄底日报》2017年2月7日第3版。

图 4-7　梅山傩戏展演

化交流会"上,梅山傩戏《开坛傩礼》和《搬锯匠》两剧目被中国艺术研究院选调为开幕式中方演出节目。2011年5月,梅山傩戏入选第三批国家级非物质文化遗产名录扩展项目名录,梅山傩戏由此迎来了新时代。2016年7月,由中国傩戏学研究会、湖南省文化厅主办,新化县政府承办的傩文化国际学术研讨会在新化举行,200多名专家、学者就傩文化的起源与内涵、演变与传承、保护与发展进行探讨和研究。[1] 梅山傩戏记录了千年来湘中的历史、文化、艺术、宗教演化过程,是民族学、社会学、民俗学、戏剧发生学和湖湘文化研究等诸多学科宝贵的信息源。[2]

八　张家界阳戏

在湖南省张家界地区,民间把以酬神和驱邪为主的傩戏叫"阴戏",

---

[1] 阳二荣:《湖湘瑰宝梅山傩戏走向世界——傩文化国际学术研讨会在新化举行》,《娄底日报》2016年7月13日第2版。

[2] 李晓容:《梅山傩戏》,《娄底日报》2017年2月7日第3版。

以娱人和纳吉为主的傩戏叫"阳戏"(见图4-8)。张家界阳戏起源于清朝中叶,至今有300多年的历史,现流行于以大庸为中心的官坪、茅岗、教子垭一带土家族聚居地,故名又叫大庸阳戏。① 其起源于明末清初,在发展过程中经历了"二小(小丑、小旦)""三小(小丑、小旦、小生)"以及"多行当戏(生旦净丑)"等几个阶段,受到傩戏、花灯戏等艺术形式的积极影响,"金线吊葫芦"② 的特殊唱腔是张家界阳戏区别于其他的地方阳戏的主要标志,这是土家人把大山号子融进于戏剧的最为独特的唱法。也正因为如此,张家界阳戏与湘剧、花鼓、祁剧一起,被湖南省文化厅列为湖南四大地方戏,成就了"三湘一绝、五溪奇葩"的美誉。③

图4-8 张家界阳戏展演

悠久的巴楚文化艺术和多姿多彩的民间音乐歌舞,以及湘鄂渝黔边区丰厚的少数民族文化,为张家界阳戏的形成和发展提供了有利的条件。

---

① 宁惠:《遇见魅力永定》,《张家界日报》2021年12月6日第16版。
② 该唱法也即是真假声相结合,其中唱词用真嗓,拖腔用假嗓翻高八度,演唱难度大。
③ 向国生:《三湘一绝 五溪奇葩》,《湖南日报》2014年2月6日第2版。

以 1956 年 9 月创建的张家界阳戏剧团为发展基础,在进入 21 世纪后,张家界阳戏也得到了各级政府的大力扶植和支持,挖掘、整理、改编与创作了一大批阳戏剧目,使其得到了全面、系统的新发展。2006 年 6 月,张家界阳戏被湖南人民政府列为首批省级非物质文化遗产代表作（共 74 项）。2008 年 12 月,国家二级演员的符其男凭借其在张家界阳戏领域的杰出成就,获得了湖南省文化和旅游厅公布的第一批省级非物质文化遗产项目代表性传承人（共 88 名）。2011 年 5 月,张家界阳戏再获殊荣,经国务院批准列入第三批国家级非物质文化遗产名录。自此,张家界阳戏的传承也进入了一个崭新的时代。

拥有 33 个少数民族以及由此衍生的异彩纷呈、兼容并包的民族文化是张家界市特有的瑰宝。[①] 党的十八大以来,张家界针对地方民族文化不断更新升级,进一步推动以张家界阳戏、桑植民歌、白族仗鼓舞等为代表的非物质文化遗产的活化利用,积极发展文旅融合产业,"非遗＋旅游""非遗＋研学""非遗＋市场"等模式不断激发非遗活力,在为文化传承注入了新活力的同时也赋予了文化产业巨大能量。[②] 小阳戏《花好月圆》、廉政阳戏《全家福》、新阳戏《搭伙办厂》等以优质丰富的内容和喜闻乐见的形式,在寓教于乐中呈现了张家界阳戏的魅力。凭借着优异的成绩,文化部副部长项兆伦,湖南省委书记杜家毫、省长许达哲等领导先后到张家界市调研考察"非遗＋扶贫"模式并给予肯定。2017 年 12 月,张家界阳戏传习所荣获中央宣传部授予第七届全国服务农民、服务基层文化建设先进集体称号[③],其在传承地方民族文化方面所作的努力与探索,日益丰富了以张家界阳戏为代表的非遗的活化实践方式。

九 上河阳戏

上河阳戏是流行于湖南省湘西地区怀化市的地方剧种之一,其源于

[①] 白蜜蜂:《张家界"大戏"在北京上演》,《张家界日报》2021 年 10 月 17 日第 1 版。

[②] 易善任、罗红艳:《云过有痕——记市第七届人大代表刘云》,《张家界日报》2021 年 9 月 9 日第 2 版。

[③] 《坚持发展第一要务 聚焦主业担当作为——奋力谱写全面建成小康社会永定壮丽篇章》,《张家界日报》2019 年 2 月 15 日第 4 版。

清朝道光年间，语言以戏腔的口语化、生活化为特征，角色以小丑、小生、小旦"三小"为主，音乐高亢、明亮、朴实、诙谐，传承遗留着大量巴、楚、湘、黔等傩文化的余绪和末韵，尤其是以踩堂戏、傩堂戏为代表的傩戏剧种给阳戏以特别的艺术滋养（见图4-9）。

图4-9　上河阳戏展演

进入21世纪以来，上河阳戏所在地方政府不断加大非物质文化遗产保护力度，全面落实非物质文化遗产保护责任，稳步推进了上河阳戏的保护和传承等各项工作。2006年6月，上河阳戏与张家界阳戏、湘西自治州阳戏一起，荣获湖南人民政府公布的第一批省级非物质文化遗产代表作，成为仅有的三种阳戏之一。借助对上河阳戏这一文化符号资源的不断挖掘和传承，在新时代的伟大实践中，上河阳戏绽放出了更加璀璨的光彩，2014年11月，在国务院公布的第四批国家级非物质文化遗产代表性项目名录扩展项目名录中，上河阳戏榜上有名。

基于此，怀化市也成为全国唯一一座有六项传统戏剧项目（新晃侗族傩戏、沅陵辰州傩戏、溆浦辰河目连戏、辰溪辰河高腔、通道侗戏、鹤城上河阳戏）成为国家级非物质文化遗产代表性项目名录的城市。

2018年9月，由鹤城区阳戏保护传承中心历时一年精心打造的力作上河阳戏《侗山红》在长沙展演，凭借上河阳戏的独特魅力，该剧斩获湖南省"五个一工程"奖和"第六届湖南艺术节田汉剧目大奖"，并连获"田汉剧作奖""田汉导演（编导）奖""田汉音乐奖""田汉舞美奖"及"田汉表演奖"五项单项奖。此外，《侗山红》还入选文化和旅游部戏曲剧本孵化计划扶持项目大戏项目一类作品，成为湖南省首部通过该项目专家评审的原创大戏。2021年3月，为庆祝中国共产党成立100周年，"百团百角唱百年"湖南文艺院团竞演活动全面展开，吸引了湖南省700多家文艺院团、近12000名演员的热情参与。同年6月，怀化市鹤城区阳戏保护传承中心创排的节目《侗山红》喜获佳绩，被评为"十佳节目"[①]。上河阳戏《侗山红》能独获这么多奖项，充分反映出其在戏剧界的影响力。

十 酉阳土家面具阳戏

酉阳土家面具阳戏，简称酉阳阳戏，又称脸壳戏、面具戏，因演出时，演员佩戴各种形式的木质脸壳得名（见图4-10）。据清代同治年间刻印的《酉阳直隶州总志》文献记载，土家阳戏"出于川西，言刘蜀后主时所传其法，生旦净丑，插科打诨，谓之上川教"[②]。酉阳阳戏的主要道具为木脸面具，其一般用柳木、白杨木制作而成，盘古、伏羲、女娲、玉皇大帝、王母娘娘等正神用面具则棱角分明、面容庄严、神采飞动，钟馗、门神、二郎神、孟婆神、黑白无常、牛头马面等副神用面具则威武、凶悍、龇牙咧嘴，眉毛上扬，使人感到一种神秘的威力和粗犷的美。酉阳阳戏的唱腔由正调和小调两部分组成，共17个曲牌，其表演重做工少武打，多演文戏、家庭戏、悲剧，生活气息浓，内容主要是普通的人文伦理、家庭生活、劳动生产、男女爱情和妖狐鬼神等故事。流传至今的主要剧目有《大孝记》《恩哥记》《征东》《薛刚反唐》《唐王落难》

---

① 怀化新闻网（怀化日报主办）：《怀化市阳戏〈侗山红〉星城获奖》，2021年6月26日，http://www.0745news.cn/2021/0626/1213827.shtml，最后访问日期：2022年6月25日。

② （清）冯世瀛著，冉崇文编：《酉阳直隶州总志》，巴蜀书社2009年版，第503页。

《穆桂英》等，其唱腔曲牌有皇生腔、丞相腔、元帅腔、小生腔等。①

图 4-10　酉阳阳戏展演

酉阳土家族苗族自治县（以下简称"酉阳县"）作为少数民族聚集区，土家、苗、侗等各族人民在漫长的生产生活实践活动中创造和积淀了丰富多彩的民族民间优秀文化，是武陵山区（渝东南）土家族苗族文化生态保护区核心区，也是中国民间文化艺术之乡，拥有国家级非物质文化遗产代表性项目名录 4 项，该数据在渝东南各区县中名列首位。酉阳阳戏作为其中一朵绚丽的奇葩，更是人民智慧的瑰宝。2007 年 5 月，酉阳阳戏入列重庆市非物质文化遗产名录。2021 年 5 月，重庆市酉阳县申报的"酉阳土家面具阳戏"经国务院批准列入第五批国家级非物质文化遗产代表性项目名录，成为酉阳文化产业发展探索强县之路的重要文化旅游品牌。这当中，尤其以面具阳戏、酉阳民歌等国家级非物质文化

---

① 《酉阳土家面具阳戏》，《重庆科技报》2021 年 11 月 4 日第 12 版。

遗产代表性项目名录传习所为代表所催生的"非遗小镇"旅游品牌,备受游客青睐,相继成为中国美术家协会、重庆市美协和四川美术学院、重师美术学院、贵州师范学院等13所高校的"写生创作基地","写生小镇"旅游品牌蜚声美术文艺界。① 今天,酉阳阳戏已成为酉阳的"文化地理标志",频频获得中央电视台等媒体的持续关注,先后以现场直播、新闻采访等形式,亮相央视《新闻直播间》《新闻联播》等栏目。②

第二节 武陵山区保护与利用傩文化的新路径

进入21世纪后,党中央高屋建瓴、领航掌舵,提出了一系列保护和发展少数民族优秀传统文化的治国方略。2002年11月,江泽民提出:"全面建设小康社会,必须大力发展社会主义文化,建设社会主义精神文明。当今世界,文化与经济和政治相互交融,在综合国力竞争中的地位和作用越来越突出。文化的力量,深深熔铸在民族的生命力、创造力和凝聚力之中。"③ 2010年7月,胡锦涛指出:"文化是民族凝聚力和创造力的重要源泉,是综合国力竞争的重要因素,是经济社会发展的重要支撑。"④ 2017年4月,习近平在广西考察时强调:"要让文物说话,让历史说话,让文化说话。"⑤ 2017年10月,习近平总书记在中国共产党第十九次全国代表大会上指出,要"深入挖掘中华优秀传统文化蕴含的思想观念、人文精神、道德规范,结合时代要求继承创新,让中华文化展现出永久魅力和时代风采"⑥。可见,历代中央领导人关注文化建设,关心传统文化保护,注重民族文化的挖掘与传承。正是基于党中央总揽全局和科学决策,政策引领和制度保障,武陵山区民间民族传统文化传承与

---

① 邱洪斌:《龚滩古镇出台未来三年发展规划》,《酉阳报》2017年9月28日第2版。
② 邱洪斌:《两次亮相央视〈新闻联播〉》,《酉阳报》2018年2月28日第2版。
③ 江泽民:《江泽民文选》(第三卷),人民出版社2006年版,第558页。
④ 胡锦涛:《在十七届中共中央政治局第22次集体学习时的讲话》,《人民日报》2010年7月24日第1版。
⑤ 习近平:《扎实推动经济社会持续健康发展 以优异成绩迎接党的十九大胜利召开》,《人民日报》2017年4月22日第1版。
⑥ 习近平:《决胜全面建成小康社会 夺取新时代中国特色社会主义伟大胜利——在中国共产党第十九次全国代表大会上的报告》,《人民日报》2017年10月28日。

利用蔚然成风，书写出了地方民族文化繁荣的崭新篇章。

一 成立非物质文化遗产保护中心

2005年3月，国务院办公厅在印发的《关于加强我国非物质文化遗产保护工作的意见》中强调："地方各级政府要加强领导，将保护工作列入重要工作议程，纳入国民经济和社会发展整体规划，纳入文化发展纲要。"①《中华人民共和国非物质文化遗产法》（简称《非物质文化遗产法》）第七条规定："县级以上地方人民政府文化主管部门负责本行政区域内非物质文化遗产的保护、保存工作。"② 基于此认识，各地政府也相继成立了非物质文化遗产保护中心，其作为地方政府非物质文化遗产保护的专业机构，承担了该地区非物质文化遗产保护的有关具体工作。

对于侗族傩戏，2009年6月，新晃侗族自治县就设立了非物质文化遗产保护中心，积极开展此方面的保护。2015年4月，该县还专门实施了《新晃侗族自治县民族民间传统文化保护条例》，此条例将非物质文化遗产的保护、传承和利用纳入了国民经济和社会发展计划，并规定每年财政安排不低于上年度本级公共财政预算收入的1.5%设立"民族民间传统文化保护专项资金"，专款专用，切实保障了傩戏等民族民间传统文化的发展。

而对于辰州傩戏，沅陵则在2010年4月设立沅陵县非物质文化遗产保护中心，针对非物质文化遗产实施了一系列的保护规划。2019年5月，沅陵县还成立了非物质文化遗产传承保护发展促进会，促进会将通过课题研究、学术交流、传承培训等形式，推动沅陵县非物质文化遗产保护事业的繁荣发展。

2014年6月，德江县人民政府出台了《德江县非物质文化遗产保护意见》并成立了德江县非物质文化遗产保护中心，使该县非物质文化遗产保护的普查、认定、申报、保护和传承、利用、交流等工作开展有了法的保障与支持。与新晃县、沅陵县等相比，德江县的非物质文化遗产保护中心虽然成立较晚，但是，积极实施非物质文化遗产保护项目的挖掘、抢救、研究、保护和整理工作，成绩突出。2017年12月，德江县把

---

① 王文章：《非物质文化遗产概论（修订版）》，教育科学出版社2013年版，第371页。
② 王文章：《非物质文化遗产概论（修订版）》，教育科学出版社2013年版，第364页。

文化遗产保护工作纳入文化改革，撤销非物质文化遗产保护中心，组建文化遗产保护中心，实现了既保护非物质文化遗产，也保护孕育发展非物质文化遗产的人文环境和自然环境的新目标。

道真仡佬族苗族自治县高度重视非物质文化遗产保护工作，基础工作起步较早。2010 年、2012 年和 2014 年，道真自治县人民政府先后印发了《2010—2015 年非物质文化遗产保护发展规划的通知》《关于加快道真民族文化改革发展的意见》《〈道真自治县非物质文化遗产项目代表性传承人和优秀民间艺人认定与暂行管理办法〉的通知》等指导性文件，强化了规范管理。2015 年 6 月，道真自治县成立了非物质文化遗产保护中心，有力推动了非物质文化遗产保护、传承和利用工作的大发展，目前，道真是遵义市拥有国家级名录和省、市级传承人最多的县。

针对鹤峰傩戏的传承与利用，根据《鹤峰县机构改革方案》和《鹤峰县机构改革实施意见》，2010 年 5 月，鹤峰县即成立了非物质文化遗产中心，积极推动非物质文化遗产的保护、传承、普及、弘扬和振兴。自 2014 年 6 月起，鹤峰县非物质文化遗产保护中心均组织举办"我的家乡·我的梦"非物质文化遗产系列文艺展演活动，全面展示了鹤峰民族民间传统文化的魅力。

恩施市非物质文化遗产保护传承展演中心，以 1983 年更名的恩施市民族文工团为基础，经恩施市机构编制委员会批准，成立于 2011 年 8 月，为市级公益性文化遗产保护传承机构。保护传承展演中心自成立以来，积极深入开展了非物质文化遗产的保护、挖掘、传承、展演工作。2018 年 3 月，恩施市非物质文化遗产保护传承展演中心获湖北省最美非物质文化遗产保护中心殊荣，系恩施州内唯一获此殊荣的单位。

冷水江市非物质文化遗产保护中心作为冷水江市文化馆的下设全额拨款的公益性事业单位，成立于 2012 年 8 月。自保护中心成立以来，依托文化馆自身优势，积极推进非物质文化遗产的保护。2012 年，冷水江市文化馆参选的《中国梅山傩戏艺术节》作品荣获湖南省人民政府颁发的"三湘群星奖"金奖，这是冷水江市有史以来荣获湖南省级非物质文化遗产保护艺术项目最高奖项，由此可见其保护的成效。

张家界市非物质文化遗产保护中心为张家界市文体广电新闻出版局所属公益一类事业单位，2006 年成立非物质文化遗产保护工作办公室。

2011年12月,为了进一步强化保护职能,张家界市成立了非物质文化遗产保护中心,专业从事民族民间传统文化的挖掘、整理、研究等传承和保护工作。2017年4月,张家界市非物质文化遗产研究与保护促进会成立,作为非营利性的地方学术研究社会团体,以挖掘张家界市非物质文化遗产、保护和传承优秀传统文化为目的。2019年10月,张家界市非物质文化遗产保护中心因机构改革,并入了张家界市文化馆,这将会更加合理地配置资源,体现非物质文化遗产为公共文化服务的新理念。

怀化市非物质文化遗产保护中心成立较晚,2017年6月经怀化市编委批准设立,2018年2月正式挂牌成立(归属怀化市文化旅游广电体育局)(见图4-11)。以此为契机,怀化市全面落实了市级非物质文化遗产代表性传承人补助经费,还重点打造推出"怀化有戏"品牌,通过院团改革、非物质文化遗产名录体系建设、项目抢救性保护、搭建乡村戏台等方式,提炼戏"里"精髓,强化戏"外"保护,营造更好的戏剧保护传承生态。①

图4-11 怀化市非物质文化遗产保护中心

---

① 唐李晗、向珮鸣:《怀化有"戏"》,《中国文化报》2018年12月28日第8版。

酉阳作为重庆市面积最大、少数民族人口最多的山区大县，也是非物质文化遗产资源大县。2008年11月，在重庆市非物质文化遗产保护中心的指导下，酉阳县非物质文化遗产保护中心挂牌成立，并公布了首批县级非物质文化遗产保护名录，确定首批传统戏剧、民间音乐、民间舞蹈、民俗四大类的21项民族民间文化为县级非物质文化遗产保护名录，面具阳戏位列其中。自成立以来，保护中心不断强化非物质文化遗产保护工作，先后整理编写了《酉阳自治县非物质文化遗产普查成果汇编》《酉阳自治县非物质文化生态保护规划》等资料，出版《酉阳阳戏》《酉阳民歌》《酉阳古歌》《酉阳土家族摆手舞》等书籍，让民族传统文化走近人们身边，让非物质文化遗产发扬光大。2019年12月，文化和旅游部办公厅发布《关于公布国家级非物质文化遗产代表性项目保护单位名单的通知》，酉阳阳戏、酉阳民歌、酉阳古歌、土家摆手舞（酉阳摆手舞）的保护单位酉阳文化馆被文化和旅游部列入国家级非遗代表性项目保护单位名单，彰显了酉阳传承弘扬中华优秀传统文化，不断强化非物质文化遗产代表性项目名录建设的有力举措和突出成效。

二　助力傩文化"走出去"

《非物质文化遗产法》第三十二条规定："县级以上人民政府应当结合实际情况，采取有效措施，组织文化主管部门和其他有关部门宣传、展示非物质文化遗产代表性项目。"[①] 党的十八大以来，中国特色社会主义进入新时代，伴随着"一带一路"的深入实施，中国文化"走出去"战略也不断深化落实，傩文化不再仅仅是立足武陵山民族地区，走向全国，甚至走出国门，在许多国家和地区演出，把武陵傩戏的声名带到了更远的异域他乡。

我们可以以湖南省怀化市为例，来梳理和分析其文化"走出去"战略的深化落实过程。怀化市作为民族文化历史深厚悠久之地，傩文化是其优势和特色，而针对文化"走出去"战略，地方政府首选就是主力助推傩戏。2014年11月，受乌镇戏剧节主办方邀请，怀化市文化局力推天井寨侗族的傩戏班参加了"第二届乌镇国际戏剧节"，就此，新晃侗族傩

---

① 王文章：《非物质文化遗产概论（修订版）》，教育科学出版社2013年版，第367页。

戏迈出了进入新时代后"走出去"战略的第一步。为了准备好这场戏剧展演"嘉年华",傩戏班积极练好"内功",紧张排练节目,最终凭借高超的艺术水准取得了荣誉和成就。2015 年 10 月,基于第二届乌镇国际戏剧节上新晃侗族傩戏的出色演出,乌镇戏剧节主办方再次邀请该剧种参加"第三届乌镇国际戏剧节"。这次除了有傩戏咚咚推,怀化市还主力推荐了新晃县米贝苗族乡烂泥村寨的烂泥苗岭高腔作为代表参加展演,通过为期一周 18 场的会演,借助咚咚推《华佗救民》与烂泥苗岭高腔《寒江关》剧目的艺术化呈现,使得中国古老的戏剧形式展现在国内外游客的眼前,润物无声地走进了更多人的心田。在展演的近 300 多个国内外剧目中,新晃侗族傩戏"咚咚推"是为数不多的几部被戏剧节评为"五星"推荐的剧目之一。①

借助新晃侗族傩戏连续成功参加两届乌镇国际戏剧节所带来的积极影响,怀化市更是主动探索更多适合新时代的新方式,尝试借助国际社会传播民族文化,让傩文化的独特魅力在世界文化舞台上得到更好的展示。2018 年 10 月,受韩国"十大乡土文化艺术节"之一——耽罗文化艺术节组委会的邀请,新晃侗族傩戏"咚咯推"作为唯一剧目代表湖南省赴韩国济州演出。韩国济州耽罗文化节始自 1962 年,是韩国具有浓郁地方和民族特色的文化活动之一,每年都会吸引数百万民众参加,来自世界不同国家、不同民族的演员纷纷通过戏曲歌舞的展演等在这个舞台上展示本民族的文化特色和精髓。2018 年是耽罗文化节举办的第 57 个年头,基于韩国的村落型世界遗产项目——安东市河回村的别神假面舞(傩戏)的巨大影响力和知名度,主办方遂邀请了中国、日本、韩国等国家更多与傩文化相关的文化艺术形式参演。至于韩方邀请新晃侗族傩戏参演的真正原因,我想除了河回村的别神假面舞(傩戏)与新晃侗族傩戏在情节内容、角色行当等方面有着相似性和相通性外,随着中华传统文化的国际影响力日益增强,再加上新晃傩戏在乌镇国际戏剧节展演的巨大成功,推荐其作为代表可谓水到渠成、正逢其时吧。

为了真正展现中国傩戏的魅力,向世界讲好中国故事,为文化强国梦战略助力,不仅是怀化市文化局,湖南省文化厅也高度重视这次国际

---

① 肖军、杨芷清:《怀化有戏》,《湖南日报》2018 年 8 月 25 日第 7 版。

参演，从节目内容的选定到节目编排、再到排练经费补助等，省市各级领导均给予了强有力的指导和支持。最终，经过有关部门的反复论证，咚咚推的传统剧目《跳土地》和创新剧目《过五关——古城会》被遴选作为代表，并积极从音乐、舞蹈等方面进行创新和探索，不断提升其艺术质量和生命力，以期在耽罗文化艺术节上取得优异的成绩。

探究《跳土地》和《过五关——古城会》入选缘由，我们不妨先从其内容进行考察。《跳土地》剧情时长约10分钟，演员阵容2人，分别扮饰农夫龙渊和神灵土地公。主要讲述了龙渊在田中耕耘，田头有土地庙，龙渊见到了土地公，向其祈求五谷丰登、六畜兴旺、万民安康，土地公慨然允诺，最后龙渊向土地公答谢感恩。剧情表达了农民们的美好愿望，反映了侗族人民的美好生活愿景[1]。《跳土地》的剧情内容在今天看来有些拖沓琐碎，但其展示的实际上是生活化的表现，能让观众看起来没有距离感，人神之间的对话质朴真诚，语言典雅而又通俗，意蕴丰厚而不艰涩，喜而不闹，生活气息浓厚又不乏引人思考的哲理性，让人沉浸其中不能自拔。《跳土地》是新晃傩戏咚咚推开场的必演剧目，也是最受观众喜爱的剧目之一，犹如世界所有芭蕾舞团都会展演古典芭蕾舞剧《天鹅湖》一样，更是检验演员是否具备各项基本功底的一出戏。

《过五关——古城会》剧情时长约20分钟，演员阵容20余人。剧情主要讲述了小说《三国演义》里蜀国关云长得知大哥刘备下落后，准备前往河北袁绍处寻找大哥，遂与曹操辞行，但曹操为挽留其故意躲而不见，关公于是连夜挂印封金，陪皇嫂上路不辞而别后一路过东岭、洛阳、汜水、荥阳、黄河渡口五关，且相继斩杀孔秀、韩福、孟坦、卞喜、王植、秦琪六将的故事。古城会的剧情则为关公与甘、糜二位皇嫂抵古城，得知张飞下落，欲与其相会，张飞却不肯开城，关公表明心迹，张飞更是生疑心，后关公在张飞擂鼓三声中，斩下蔡阳首级，张飞释疑，于是开城相会的故事。[2] 千百年来，关公已从一位历史英雄人物，逐渐演变为

---

[1] 江月卫：《山寨傩戏"咚咚推"》，《中国艺术报》2021年4月14日第7版。
[2] 新晃侗族自治县人民政府：《新晃傩戏剧团受邀参加韩国耽罗文化艺术节》，2018年8月24日，http://www.xinhuang.gov.cn/xinhuang/c112937/201907/e478551fae0745878c93afbb807533fc.shtml，最后访问日期：2020年3月18日。

"忠义仁勇"的化身。因此，在湖南湘西的侗族秘境之地也不例外，有戏曲就必有演绎关公故事的剧种，每一剧种中亦必有展演关公故事的剧目，这从侧面既凸显了湘西侗族人民英勇奋战、共克时艰的勇士精神，也彰显了在民族伦理道德中侗族人民最推崇的"道义"精神。

《跳土地》和《过五关——古城会》除了拥有紧凑的内容叙事、跌宕的情节铺排、丰富的情感表达外，在形式多样性、水准专业性、空间延展性等方面也得到了提升和完善。在剧目的舞蹈方面，特邀了新晃籍的湖南省歌舞剧院舞蹈编导吴殿成先生为总导演，其将现代歌舞元素积极植入剧目中，使歌舞融入唱腔之中，且一招一式的唱念做打都与舞蹈节奏完美地融合在一起，借助舞蹈的强烈视觉冲击力和艺术感染力来渲染气氛，抒发情怀。因吴殿成先生曾多次担任中央电视台、东方卫视、湖南卫视等大型艺术活动的策划编导，经验丰富、业务精湛，除了对剧目舞蹈进行改编之外，其还对服饰的色彩与图案、音乐的旋律与节奏等进行了改创，并使用民族语言（侗语）进行道白和吟唱，以内生动力追求剧目的高质量、内涵性发展，最终使得《跳土地》和《过五关——古城会》为耽罗文化艺术节增添了一抹异国的亮色，进一步彰显了中华优秀传统文化的魅力所在。

新晃侗族傩戏在韩国耽罗文化艺术节的展演对其在新时代的首次"走出去"战略无疑有着积极的正面影响。在国外，新晃侗族傩戏在耽罗文化艺术节上近 30 分钟的精彩演出使得现场座无虚席、掌声四起，且长达 8 次之多。此外，当以《跳土地》和《过五关——古城会》为基础内容编排的表演队伍举着中国国旗和新晃侗族傩戏剧团团旗在济州街道巡游时，在街道两边的韩国观众或鼓掌、或招手，甚至求签名、求合影，用韩语只呼"很棒""很不错"，还有的模仿演员现场跳起了傩面舞，足见中国傩戏的受欢迎程度。济州艺术团体总联合会的会长夫在豪对新晃侗族傩戏也给予了非常高的评价，他高兴地说："韩国人对《三国演义》也是如痴如醉，非常了解，这次的节目可以说刷新了观众的眼睛和耳朵，受到了韩国的热烈欢迎。"[①] 在国内，新晃侗族傩戏在耽罗文化艺术节上

---

① 娄著：《新晃侗族傩戏〈过五关古城会〉10 月 11 日赴韩国交流》，《边城晚报》2018 年 10 月 8 日第 11 版。

的成功展演也获得了很高的评价，直言这是近 30 年来，新晃民族文化事业发展厚积薄发的重要体现，更是中共新晃县委、县人民政府贯彻实施《新晃侗族自治县民族民间传统文化保护条例》取得的一项重要成果①。

除了新晃侗族傩戏的"走出去"战略外，张家界阳戏剧团于 2015 年 2 月到保加利亚和捷克进行文化交流；酉阳阳戏于 2015 年 10 月进京演出；冷水江市傩文化研究基地人员于 2016 年 9 月赴京访问；恩施傩戏和鹤峰傩戏等傩戏艺人于 2016 年 9 月代表湖北省民间艺术家协会前往河南郑州参加汇演；德江县在 2018 年 11 月召开的与德江傩堂戏有关的"第二届中国梵净山傩文化国际学术研讨会"；道真仡佬族傩戏在 2019 年 10 月展演于法国巴黎"第 25 届法国国际文化遗产展演会"，如此等等，不一而足，均是新时代傩文化"走出去"典型案例的生动呈现。

三 傩文化传承进校园

《非物质文化遗产法》第三十四条规定："学校应当按照国务院教育主管部门的规定，开展相关的非物质文化遗产教育。"② 近年来，各级地方政府也在大力持续推进"非物质文化遗产进校园"（以下简称"非遗进校园"）活动，该活动不仅提高了民族民间传统文化的"可见度"，更可让学生们近距离感受传统文化的独特魅力。使得非物质文化遗产有机融入青少年日常的学习生活，进而实现了非物质文化遗产保护与青少年文化教育的有机衔接，实现了非物质文化遗产在青少年一代身上的传承与发展。

新晃侗族傩戏传承于贡溪乡四路村天井寨，2011 年 3 月，祖籍天井寨的龙立军辞掉工作回乡，义务当起了文化志愿者，传承侗族傩戏。龙立军明白，傩戏的真正传承发展还需更多的接班人。2014 年 5 月，他起草了侗族傩戏进校园暨侗语传承活动实施方案，在贡溪中学校领导的支持下，组织开设了学生课外活动侗族傩戏班。此后，在侗族傩戏国家级代表性传承人龙开春及县级传承人的精心传授下，贡溪中小学生全体开

---

① 杨天郑、陈伟：《"咚咚推"即将代表湖南赴韩国演出 国庆当天免费公演》，《湖南日报》2018 年 9 月 28 日第 18 版。

② 王文章：《非物质文化遗产概论（修订版）》，教育科学出版社 2013 年版，第 367 页。

始学习侗族傩戏，经教育局批准，新晃县贡溪中学被确定为侗族傩戏"咚咚推"的传承学校。如今，"非遗进校园"此已成常态，每周一至周四下午传授傩戏，传统戏剧由"进校园"变成"驻校园"，"送非遗"变成"种非遗"。①

沅陵县各级行政部门在"非遗进校园"方面也是认真履职，扎实推进。该县除了在课堂教学过程中融进辰州傩戏知识外，还定期开展看展系列公益活动：2017年4月，由沅陵县非物质文化遗产保护中心、沅陵县文化馆承办，沅陵县委宣传部、文体旅游广电新闻出版局、教育局主办，为期一天的国家级非物质文化遗产保护名录"沅陵辰州傩戏"图片巡回展走进筲箕湾镇中小学，此次展览以图片形式为主，主要展示了沅陵辰州傩戏、辰河高腔、龙舟赛、圆领刺绣、花朝戏等众多民族民间传统文化项目。展示内容丰富，图文并茂，通过志愿者的详细讲解，让广大师生近距离接触了解非物质文化遗产，让青少年一代感受到民族民间传统文化的魅力。2020年12月，"沅陵县辰州傩（傩戏）传承基地"挂牌仪式在沅陵县七甲坪镇楠木拖舟村委会村部隆重举行，沅陵县非物质文化遗产保护中心（县博物馆）主任张华等出席本次挂牌仪式，其在发言中勉励辰州傩戏国家级非遗传承人聂满娥今后要把辰州傩戏传承和保护得更好。

为了培育更多的传承民族民间传统文化之后备人才，自《非物质文化遗产法》实施以后，从2012年起，德江县开始积极探索行之有效的传承体系。首先在德江民族中学设立傩文化培训和展示基地，制定规范、系统、科学的教学方案，编写民族文化特色课程、精品课程和校本教材。此外，德江县城里各中小学的课间操都改成了由傩舞改编的"傩韵操"，稳坪镇中心完小、枫香溪镇长征小学等义务教育阶段学校还办起了傩戏培训班，由国家级非物质文化遗产代表性项目传承人张月福、安永柏定期给学生上课，以非物质文化遗产文化进校园的形式，使傩文化得到了很好的传承。②

道真仡佬族傩戏的进校园教育，其实施早于《非物质文化遗产法》

---

① 唐李晗、向珮鸣：《怀化有"戏"》，《中国文化报》2018年12月28日第8版。
② 张宏扬：《闻名中外的"戏剧活化石"》，《铜仁日报》2019年6月18日第5版。

的颁布。在道真仡佬族傩戏成功申报为国家级非物质文化遗产代表性项目名录的第二年，2009 年，为深入开展民族文化进校园活动，道真县教育主管部门选定县民族中学为督促示范学校，制定了"完善一套教材、一组民族体育项目、一台民族文艺节目、一本教学计划方案、一套教学器材"的推进计划。在实践教育过程中，县教育局及各级学校还进一步扩大了教育对象的范围，为民族中学编写的民族文化教材《神奇的道真 美丽的家园》也陆续配发至全县中小学，努力创新"非遗进校园"的长效机制。2017 年 12 月，道真自治县民族中学建校 30 周年成果暨第八届民族民间文化艺术节文艺会演在县民族中学隆重举行，文艺会演活动围绕"民族文化活态传承、传统文化活力再现"主题和"见人见物见生活"的非物质文化遗产保护理念，旨在挖掘道真深厚的传统文化底蕴，展现民族中学非物质文化遗产教育教学成果，让更多的青少年了解民族文化、参与传统文化、传承非物质文化遗产。

恩施傩戏和鹤峰傩戏实施进校园工程较早，早在 2001 年，恩施州民宗委和州教育局开始联合在全州民族中小学开展了"五个一"工程建设活动，其中的"民族文化进校园"一环，就包含有针对傩戏知识的普及教育。2009 年 6 月，时值恩施傩戏和鹤峰傩戏成功申报国家级非物质文化遗产代表性项目名录一周年之际，恩施市一中、恩施市民族小学、鹤峰县一中、鹤峰县实验小学等 48 所中小学已开展了"民族文化进校园"活动，其中取得优秀教学成果的学校就有 13 所。[①]《非物质文化遗产法》颁布实施以后，鹤峰县按照"学校有特色 学生有特长"的办学理念，结合区域特色，将鹤峰傩戏等一批非物质文化遗产引入地方教材，打造了"一校一品"的特色校园文化新格局。恩施市非物质文化遗产保护中心则联合恩施市职业技术学院，充分利用校园艺术团及第二课堂活动为载体，深入开展包括傩戏、傩面具在内的民间音乐、民间舞蹈、传统技艺等项目的学习与传承。借助"非遗进校园"机制，不但加强了校园文化建设，丰富了学生校园学习生活，更是调动青年一代的力量，传承地方民族艺术和非物质文化遗产。

梅山傩戏作为梅山文化的重要组成部分，借助"非遗进校园"机制，

[①] 何冶：《"民族文化进校园"调查》，《恩施日报》2009 年 6 月 27 日第 5 版。

一直是冷水江市各级部门长期的主责主业。自 2012 年以来,冷水江市非物质文化遗产保护中心与冷水江市教育局先后将梅山傩戏等项目进行改编和创新,并使乡土教材进入城乡中小学校、幼儿园的特色体育课和课间操,使之成为适合在青少年中开展"会唱一首民族歌 会跳一支民族舞"活动的内容,冷水江的市二中、市七中、安德学校、中心小学、桃园学校等中小学校教材均纳入了有关梅山傩戏知识的普及教育。此后,继续积极开展梅山傩戏等民族民间传统文化进校园、进企业和进社区活动,进而完善梅山傩戏的生产性保护基地建设项目,此举还被写进了《冷水江市 2017 年国民经济和社会发展统计公报》中。[①] 可见,"非遗进校园"已成为冷水江市让校园成为非物质文化遗产传承与保护体系中不可或缺的重要场域。

张家界针对"非遗进校园"机制的实施,真正始于张家界阳戏成功申报为国家级非物质文化遗产代表性项目名录之时的和《非物质文化遗产法》颁布两年之后的 2013 年,从这一年开始,张家界市立足本市实际,把非物质文化遗产的教育传承列为"雅韵三湘"高雅艺术普及进校园活动的主要内容,通过学校申报、区县教育局推荐的,采取普及与提高相结合的方式,全市重点遴选了 15 所非物质文化遗产传承学校,传承项目涵盖了土家阳戏、桑植民歌等内容,各校通过课程融合、课外活动、团队活动等形式开展了卓有成效的民族民间传统文化的教育传承工作。基于此,张家界崇实小学北校发行了《土家娃娃打镏子》等校本教材;张家界旅游学校编写了《张家界阳戏》等校本教材;张家界天门小学刊发了《土家族音乐》等校本教材,全市各级各类学校结合自身实际,进行了积极的探索和实践,创造和积累了很多好的经验。2014 年,湖南省教育厅认定"张家界市中小学非物质文化遗产传承模式"为全省市州年度特色教育创新项目,向全省进行了通报推介。

怀化市作为民族聚居地,民族民间传统文化资源丰富,种类繁多,遍布全市 13 个市县区。近几年来,怀化市不断探索非物质文化遗产保护

---

① 冷水江市人民政府:《冷水江市 2017 年国民经济和社会发展统计公报》,2018 年 3 月 22 日,http://www.lsj.gov.cn/lsj_mobile/zw/tjsj23/tjgb3/114502/index.html,最后访问日期:2019 年 11 月 7 日。

工作机制，制定有效措施，加大宣传力度，多措并举推进民族民间传统文化保护工作的开展。上河阳戏自 2014 年成功申报为国家级非物质文化遗产代表性项目名录以来，上河阳戏在各级教育和文化部门的积极支持下，相继开展了内容丰富、形式多样的"非遗进校园"活动（见图 4 - 12）。2017 年 6 月，时值我国首个"文化和自然遗产日"，怀化市选定市实验学校（小学部）作为上河阳戏的传承基地，并成立了阳戏小表演班 2018 年 6 月和 2019 年 6 月，怀化市非物质文化遗产保护中心还与市实验学校（初中部）联合定期开展了一系列的"非遗进校园"活动，尤其是 2019 年的展演活动，不但检验了近些年文校联动和非物质文化遗产驻校培训的成果，更是探索"送非遗"到"种非遗"的大胆尝试，成为推动青少年一代了解民族文化、热爱民族文化的新起点。

图 4 - 12　上河阳戏传承进校园展演

党的十八大以来，习近平总书记就坚定文化自信、建设社会主义文化强国做出一系列重要论述，为新时代推动文化繁荣发展提供了根本遵循。在此背景下，酉阳阳戏也在不断寻求新的传承保护路径，积极推动"非遗进校园"和"非遗在校园"活动，让"学阳戏"在学校中成为常态。县教育局先后编印了《美丽酉阳我的家》《乡土教材》《土家语教材》等校本教材,在小学四年级到高中均开设民族常识课,将阳戏、木叶吹奏、土家摆手舞等非物质文化遗产引进课堂。同时,积极组建民族表演队伍,定期排演《栽秧情》《育花人》等文艺节目。酉阳县民族小学依据当地民俗,建构文化体系,编排的《桃花源》节目曾在重庆大剧院参加演出,并被推荐参加央视少儿春晚演出,喜获金奖和最佳人气奖。酉阳县可大乡新溪小学也是全市非遗进校园优秀表彰单位。

四 文旅相融合助力经济提升

2017年10月召开的党的十九大明确指出,中国特色社会主义进入新时代,人民日益增长的美好生活需要和不平衡不充分的发展之间的矛盾是我国社会的主要矛盾。可见,人民群众在吃饱穿暖等层次的需求基本都已得到充分的满足,但不可否认,高质量的经济需求,以及政治文化、社会、生态等方面的需求还没有得到充分满足。而旅游作为发展经济、增加就业和满足人民日益增长的美好生活需要的有效手段,是破解社会主要矛盾的重要着力点之一。

2018年3月国务院办公厅印发的《关于促进全域旅游发展的指导意见》,以及文化部与国家旅游局合并,组建文化和旅游部,不再保留原文化部、国家旅游局之国务院机构改革方案的实施,就是要推动文化事业、文化产业和旅游业的深度融合发展。也即我国的传统文化,包括非物质文化遗产的传承、文化遗产的保护、古镇乡村的开发等等,都需要借助于旅游这个载体,来实施对中国民族民间传统文化的利用,丰富文化发展的空间,进而把加快文化旅游产业融合发展作为推动经济转型升级、城乡转型发展的突破口。

以文化促进旅游,以旅游彰显文化,不仅仅是一个口号,更是一系列的行动,从顶层设计、开发路径、实施效果等,既需要开放的思维和科技的支撑,更要体现融合的元素。故此,需要多部门力量的协同推进,除文化和旅游主管行政单位外,还需要交通机构、金融服务、医疗救助、餐饮住宿等多重服务行业助力,充分地调动文化资源向旅游载体进行转化、吸附,其内容也不仅仅只是"文化+旅游",同样地"旅游+科技""旅游+康养""旅游+教育""旅游+体育"等也包含其中。而武陵山区作为国家战略层面的"经济协作区",是加快推进武陵山老少边穷地区经济协作和功能互补的迫切需要,而文旅相融合,无疑是助力武陵山区经济提升的重要举措和战略选择。

但针对武陵山区来说,贫困人口集中,与东部地区相比,其经济增长速度虽然快,但由于基数小,发展质量的差距还较大,区域经济加快发展势头和发展低水平并存,教育、科技、文化、卫生、体育等各项事业发展缓慢,为文旅融合发展的配套机制和基础设施均不发达、不均衡,文旅融合事业仅仅是刚开始。2019年3月,怀化市文旅广体局召开文旅融合发展媒体座谈会,开言路、议发展,强调坚持文旅融合、保护与利用并重、经济效益与生态效益兼顾的原则,立足传统戏剧(傩戏)优势,努力构建传统戏剧保护发展示范区,适时举办"一带一路"怀化国际戏剧艺术节和怀化戏剧论坛,继续做大做强"怀化有戏"品牌:其中侗族傩戏"咚咚推"以新晃县贡溪镇四路村(天井寨)的"孝梅节"为中心,辰州傩戏以沅陵至借母溪的"民族风情轴"为核心,上河阳戏以国家级 AAAA 景区"黄岩生态旅游区"为重点,重视"怀化戏台"的文化挖掘,充分将戏剧文化融入特色景点规划,实现文旅发展新篇章。

德江县既是中国"傩戏之乡",又是中国"奇石之乡"和中国"天麻之乡",有着文化与自然之美,文旅融合基础好,大有可为。基于上述文旅融合的大环境,2018年7月,德江县以傩文化发源地之一的荆角乡岩砥村为试点,启动了"神秘傩寨"乡村文化旅游活动,该活动以"神秘傩寨·工匠之乡"为主题,在打造观看傩戏表演、回忆美好乡愁、赏游寻味小巷的经典游览路线的同时,按照八卦阵型设计,以岩砥羊井沟组为中心,向全村及周边村扩展延伸,结合农旅一体化,助力乡村振兴,积极探索文化和旅游的有机结合。如今的岩砥村,已成为远近闻名的周末休闲旅游度假村。

道真仡佬族傩戏的文旅融合之路战略以坐落在道真自治县大磏镇文家坝村的中国傩城和大沙河仡佬文化旅游度假区为依托,前者以傩文化和仡佬族民族文化为主要内容,集演艺、景观、展览、体验、购物、美食为一体;后者以傩戏王国为内核,构建大型泛旅游综合体的主题公园,其集旅游、休闲、度假、养生、养老、教育、医疗、体育运动等泛旅游产业于一体。目前,道真县已打造"农文旅一体化"项目16个、"文旅一体化"项目 8 个、特色食品和文化产品品牌 35 个、文化景观带和核心景观点 186 个[①]，初步构建形成了道真文旅发展集群。

恩施州作为全国第一批、湖北省唯一的以整州创建的国家全域旅游示范区的单位，积极推进国家关于加强文旅融合发展的系列决策部署。2018 年 3 月，州人民政府正式发布《恩施州全域旅游发展规划》，开启了生态文化旅游业方面的实施战略。在具体实践中，恩施州坚持把文旅融合作为推动全域旅游发展的第一抓手，确立了"1、5、10、20、102（做精 1 个中心、做活 5 条全域旅游带、做优 10 个全域旅游景区、做特 20 个旅游小镇、做美 102 个旅游扶贫示范村）"的全域旅游大格局[②]，尤其是将恩施傩戏和鹤峰傩戏作为文旅融合的重要组成部分贯穿于"五带"之一的"茶园乡村休闲旅游带"中，由文旅部门重点推动建设了一批物质文化传承基地、文化创意产业园、精品文化景区和文化旅游节事活动等，使得文化成为旅游的亮点，成效显著。2018 年，恩施州全域旅游发展经验在全国（《中国旅游报》）、全省（"旅游工作会议"）上得到推介，在发掘民族文化精髓，用文化助力旅游业发展方面，走出了一条新路。

冷水江市以 2017 年 8 月召开的"冷水江市全域旅游创意案交流会"为契机，开始积极探索文旅融合发展战略。2018 年 9 月，冷水江市又召开了"旅游发展战略研究及重点旅游开发项目策划座谈会"，确立了以"世界新锑都、绚彩冷水江"为推广主题，从政治、经济、文化层面加强与旅游融合发展的理念，而梅山傩戏，就是凸显"绚彩冷水江"地域文化精髓的重彩之笔，除以冷水江市岩口镇为基点来构建梅山傩文化体验区外，尤其是还以资江旅游度假区、大乘山风景名胜区、锡矿山国家矿山生态公园等一批极具特色的旅游景点为辐射点，均将梅山傩戏作为文化展演单元纳入其中，不断创新发展，助力了冷水江文化与旅游的深度融合发展。

张家界市的文旅融合战略，始于党的十八大召开之后。2018 年 2 月，

[①] 郑德忠、徐春燕：《大旅游大扶贫大变化——道真自治县探索旅游带动扶贫新路径》，《当代贵州》2017 年第 27 期。

[②] 恩施州土家族苗族自治州文化和旅游局：《〈恩施州全域旅游发展规划〉解读》，2019 年 4 月 23 日，http://wtxgj.enshi.gov.cn/2019/0423/716480.shtml，最后访问日期：2019 年 10 月 7 日。

张家界市第七届人民代表大会常务委员会第十一次会议通过了《张家界市全域旅游促进条例》，同年3月，该条例又经湖南省第十三届人民代表大会常务委员会第三次会议批准，其作为全国第一部促进全域旅游发展的地方性法规，标志着张家界市的文旅融合战略正式拉开序幕。在探索实践过程中，市、区县人民政府及其旅游主管部门首先建立了跨部门、跨行业的旅游形象推广机制，且以中心城区和武陵源风景名胜区为核心，进一步优化旅游观光区、休闲度假区、旅游产业集聚区以及旅游综合体的空间布局。就张家界阳戏而言，张家界市及永定区则是积极策划了"苏木绰"品牌，即以王家坪镇石堰坪村、沅古坪镇头溪村为中心，尤其是依托石堰坪村是全国重点文物保护单位、全国少数民族特色村寨、全国美丽乡村创建示范点、全国传统村落整体保护利用示范村、中国传统村落等文化品牌优势，充分利用阳戏、汉戏、土地戏、三棒鼓、莲花灯闹等戏剧文化形式，引导其积极融入休闲旅游、体验旅游、乡村旅游、民族风情旅游等旅游品类之中，丰富发展了"苏木绰"品牌在全域旅游发展中的引领作用，着力优化和改善了文旅融合的深度。

为了推动文化和旅游融合发展，2018年5月，重庆市便召开了首届全市旅游发展大会，为文化和旅游融合发展奠定了坚实基础。2018年10月，重庆市文化和旅游发展委员会正式挂牌，如期完成转隶组建、编制"三定"、机构整合等各项任务。2019年，区县"晒文化·晒风景"大型文旅推介活动、重庆文旅融合发展全球金点子大赛、舞剧"丽人行"西安快闪推广活动、"重庆文化旅游周"系列活动首次惊艳亮相新加坡、重庆文旅元素再次走入"世界十字路口"纽约时代广场新年庆典活动，这些众多的活动让包括酉阳阳戏在内的人文旅游影响力日益扩大。2022年5月，重庆市还启动了2022年度"非遗和旅游融合发展"优秀案例征集活动，"酉阳龚滩古镇'舞'动千年"便是成功入选的十大优秀案例之一（见图4-13）。

综上所述，作为非物质文化遗产的傩戏（阳戏）与旅游融合发展的案例，对于贯彻落实中共中央办公厅、国务院办公厅《关于进一步加强非物质文化遗产保护工作的意见》，推动地方民族传统文化与旅游融合发展、高质量发展，开拓文旅融合的新思路，丰富旅游业态，提升旅游文化内涵，充分发挥旅游业的独特优势，为非物质文化遗产保护传承和发

图 4-13　酉阳阳戏的国家级项目及获奖证书

展振兴注入更大内生动力具有重要意义。

　　傩文化在武陵山区的分布普遍且又各有特色，不但是全国各地民族民间传统文化中的一朵奇葩，更是中华民族优秀文化的重要组成部分。尤其是2006年以后先后荣登国家级非物质文化遗产代表性项目名录的10项傩文化事象，在党中央、国务院的高度重视下，在各级地方政府的大力支持下，通过文化部门的不断努力，武陵山区针对傩文化，均建立了非物质文化遗产保护中心，并依托这些保护中心，通过组织实施普查工作；制定相关保护制度；指导保护计划实施；进行学术理论研究；举办展演公益活动；推介保护工作成果；实施人才培训等一系列保障工程，傩戏的传承与利用等相关具体工作得到了很好的落实，取得了切实的成效。

　　从历时性来看，傩戏的传承主要依靠世代相传保留下来，而且往往是口传心授，一旦其停止了传承活动，也就意味着死亡，故其有着鲜明的地域、民族的烙印。基此认识，《非物质文化遗产法》中明确规定学校应当按照国务院教育主管部门的规定，开展相关的非物质文化遗产教育。故此，针对武陵山区傩戏的传承，各级教育主管部门，能充分利用中小学课堂，积极推进"非遗进校园"活动，从青少年一代抓起，夯实了傩戏传承的社会基础。

《非物质文化遗产法》第三十二条规定："县级以上人民政府应当结合实际情况，采取有效措施，组织文化主管部门和其他有关部门宣传、展示非物质文化遗产代表性项目。"[①] 同时，非物质文化遗产作为民族民间传统文化的重要组成部分，也是地域文化资源不可或缺的一部分，在地域文化形象塑造的过程中发挥着极为重要的作用。傩戏作为武陵山区重要的文化资源之一，其植根于民族民间，具有浓郁的地方特色。近年来，诸如怀化、遵义、铜仁、恩施州、张家界、冷水江等诸多城市都提出了"文化立市""文化强市"的战略口号，在城市文化品牌的塑造过程中，傩文化资源使其成为重要的创意来源，使得城市形象更具魅力、城市文化品牌更具影响力。基此理念，各城市充分利用傩戏的"文化走出去"战略，盘活了文化资源，创新了传播形式，增强推广力度，提高了文化的营销力度。

傩戏不仅是展示地域文化形象和文化内涵的载体，其作为一种产业，也会给地方带来巨大的经济效益。早在2009年8月，文化部和国家旅游局就联合印发过《关于促进文化与旅游结合发展的指导意见》的文件，提出要加强文化和旅游的深度结合；2017年国务院政府工作报告中，则把"全域旅游"首次写入了政府工作报告；党的十九大关于我国社会主要矛盾的新论断；以及2018年国务院下发的《关于促进全域旅游发展的指导意见》，都为当下文化与旅游深度融合实施战略提供了政策依据和措施保障。武陵山区针对傩文化所实施的文旅融合战略，尽管实施较晚，但文化和旅游相互交融、相互促进，在短期内就取得了显著的经济效益和良好的社会效果。

总而言之，针对武陵山区的傩文化，其传承与利用已在当下形成高潮，尤其是各地所实施的一系列立法保护、科学管理；宣传教育、普及知识；财政投入、逐年扩大；加强交流、积极推介；文旅融合、助力经济等方法和措施，短短十几年间，便使得傩文化的传承与利用之保护工作卓有成效地全面展开，并取得了令人瞩目的成绩。但傩文化需要薪火相传、代代守护，不能依靠一朝一夕的短期功效。此外，围绕傩文化的

---

① 王文章：《非物质文化遗产概论（修订版）》，教育科学出版社2013年版，第367页。

保护现状，还要积极探讨其保护的新途径和新方法，使其不断顺时应势，不断推陈出新。

在此方面，武陵山区的傩文化保护，完全可以仿照"武陵山经济协作区"，在武陵山区（湘西）土家族苗族文化生态保护实验区、武陵山区（鄂西南）土家族苗族文化生态保护实验区的基础上成立涵盖湖南省怀化市、张家界市和贵州省遵义市、铜仁市在内的"武陵山傩文化片区"。该片区在区域概念上可泛指称为"大武陵"，以10项国家级非物质文化遗产代表性项目名录为核心，打破地域条块上的分割障碍，突破管理行政上的区域界限，容纳和涵盖其他传统戏剧品类在内的泛戏剧文化带，以开放性、系统性思维突出其傩文化的"整体性"保护的概念，在充分考虑文化的多样性和复杂性的基础上，最大限度保持傩文化的底色和特色，遵循文化发展的规律，推动武陵山区傩文化的创造性转化和创新性发展。

虽然武陵山区傩文化在新世纪里获得了全面的传承保护和利用发展，但也不可否认，在工作实践中，针对武陵山区傩文化的传承与利用，还存在着诸多方面的不足，诸如保护基础设施不足、保护机制缺乏完善、传承人群断裂继续、傩戏融入生活不够、文旅融合发展缓慢等，不一而足。而化解这些矛盾，当下正在实施的乡村振兴和全域旅游战略，则为武陵山区提供了清晰的路径和选择。"文化是旅游的灵魂，旅游是文化的重要载体。"[1] 我们有理由深信，随着国家和地方对乡村振兴、全域旅游等战略的全面深入实施，必定会给包括傩文化在内的非物质文化遗产的传承与利用带来更大更好的机遇，而现行传承与利用中所凸显的保护"短板"，也必定能一一化解，再为非物质文化遗产保护事业中所提炼出的"中国经验"增色添香。

---

[1] 《文化部 国家旅游局关于促进文化与旅游结合发展的指导意见》，2009年9月15日，http://www.gov.cn/zwgk/2009-09/15/content_1418269.htm，最后访问日期：2019年10月7日。

第 五 章

日本的文化遗产保护方案
——以申报策略为例

　　日本作为世界上第三个缔约《保护非物质文化遗产公约》的国家，对待非物质文化遗产保护事业积极且富有成效。早在 2009 年，日本所拥有的人类非物质文化遗产名录项目数量，就已稳居世界第二位，成为名副其实的人类非物质文化遗产大国。2013 年后，随着联合国教科文组织在名录申报体系方面的调整，日本一反常态，采取了以退为进的策略。比如 2013 年，日本所拥有的人类非物质文化遗产代表作名录项目就达 22 项，2014 年、2016 年和 2018 年、2020 年虽又各有一项项目申报成功，然而事实上总数却是不升反降，反而只有 21 项，在未有"退出机制"的情况下，日本政府这一做法的目的究竟为何？在《保护公约》的 180 个缔约国中，为何日本会首先采用这种申报越多，总数越少的路线呢？其用意又在哪里？本章试就日本这一策略的来龙去脉、前因后果作一详细探究，进而提炼出其具有示范意义和推广价值的创新方案，以期为中国正在如火如荼实施的联合国教科文组织非物质文化遗产名录申报事业提些许有益的启迪和参考。

第一节　世界非物质文化遗产评审规则的变革

　　20 世纪，日本作为世界上最早立法保护非物质文化遗产的国家[1]，

---

[1] 河野俊行：《無形文化遺産条約の思想と構造－世界遺産条約、日本法との比較において》，《国際交流》2004 年第 4 期。

于 1950 年所颁布的《文化财保护法》被视为是日本第一部有关文化遗产保护的综合性法典，尤其是其中所涉及的有关"无形文化财（非物质文化遗产）"的保护理念，为世界其他国家的非物质文化遗产保护与利用事业做出了一定的示范作用，在世界文化遗产保护史上占据重要地位。

2004 年 6 月，日本以世界第三的速度缔结了联合国教科文组织所通过的《保护公约》，是当时发达国家中第一个缔约该公约的国家，这与日本缔约《世界遗产公约》时的态度大相径庭。[1] 可见，进入 21 世纪后，日本对通向大国之路的日本文化发展战略的渴望与重视。2009 年，日本就以一次性成功申报 13 项人类非物质文化遗产代表作名录为基础，加上之前成功申报的 3 项，日本以总数 16 项的辉煌业绩成为世界第二位的人类非物质文化遗产大国（当时中国以 29 项位居世界第一、韩国以 8 项位居世界第三），积极构建和巩固了世界非物质文化遗产大国的体系与地位。

人类非物质文化遗产代表作名录，作为联合国教科文组织主导的两大文化遗产名录制度之一，与世界遗产名录相比[2]，在亚非拉等发展中国家中更受到了广泛的支持。[3] 亚非拉地区的广大发展中国家，因自然条件、人口数量和社会环境等因素制约，彼此之间的文化、经济发展差距也比较大。此外，《保护公约》相比《世界遗产公约》，其晚实施了 30 余

---

[1] 1992 年 6 月 30 日，日本与世界第 125 个成员国缔约了《世界遗产公约》，在当时的世界发达国家中，日本是最晚缔约该公约的国家。

[2] 人类非物质文化遗产代表作名录项目拥有前 10 位的国家共有 12 个，因有的缔约国拥有的数量一样，故会出现名次并列的现象。它们分别是中国（43 项）、法国（26 项）、土耳其（25 项）、西班牙（23 项）、日本（22 项）、韩国（22 项）、克罗地亚（21 项）、伊朗（21 项）、阿塞拜疆（19 项）、意大利（17 项）、秘鲁（16 项）、蒙古（15 项），其中欧美国家只有 4 个。而在世界遗产名录前 10 位的 12 个国家中，它们分别是意大利（59 项）、中国（57 项）、德国（52 项）、法国（52 项）、西班牙（50 项）、印度（42 项）、墨西哥（35 项）、英国（33 项）、俄罗斯（31 项）、伊朗（27 项）、日本（25 项）、美国（25 项），欧美国家占有 7 个，然而发达国家·地区（31 个）数量约占世界国家·地区（224 个）总数的比例仅有 13.8%，可见，世界遗产和人类非物质文化遗产代表作名录，欧美等发达国家都占有很高比例。

[3] ［日］松浦晃一郎：《無形文化遺産と私たち》，载アジア太平洋無形文化遺産研究センター（IRCI）编《無形文化遺産シンポジウム——技と心を受け継ぐ報告書》，アジア太平洋無形文化遺産研究センター（IRCI）2017 年版，第 6—9 页。

年，体系自身相对成熟较晚。为了不重蹈世界遗产分布地域不均衡性的历史覆辙，为了保护和传承好世界各国各民族的优秀民间传统文化，为丰富文化多样性和人类的创造性做出贡献，在人类非物质文化遗产代表作名录申报/评审制度方面，联合国教科文组织则不断对其进行优化，对申报指南的编制与发布、评审规则的公开公平公正、评审咨询机构专家的选取使用、评审工作的质量效率等方面均做出了诸多方面的修订和完善。

综上所述，联合国教科文组织站在维护人类文化多样性和创造力的高度，2001年5月，联合国教科文组织公布了从34个申报国家中所遴选出的第一批人类口头和无形遗产杰作宣言名录共19项，中国、印度、肯尼亚、玻利维亚等亚非拉国家约占项目总数的79%，而欧洲国家仅占4项，这与世界遗产名录的拥有国形成了极大反差。可见，对亚非拉地区国家来说，深厚的历史文化底蕴，积淀了数不胜数的民族民间传统文化。基于世界多数发展中国家对非物质文化遗产保护的认识与重视，其申报项目的成功入选，促使联合国教科文组织在相关的立法工作方面也积极跟进，但因为来自西欧等国家的反对[1]，《保护公约》的制定和通过相对滞后。直到2003年10月，在联合国教科文组织第32届总会上，《保护公约》才得以获得大会通过。

2003年11月，联合国教科文组织又公布了第二批人类口头和无形遗产杰作宣言名录共28项，在60多个申报国家中，亚非拉地区等国家继续对名录申报表现出极大的关注和热情，获得了入选项目的92%，欧洲国家仅占两项。2005年11月，联合国教科文组织公布了第三批人类口头和无形遗产杰作宣言名录共43项，较之前两批，本批共有74个国家积极申报，其中22国为首次项目入选国，欧洲共有10个国家入选，占名录总数的23%。可见，《保护公约》之倡导精神，已逐步为世界大多数国家所接受。如今，《保护公约》已发展到180个缔约国，仅有15个国家尚未加入。

2006年4月，《保护公约》正式生效。同年6月，作为公约生效后的

---

[1] ［日］松浦晃一郎：《松浦ユネスコ事務局長講演報告書「文化遺産国際協力の今後の展望」》，文化遺産国際協力コンソーシアム2009年版。

首次重大事项，第一届缔约国总会在联合国教科文组织总部法国巴黎召开，所有缔约国的代表均可参加缔约国大会的决议，并享有表决权。会议要求委员会将指导《保护公约》实施的《业务指南（草案）》提交第二届常会批准（1.GA 7A 号决议）。此外，会议所设置的公约的主要执行机构——政府间委员会于11月在阿尔及利亚召开了第一届政府间委员会会议，会议决定的各缔约国须在2007年1月前就《实施〈保护公约〉的业务指南（草案）》提交书面意见；事务局指定的公约实施的辅助机构（以欧美国家为学术背景的4个国际学术团体）；会议审议的人类非物质文化遗产代表作名录的评审基准等三项议程，被视为本次大会的核心内容。① 可见，2006年是个重要的时间节点，第一届缔约国大会和第一届政府间委员会会议均圆满召开，大会上所商讨的议题和通过的决议，为日后联合国教科文组织非物质文化遗产保护事业的辉煌发展奠定了基础，其功绩将永记史册。

继2006年第一届缔约国大会和第一届政府间委员会会议之后，到2013年日本实施新的项目申报策略转变之时，缔约国大会共召开了三届（每两年召开一届）（见表5-1），政府间委员会会议则共举办了七届（未含两届临时政府间委员会会议）（每年举办一届）（见表5-2），基于联合国教科文组织的非物质文化遗产保护体系尚不成熟，《保护公约》的缔约国主要以亚非拉地区的发展中国家为主体。所以，每届缔约国大会或政府间委员会会议都有针对《实施〈保护公约〉的业务指南》《〈保护公约〉缔约国大会议事规则》《保护非物质文化遗产政府间委员会议事规则》及联合国教科文组织人类非物质文化遗产代表作名录申报/评审规则等事宜的议项和修订。联合国教科文组织的人类非物质文化遗产代表作名录申报/评审规则机制也利用自身的内在统一，体系越来越科学，法律制度越来越健全，申报流程越来越严谨，评审规则越来越成熟，引领着人类的非物质文化遗产保护事业从起步走向成熟，备受国际社会瞩目。

---

① ［日］宫田繁幸:《無形文化遺産保護における国際的枠組み形成》，東京:《無形文化遺産保護研究報告》2007年第1期。

表 5-1　　历届联合国教科文组织保护非物质文化遗产
公约缔约国大会

缔约国大会	召开时间和地点	会议大事记
第一届	2006年6月　联合国教科文组织总部　法国巴黎	45国代表参会；大会设置公约执行机构——政府间委员会，中国、日本等国为首批18个委员国之一。
第一届临时	2006年11月　联合国教科文组织总部　法国巴黎	根据《保护公约》第5.2条规定，因缔约国超过50个，政府间委员会委员国增加至24国，并对各委员国任期实施了抽选。
第二届	2008年6月　联合国教科文组织总部　法国巴黎	88国代表参会；批准《实施〈保护公约〉的业务指南》；通过2.GA9号决议遴选出了《保护公约》徽标。
第三届	2010年6月　联合国教科文组织总部　法国巴黎	124国代表参会；修订《实施〈保护公约〉的业务指南》；从2011年始，将项目申报时间由8月底改为3月底；讨论代表名录的申报数量限制问题。
第四届	2012年6月　联合国教科文组织总部　法国巴黎	142国代表参会；二次修订《实施〈保护公约〉的业务指南》，对申报项目设置了优先度；对反对呼声较高的咨询机构①继续留用。

资料来源：笔者参照"联合国教科文组织官网（http：//whc.unesco.org/en/statesparties/jp）"相关数据制作。

综上所述，日本作为世界上最早立法保护非物质文化遗产的国家，在此方面培育了健全、有效的法律体系和条款。②

---

① 咨询机构：由于工作的实践，2010年6月第三届缔约国大会对《实施〈保护公约〉的业务指南》进行了修订，政府间委员会根据《保护公约》第8.3条设立了咨询机构，基于顾及公平地域代表性和各个领域的非物质文化遗产，该机构由政府间委员会在每届会议时遴选6名独立专家和6个经认证的非政府组织所组成，负责对列入紧急保护名录、最佳实践名录、国际援助（2.5万美元以上）的项目申请进行审查，并向政府间委员会提出建议，供其做出决定。咨询机构成员任期不得超过24个月。每年，政府间委员会应改选一半咨询机构成员。该机制将得到评估，在必要时，由政府间委员会在2012年予以改进。
② 王京：《关于日本文化遗产保护制度的几个问题——以民俗及民俗学的关联为中心》，《文化遗产》2012年第1期。

表 5-2　　历届联合国教科文组织保护非物质文化遗产
公约政府间委员会会议

政府间委员会会议	召开时间、国家和地点	主要大事记
第一届	2006 年 11 月 阿尔及利亚 阿尔及尔	申报名录项目采用定期废止的方式
第一届临时	2007 年 5 月 中国 成都	因法国、中国、印度等国的呼吁，申报方式更改为不限申报数量和时间的累计式
第二届	2007 年 9 月 日本 东京	申报采用"两年三阶段"①的方式，在政府间委员会审议前，各缔约国的申报均可自行撤销
第二届临时	2008 年 2 月 保加利亚 索非亚	总结前三次会议内容，通过了向缔约国总会提交的《实施〈保护公约〉的业务指南》草案
第三届	2008 年 11 月 土耳其 伊斯坦布尔	将 2001 年、2003 年、2005 年所公布的共 90 项人类口头和无形遗产杰作宣言名录统合为人类非物质文化遗产代表作名录
第四届	2009 年 9 月 阿联酋 阿布扎比	116 国参会；会议审议 131 项申报项，91 项入选；中国、日本、韩国过多申报引发缔约国对申报方式及评审标准的争论
第五届	2010 年 11 月 肯尼亚 内罗毕	囿于人力，辅助机构对 32 国申报的 147 个项目，仅审议 54 项；47 项在政府间委员会获得通过；美食·菜肴的成功申报备受瞩目
第六届	2011 年 11 月 印度尼西亚 巴厘岛	遵照去年决议内容，辅助机构在评审申报项目时，正式实施在"记载"与"不记载"之间增设的"信息照会"②

---

①　两年三阶段是指对于缔约国申报名录的项目而言，两年指本年度 3 月之前向事务局提交申请，再在来年召开的政府间委员会会议上进行最终的审议。三阶段指每个申报名录的项目均须先经过向事务局申请（本年度 3 月）；再经咨询机构和辅助机构的审查，其共同向政府间委员会提出建议，供政府间委员会做出决定（来年度 6 月）；最后再经政府间委员会的评审决议给出可否结果（来年度 11 月）。

②　记载（inscribe）：是指申报项目成功入选联合国教科文组织人类非物质文化遗产代表作名录。不记载（decide not to inscribe）：是指申报项目未能成功入选联合国教科文组织人类非物质文化遗产代表作名录，且 4 年内不能再申报该项目。信息照会（refer）：是指项目申报国仍需进一步修改、完善、规范申报项目的内容，且来年仍可再申报该项目。信息照会在 2010 年第五届政府间委员会会议上获表决通过，2011 年第六届政府间委员会会议评审时正式实施。

续表

政府间委员会会议	召开时间、国家和地点	主要大事记
第七届	2012年12月 法国巴黎	"信息照会"作用显威，多数申报项目折戟；日本提议项目扩展新提案
第八届	2013年12月 阿塞拜疆 巴库	评审项目每年上限50项，设立评价机构取代之前的咨询机构和辅助机构，2015年度政府间委员会议评审中正式实施

资料来源：笔者参照"联合国教科文组织官网（http://whc.unesco.org/en/statesparties/jp）"相关数据制作。

从另一方面看，又是日本借助联合国教科文组织这一国际舞台，利用非物质文化遗产保护这一文化战略的实施，将日本的传统文化（能乐、文乐、歌舞伎等）、哲学思想（人间国宝思想、文化景观理念、文化生态观念等）和思维方式（整体性、意象性、直觉性等）带进其中，使得保护非物质文化遗产在全世界蓬勃兴起。非物质文化遗产保护理念借助联合国教科文组织的普及和推广，使得各国政府均认识到保护无形文化遗产的重要性，进而纷纷实施多样性保护战略与行动计划，促进了世界各国家、各民族之间文化的交流和共享。日本政府设立的"非物质文化遗产保护日本信托基金"，在全球范围内开展非物质文化遗产保护能力建设战略，使得世界上几十个国家的100多个非物质文化遗产项目直接受益就是最好的佐证。[1] 总之，这些都是日本政府和地方行政、相关机构、企业间与联合国教科文组织之间合作频度和力度不断加强的最好例证，日本正通过联合国教科文组织，在促进文化遗产保护方面，特别是非物质文化遗产保护领域，作为世界上首个立法保护非物质文化遗产的国家，为推动各国政府践行《非物质文化遗产保护公约》发挥了重要的示范作用。

---

[1] 日本外务省：《無形文化遺産の保護》，2016年12月14日，https://www.mofa.go.jp/mofaj/gaiko/culture/kyoryoku/unesco/isan/mukei2/index.html，最后访问日期：2020年1月5日。

第二节　日本申报人类非物质文化遗产的策略转变

综上所述,作为世界上第一个立法保护非物质文化遗产的国家——日本,其在非物质文化遗产保护领域创造了多项世界第一。1950 年 3 月,日本颁布了《文化财保护法》,该法律借助国家力量来保护民族民间传统文化,首开世界先例。1999 年 11 月,日本的松浦晃一郎出任联合国教科文组织第八任总干事,这是亚洲人首次担任这一国际组织的最高领导职务,正是在他的主导下,2003 年 10 月,联合国教科文组织颁布了《保护公约》。2004 年 6 月,日本以首个发达国家的身份,缔约了《保护公约》。这些国际荣誉,在为世界贡献日本智慧的同时,也为新世纪日本构建和实现文化立国战略奠定了坚实的基础。

松浦晃一郎自履职联合国教科文组织总干事以来,即对联合国教科文组织的原有行政管理体系和教科文等业务进行了大刀阔斧的改革。[①] 针对文化领域,在其主导下,联合国教科文组织以世界遗产为范例,2000 年启动了人类口头和无形遗产杰作宣言项目申报工作[②],日本、中国、韩国等国家热烈响应、积极申报。后经近一年的审查、评议,2001 年联合国教科文组织公布了第一批人类口头和无形遗产杰作宣言名录,日本的能乐、中国的昆曲、韩国的宫廷宗庙祭祀礼乐等入选。自 2009 年起,联合国教科文组织遵循着每年认定一批人类非物质文化遗产代表作名录的法则,但日本 2015 年和 2017 年却未有项目入选,而且,从 2013 年以后的申报项目来看,成功入选的都是扩展项目。为何日本自 2014 年后凡单数年份就未有项目入选,而 2014 年、2016 年、2018 年又会连续采用单纯的项目扩展的战略呢?! 要知道,项目扩展之法并非是一劳永逸,它不会使得日本在人类非物质文化遗产代表作名录中的入选总数有所提升。从这个意义上讲,探究和阐述这些原因,有

---

① 日本国际问题研究所:《松浦晃一郎　ユネスコ事務局長「ユネスコ(国際連合教育科学文化機関)勤務 10 年を振り返って」》,2009 年 8 月 4 日,http://www2.jiia.or.jp/report/kouenkai/2009/090804j‐matsuura.html,最后访问日期:2019 年月 15 日。

② 《昆曲,怎样入选世界"非遗"?》,《当代学生》2017 年第 Z3 期。

助于深入了解日本的文化战略精髓，进而还可思考其对我们的借鉴意义。

人类非物质文化遗产代表作名录和世界遗产名录虽都属于联合国教科文组织主导实施，但两者的申报/评审制度无论从时间、组织还是审议等方面看都有着诸多不同之处。就人类非物质文化遗产代表作名录来说，虽说其体系变数更多，而日本在这方面则做了充分的准备。针对 2009 年度的申报事宜，2007 年 11 月日本文化厅在文化财审议会下新设了针对《保护公约》的特别委员会，负责遴选出申报项目。随后，在申报截止日之前（2008 年 8 月底），特别委员会分别召开了五次会议，确立了"重要无形文化财""重要无形民俗文化财"和"选定保存技艺"三个大类的遴选范围，最终推选了 14 项申报项目。后经联合国教科文组织事务局确认，2009 年度的人类非物质文化遗产代表作名录申报共有 38 个缔约国的 147 项，限于事务局的人力限制，会议只审议了 126 项，认定了 91 项[①]列入第二批人类非物质文化遗产代表作名录项目。日本在本次申报中可谓几乎全胜，成功申报了 13 项，仅有"木雕修复技艺"的申报项目，因内容说明不够充分详细而被辅助机构[②]预审为不记载[③]，而日本也在政府间委员会召开之前自行撤销了申报，但 92% 的项目成功申报率，还是极大地锤炼了日本政府对项目申报的自信。

2010 年度的项目申报，早在第四届政府间委员会会议召开之前就已截止（2009 年 8 月底），故此，整体上申报数量与上一年相同，共有 32 个缔约国递交了 147 份申请，日本又积极申报了 13 项。但受限于政府间委员会下设的咨询机构、辅助机构的日常处理能力，在第五届政府间委员会会议召开前，辅助机构只审议了 54 项（含日本的 2 项），未审议 93 项（含日本的 11 项）。最终，在 11 月份召开的第五届政府间委员会会议上，包括日本的 2 项在内，共 51 项获得通过。同时会议还就 2012 年度及以后的项目申报

---

① 该数目包含代表性名录 76 项、紧急保护名录 12 项、最佳实践名录 3 项。

② 辅助机构是从担任政府间委员会的 24 个委员国中遴选出 6 个国家所组成的为政府间委员会提供建议的组织，其负责对列入代表性名录的项目申请进行审查，并向政府间委员会提出建议，供其做出决定。

③ 缔约国的申报项目在辅助机构预审阶段若被判定为不合格，如果在政府间委员会评审/决议之前由该项目申报国自行撤销的话则来年仍可继续申报，否则若被政府间委员会评审/决议之后仍然认定为不合格，则该项目日后四年不能再次申报。

截止日期作了更改（2012年度的名录项目须在2011年3月底之前申请）。

此外，针对以后申报项目的审议而设置的优先度标准，则"多国联合申报的项目"和"缔约国首次申报的项目"为最优先级。另外，基于多数缔约国所申报的项目文本相关资料不完善，就之前辅助机构在对申报项目审议时给予"记载"或"不记载"之建议的这一条规，本届大会决议通过了在两者之间再增设"信息照会"一项，从2011年度正式实施。对日本而言，虽提交了13项却只成功申报了2项，但有11项是囿于辅助机构的处理能力而未能进入评审程序，这与项目申报书内容的优劣无关，中国、韩国等非物质文化遗产大国的申报也是面临着同样的情形。故此，此年度的低申报率未对日本的申遗事业造成负面影响。

2011年度的项目申报，在申报截止日2010年8月底之前，各缔约国仅提交了14项，加上去年有93项未审议，所以本年度共有申报项目107项。但在第五届政府间委员会会议上，委员会就已经声明，囿于处理能力，本年度只能审议其中31—54项，因此，这也可以视为是政府间委员会首次就评审项目数量多少给予的明确回应。就日本而言，2010年未进入评审环节的11项申报项目，顺延成了2011年度的申报对象。这11项，辅助机构基于处理能力和优先度原则，只评审了6项，最终其建议政府间委员会给予2项记载、4项信息照会的评审结果。2011年11月，在印度尼西亚巴厘岛召开的第六届政府间委员会会议上，与辅助机构给出的评审结果一样，日本2项目获得审议通过，4项[①]获得信息照会，针对给予信息照会的原因，委员会答复这些项目虽然都符合记载基准1的条件，但与日本之前申报成功的项目内容雷同、如出一辙。[②] 可见，项目之间的相似性也会成为其落选的理由，也正是基于这一原因，日本针对人类非物质文化遗产代表作名录的申报体系，全面应对挑战，做出了大胆的创新与尝试。

2012年12月，第七届政府间委员会会议在法国巴黎联合国教科文组织总部召开，基于前两届政府间委员会会议审议申报项目的客观数据，

---

① 此4项给予信息照会的项目分别是本美浓纸、高山祭花车节祭典、男鹿生剥鬼节、秩父祭花车节祭典与神乐。

② 日本"世界遺産と総合学習の社"：《第6回無形文化遺産委員会パリ会議》，2011年11月29日，http：//www.wheritage.net/6.com._of_ich.html，最后访问日期：2019年7月18日。

本届会议仍参照前例，咨询机构和辅助机构共受理、评审了56项（代表性名录36项、紧急保护名录8项、最佳实践名录2项、国际援助项目10项），最终在政府间委员会上审议通过了44项（代表性名录27项、紧急保护名录4项、最佳实践名录2项、国际援助项目2项）。该年度日本仅推选了"那智田乐"一项申报项目，但6月份经辅助机构的评审，该机构给出了信息照会的建议，这一结果则意味着日本该年度无缘项目成功申报。有鉴于此，日本向政府间会员会提出了申诉，后经政府间委员会会议再审议，基于该项目满足于记载基准1的条件，故最终否决了辅助机构给予的信息照会的建议①，准予该项目成功记载代表作名录。② 至此，日本成功申报的人类非物质文化遗产代表作名录项目已达21项。

同时，基于2011年度因申报项目之间的相似性而导致的4项申报项目被给予信息照会的事件，日本此时正担任2010—2014年度政府间委员会24国之一，在本届政府间委员会会议上就"关于非物质文化遗产的适度规模及范围事项（决议13.b）"重新提出了"扩展项目"③ 这一建议，

---

① 辅助机构信息照会的建议：那智田乐申报项目虽然符合记载基准1（《保护公约》第2条所定义的"非物质文化遗产"构成要素），但申报书内容尚不完善，仍有必要进一步明确该申报项目的特质，明示其传承范围，提供论证其在传承者和实践者的互动交流中所形成的社会作用和文化意义等相关信息。

② 日本文化厅：《ユネスコ無形文化遺産保護条約第7回政府間委員会（結果概要）》，2013年1月1日，http：//www.bunka.go.jp/seisaku/bunkashingikai/isanbukai/mukeitokubetsu/1_02/pdf/shiryo_1.pdf，最后访问日期：2019年7月15日。

③ 扩展项目，是指某项级别（诸如国家级或省级等）的非物质文化遗产名录中，因认定时间不同，会有两个甚至更多的同名非物质文化遗产项目共用一个项目编号的情况，这些非物质文化遗产项目的文化特征、传承状况等存在差异，保护单位也不同。除首次认定的新增项目之外，第二次或第二次以后所认定的新增项目都是首次所认定的新增项目的扩展项目。比如中国的国家级非物质文化遗产代表性项目名录中"民间文学"类别里的"孟姜女传说"（序号8，编号Ⅰ-8），2006年由山东省淄博市作为申报单位首次成功申报。2008年又有河北省秦皇岛市和湖南省津市市，2011年又有山东省莒县，2014年又有山东省莱芜市莱城区为申报单位同样以"孟姜女传说"之名成功申报，那么后4家成功申报的"孟姜女传说"就都是2006年淄博市所申报的"孟姜女传说"项目的扩展项目。日本2009年将"石州半纸"申报为人类非物质文化遗产代表作名录项目，2014年又将"本美浓纸"和"细川纸"作为"石州半纸"项目的扩展项目予以申报，最后将三者统合更名为"和纸：日本的手漉和纸技术"。设立扩展项目是为了对传承于不同区域或不同社区、群体持有的同一项非物质文化遗产项目进行确认和保护。具体内容，参见［日］二神叶子《無形文化遺産を取り巻くユネスコと世界の状況——無形文化遺産保護条約の政府間委員会での審議から》，载东京文化财研究所编《無形文化遺産への道　ユネスコ無形文化遺産条約と地域の遺産》，东京文化财研究所2018年版，第15—34页。

扩展项目其实在修订的《实施〈保护公约〉的业务指南》（2010 年修订版）中也曾有明文规定："一个或多个缔约国经各有关缔约国同意，可提议将已列入名录的遗产以扩展遗产的名义列入。"① 可见，这里所说的扩展项目，重点在于扩展某一项目的持有国数量，而日本所建议的则是"一个国家对某一单一项目的扩展"②，这既是对已有的持有国数量扩展制度的大胆创新与尝试，也是日本政府对 2011 年申报项目遭遇滑铁卢后试图从法律上为期寻找一种合理性、正当性的迫切期望。

最终，日本政府的这一建议在"有关人类非物质文化遗产代表作名录项目的扩展建议的手续事项（决议 13.c）"中获得多数缔约国采纳，同意这一建议在 2013 年第八届政府间委员会会议上进一步深入、全面研讨，以便日后对《实施〈保护公约〉的业务指南》相关条目进行修改。会议还就 2014—2015 年度的项目申报数量上限做出了决议，含代表性名录、紧急保护名录、最佳实践名录和国际援助项目共 60 项，一个国只评审其中的一项申报项目，且对申报项目的评审设置优先度。

2013 年度，日本申报的人类非物质文化遗产代表作名录项目是和食。针对这一项目，日本也甚是动了一番脑筋。2011 年 3 月 11 日，日本东北部太平洋三陆冲海域发生了日本史上最强烈的 9 级地震，此次地震引发的巨大海啸对日本东北部岩手县、宫城县、福岛县等地造成毁灭性破坏，并引发福岛第一核电站核泄漏。本次强震、海啸和核泄漏相叠加的复合型灾害作为战后日本 60 多年来的最大灾难③，不但给日本旅游业造成了重创，也给交通、住宿、饮食等相关产业以及日本经济社会带来负面影响。④ 如何促进日本旅游业及国民经济的恢复，日本政府想到了借助人类非物质文化遗产代表作名录来提升日本经济的文化战略。

---

① 中国非物质文化遗产网、中国非物质文化遗产数字博物馆：《实施〈保护非物质文化遗产公约〉的业务指南（2010 年修订版）》，2019 年 1 月 1 日，http：//www.ihchina.cn/Uploads/File/2019/03/12/u5c873098f2017.doc，最后访问日期：2019 年 7 月 18 日。
② 日本文化庁：《ユネスコ無形文化遺産保護条約第 7 回政府間委員会（結果概要）》，2013 年 1 月 17 日，http：//www.bunka.go.jp/seisaku/bunkashingikai/isanbukai/mukeitokubetsu/1_02/pdf/shiryo_1.pdf，最后访问日期：2019 年 7 月 15 日。
③ 张季风：《3.11 大地震对日本经济的影响》，《日本研究》2011 年第 3 期。
④ 徐梅：《东日本大地震对日本旅游业的影响及对策》，载王洛林编《日本经济与中日经贸关系发展报告（2012）》，社会科学文献出版社 2012 年版，第 106—118 页。

2013年度日本的推荐项目，既借鉴2010年法国菜肴、墨西哥传统菜肴、土耳其祭祀菜肴等项目的成功申报，又考虑到饮食文化作为日本文化包容性、创造性的体现，其对增强民族凝聚力、塑造良好国际形象具有的重要意义，日本选择了从北海道至冲绳地方菜系在内的所有日本传统饮食——和食（见图5-1）。① 这项申遗工作最先启动于2011年7月在日本文化厅文化审议会上的研讨和审议，因和食不属于日本遴选人类非物质文化遗产代表作名录预备清单时所确立的"重要无形文化财""重要无形民俗文化财"或"选定保存技艺"中的任何一类，因此，2012年2月，文化审议会就"和食申遗提案"进行表决并获得通过。3月初，在由日本文部科学省、农林水产省、外务省组成的非物质文化遗产保护公约关系省厅联络会议上，和食作为日本政府的提案获得通过，3月底，日本政府立即向联合国教科文组织提交了申请。

图5-1 日本2013年入选代表作名录项目——和食

2013年12月，在阿塞拜疆首都巴库召开的第八届政府间委员会会议上，包括日本申报的"和食：日本人的传统食文化"等30项顺利成功入

---

① 成琳：《简明清晰的软实力》，《人民日报》2011年12月5日第15版。

选第六批人类非物质文化遗产代表作名录，而和食与法国、秘鲁、韩国、比利时、意大利等国家所申报的同类型饮食文化项目中，被辅助机关评价为最具范例申报书。① 除此之外，会议还决议，针对中国、日本、韩国这类拥有人类非物质文化遗产代表作名录多达15项的非物质文化遗产大国，2015—2016年度的申报项目评审，按照评审优先度原则，只能给予两年内一次的评审机会。会议还就日本政府提出的某一项目在某一国内的数量扩展之建议，获得了决议通过，这为日本2014年所实施的申报策略转变，提供了法律依据。

就此，基于上述2009—2013年的人类非物质文化遗产代表作名录申报/评审制度的逐渐变化和改进，对每个缔约国来说，流程越来越规范，评审越来越完善，规则越来越细化，而记载项目的门槛则是越来越高，其既需维系着相关社区、群体、个人的认同感和持续感，也需确保其是世界文化多样性和人类创造力的重要资源之体现。基此背景，对日本政府而言，如何既能不受制于联合国教科文组织申报/评审制度的制约和局限，又能继续夯实中央政府自20世纪90年代伊始所实施的"文化立国"战略，从"文化遗产""传统文化"和"地方文化"三个方面着手，进一步扩大世界遗产、人类非物质文化遗产代表作名录、日本遗产等方针施策的成效，自此成为日本在改革中且思且行的文化战略路线。

针对2014年度及以后的人类非物质文化遗产代表作名录项目申报规则，诸如"一国一项""评审设置优先度""中日韩等缔约国两年一次申报"等严格条件，日本政府进行了自身改革创新，在各缔约国中率先探索性地实施了"一国内的某一项目的扩展"的战略。日本政府深知，就非物质文化遗产而言，某项遗产项目受众越多，其实践就越活跃，其项目本身就越富有活力，进而也助推当地社会发展，最终以文化附加值大大拓展经济价值的上升空间。

基于此认识，2014年度日本提交的申报项目是"和纸：日本的手漉和纸技艺"，申报的和纸项目包括三个同类型项目（石州半纸、本美浓

---

① 日本文化厅：《ユネスコ無形文化遺産保護条約第8回政府間委員会（結果概要）》，2014年1月8日，http://www.bunka.go.jp/seisaku/bunkashingikai/isanbukai/mukeitokubetsu/2_01/pdf/shiryo_6.pdf，最后访问日期：2019年9月15日。

纸、细川纸），其中本美浓纸和细川纸均为石州半纸的扩展项目。石州半纸在2009年就已被日本政府成功申报人类非物质文化遗产代表作名录；2011年本美浓纸也被日本政府推选为人类非物质文化遗产代表作名录申报项目，因其与石州半纸有诸多类似性，在评审时被政府间委员会给予信息照会而落选；而细川纸则是首次被加入申报项目中。此次申报得益于《实施〈保护公约〉的业务指南》（2014年新修订版）中"I.6 对已列入遗产项目的扩展或缩减"[①]之条目内容的实施，加之申报项目文本格式规范，内容表述正确，故此日本政府对项目的成功申报抱有极大的自信。

2014年11月，在法国巴黎联合国教科文组织总部召开的第九届政府间委员会会议上，政府间委员会对申报的60个项目进行了严格评审，最终包括和纸在内的共38项[②]非物质文化遗产项目榜上有名。此外，针对事务局提出的废止"信息照会"的提案，经政府委员会会议决议，信息照会被继续保留。会议还表决通过了针对2016—2017年度的项目申报数量，所有的审议项目合计上限在50项。

和纸虽申报成功，但因其是2009年成功申报的石州半纸的扩展项目，故和纸与石州半纸仍算同一个项目，也即和纸取代石州半纸，而石州半纸则被政府间委员会从原代表作名录中除名，原资格自行失效。这样，2013年虽有和食申报成功，但日本所拥有的人类非物质文化遗产代表作名录项目数量与2013年一样，仍为22项。然而，这仅是日本政府对外的数据，实际上通过本次的项目扩张，除了岛根县的石州半纸，日本国内又多了岐阜县的本美浓纸和埼玉县的细川纸两项人类非物质文化遗产代表作名录项目，实为24项。无疑，借助世界非物质文化遗产、世界遗

[①] 在2014年6月《保护公约》第五届缔约国大会上通过的新修版《实施〈保护公约〉的业务指南》中，就"I.6 对已列入遗产项目的扩展或缩减"有如下说明："对已列入急需保护的非物质文化遗产名录或人类非物质文化遗产代表作名录的项目，应其所在缔约国的请求，经相关社区、群体和有关个人同意，可将该遗产项目扩展至国内和/或国外的其他社区、群体和有关个人。"具体内容参见中国非物质文化遗产网、中国非物质文化遗产数字博物馆：《实施〈保护非物质文化遗产公约〉的业务指南（2014年修订版）》，2019年3月12日，http://www.ihchina.cn/Uploads/File/2019/03/12/u5c872f097bbf9.doc，最后访问日期：2020年7月15日。

[②] 该数目包含代表性名录34项、紧急保护名录3项、最佳实践名录1项，未含国际援助项目1项。

产、现代艺术等媒介，这对以提升日本文化的实力和水准，增强日本文化的国际影响力和知名度为目标的文化立国战略来说不无裨益。应重视日本政府这一策略，它正是其在项目申报过程中的创新之处。

2015年度的缔约国项目申报，基于第八届政府间委员会会议决议，日本和中国均没有获得进入评价机构接受其评审的资格。在第九届政府间委员会会议上，此项条规内容还被进一步扩大至所有缔约国，即政府间委员会只能保证所有的缔约国在两年内有一次项目申报的机会，而不是仅针对像中日韩等拥有人类非物质文化遗产代表作名录项目超过15项的缔约国。此外，遵照2013年政府间委员会会议的"预审机构的行政一体化（决议13.d）"的决议，从2015年度开始，正式由评价机构[①]履任，原咨询机构和辅助机构不再保留。机构改革后，申报项目的预审工作将进一步实现统一决策，可很好地整合资源，有利于人类非物质文化遗产保护事业的整体推进和繁荣发展。因该年度日本未有项目入选，故此处论述略去。

借鉴2014年含有扩展项目之和纸的申报成功之处，对2016年度的项目申报，日本政府继续遵从了申报扩展项目的战略。本年度选定的申报项目是"花车节祭典（山·鉾·屋台行事）"，其既是2009年成功申报的"日立风流物""京都祇园祭花车节祭典"的扩展项目，又是2011年所申报的但被政府间委员会给予信息照会而落选的"高山祭花车节祭典""秩父祭花车节祭典与神乐"的扩展项目。除了这4个子项目外，还有其他28个，共计32个，都属于"重要无形民俗文化财"之类属。2014年3月，日本正式向联合国教科文组织事务局提交了项目申报申请。2015年3月，随着岐阜县的"大垣祭䡊节"被认定为重要无形民俗文化财，日本再次修订了该项目申报的数量，计18府县的共33项（见表5-3）。但受

---

① 以往是由咨询机构负责对列入紧急保护名录、最佳实践名录、国际援助（2.5万美元以上）的项目申请进行审查，由辅助机构对列入代表名录的项目进行审查，两机构向后向政府间委员会提出建议，供其做出决定。2015年起，撤销原咨询机构和辅助机构，统一由评价机构负责评审代表性名录、紧急保护名录、最佳实践名录、国际援助项目的预审工作。评价机构由6大区域（欧美、东欧、亚太、南美、非洲、阿拉伯）的6位专家和6大区的6个非政府组织（须经联合国教科文组织认定）所构成。北海学园大学的岩崎まさみ教授是首位入选评价机构的日本学者。

限于日本在 2015 年无资格进行项目申报与评审，故该申报项目评审顺延至了 2016 年度。2016 年 11 月，在埃塞俄比亚召开的第十一届政府间委员会上，经政府间委员会对 50 项申报项目进行决议，最终包括日本"花车节祭典"在内的共 42 项①非物质文化遗产入选第九批人类非物质文化遗产代表作名录项目。

表 5-3　　2016 年日本入选项目"花车节祭典"的 33 项扩展项目一览

序号	项目名称	举办时间	认定时间	项目所在地域
01	八户三社大祭花车节祭典（八戸三社大祭の山車行事）	每年 8 月 1—3 日	2004 年 2 月 6 日	青森县八户市
02	角馆祭花车节祭典（角館祭りのやま行事）	每年 9 月 7—9 日	1991 年 2 月 21 日	秋田县仙北市
03	土崎神明社祭花车节祭典（土崎神明社祭の曳山行事）	每年 7 月 20—21 日	1997 年 12 月 15 日	秋田县秋田市
04	花环祭花车节祭典（花輪祭の屋台行事）	每年 8 月 19—20 日	2014 年 3 月 10 日	秋田县鹿角市
05	新庄祭花车节祭典（新庄まつりの山車行事）	每年 8 月 24—26 日	2009 年 3 月 11 日	山形县新庄市
06	日立风流物（日立風流物）	每年 5 月 3—5 日	1977 年 5 月 17 日	茨城县日立市
07	乌山舞台花车节祭典（烏山の山あげ行事）	每年 7 月 25—27 日	1979 年 2 月 3 日	枥木县那须乌山市
08	鹿沼今宫神社祭花车节祭典（鹿沼今宮神社祭の屋台行事）	每年 10 月第二个星期六、星期日	2003 年 2 月 20 日	枥木县鹿沼市
09	秩父祭花车节祭典与神乐（秩父祭の屋台行事と神楽）	每年 12 月 3—6 日	1979 年 2 月 3 日	埼玉县秩父市
10	川越冰川祭花车节祭典（川越氷川祭の山車行事）	每年 10 月第三个星期六、星期日	2005 年 2 月 21 日	埼玉县川越市

---

① 该数目包含代表性名录 33 项、紧急保护名录 4 项、最佳实践名录 5 项。

续表

序号	项目名称	举办时间	认定时间	项目所在地域
11	佐原花车节祭典（佐原の山車行事）	每年7月9—18日周五、周六、周日	2004年2月6日	千叶县香取市
12	高冈花车花车节祭典（高岡御車山祭の御車山行事）	每年5月1日	1979年2月3日	富山县高冈市
13	城端神明宫祭花车节祭典（城端神明宮祭の曳山行事）	每年5月4—5日	2002年2月12日	富山县南砺市
14	鱼津灯笼花车节祭典（魚津のタテモン行事）	每年8月首个星期五、星期六	1997年12月15日	富山县鱼津市
15	青柏祭花车节祭典（青柏祭の曳山行事）	每年5月13—15日	1983年1月11日	石川县七尾市
16	高山祭花车节祭典（高山祭の屋台行事）	每年4月14—15日每年10月9—10日	1979年2月3日	岐阜县高山市
17	古川祭大鼓、花车节祭典（古川祭の起し太鼓・屋台行事）	每年4月19—20日	1980年1月28日	岐阜县飞驒市
18	大垣祭花车节祭典（大垣祭の軕行事）	每年5月15日前后星期六、星期日	2015年3月2日	岐阜县大垣市
19	尾张津岛天王祭彩船节（尾張津島天王祭の車楽舟行事）	每年7月第四个星期六、星期日	1980年1月28日	爱知县津岛市、爱西市
20	知立联排花车节祭典①（知立の山車文楽とからくり）	每年5月2—3日	1990年3月29日	爱知县知立市
21	犬山祭花车节祭典（犬山祭の車山行事）	每年4月首个星期六、星期日	2006年3月15日	爱知县犬山市
22	龟崎落潮祭花车节祭典（亀崎潮干祭の山車行事）	每年5月3—4日	2006年3月15日	爱知县半田市
23	须成祭彩船及放苇节（須成祭の車楽船行事と神葭流し）	每年8月首个星期六、星期日	2012年3月8日	爱知县蟹江镇

① 仅该项目的种类为民俗艺能、渡来艺/舞台艺，其他32项项目的种类均为风俗习惯、祭礼（信仰）。

续表

序号	项目名称	举办时间	认定时间	项目所在地域
24	鸟出神社鲸船节（鳥出神社の鯨船行事）	每年8月14—15日	1997年12月15日	三重县四日市市
25	上野天神祭地车节（上野天神祭のダンジリ行事）	每年10月25日前后周五、周六、周日	2002年2月12日	三重县伊贺市
26	桑名石取祭花车节祭典（桑名石取祭の祭車行事）	每年8月首个星期六、星期日	2007年3月7日	三重县桑名市
27	长滨曳山祭花车节祭典（長浜曳山祭の曳山行事）	每年4月13—16日	1979年2月3日	滋贺县长滨市
28	京都祇园祭花车节祭典（京都祇園祭の山鉾行事）	每年7月1—29日	1979年2月3日	京都府京都市
29	博多祇园花车节祭典（博多祇園山笠行事）	每年7月1—15日	1979年2月3日	福冈县福冈市
30	户畑祇园大花车节祭典（戶畑祇園大山笠行事）	每年7月13—15日	1980年1月28日	福冈县北九州市
31	唐津秋祭花车节祭典（唐津くんちの曳山行事）	每年11月2—4日	1980年1月28日	佐贺县唐津市
32	八代妙见祭拜神花车节祭典（八代妙見祭の神幸行事）	每年11月22—23日	2011年3月9日	熊本县八代市
33	日田祇园花车节祭典（日田祇園の曳山行事）	每年7月20日后的星期六、星期日	1996年12月20日	大分县日田市

资料来源：笔者参照"日本文化厅：《重要無形文化財－国指定文化財等データベース（http://kunishitei.bunka.go.jp/bsys/index_pc.asp）"相关数据制作。另注：项目名称后面括号内所示乃为日语原名称。

据说日本花车节祭典在庆典活动上最早使用彩车的起源来自京都府的八坂神社的祇园祭。[①] 八坂神社创建于公元656年，是日本全国约3000

---

① ［日］橘本章：《戦略としての祇園祭と京都：山・鉾・屋台行事が日本全国に展開する現状との関係性から》，東京：《日本民俗学》2018年第4期。

座八坂神社之总本社。在八坂神社例行的祭祀活动称之祇园祭，其与东京的神田祭、大阪的天神祭并称为日本的三大祭。日本各地均能见到花车节祭典，甚至各地都形成了不同地方的风格流派。这些"山、锋、屋台行事"以地车、山锋、曳山、笠鉾等各种形式为代表，形式多样，内容丰富，花车最为普遍。花车节祭典与各地风俗习惯密切结合，蕴含着民族精神和民族心理的基本素质，集结了日本各地地方文化的精髓，是日本民族民间传统文化的有机组成部分。

申报成功的33项"山、锋、屋台行事"均为日本国家级重要无形民俗文化财，花车不仅保留着多个世纪前的木工、金工、油漆、染色等传统工艺技术，花车节祭典本身更是日本传统的民间集会活动，是日本民俗文化的重要构成部分，既是一种社会活动，也是一种文化体现。花车节祭典活动形式多样，不但充分满足了地方民众的精神生活需求，更是增强了当地居民的凝聚力和乡土意识，丰富了人们的娱乐生活。

诚如中国的国家级非物质文化遗产代表性项目名录中的剪纸（项目序号315，编号Ⅶ-16）项目，五批共认定了56项，其中2006年首批认定的11项为新增项目，其余第二批、第三批、第四批和第五批所认定的45项剪纸均为扩展项目，这些因地理环境、风俗习惯和审美趣味之不同而形成的风格迥异的剪纸艺术，体现着其内容的相对稳定性和特色的鲜明地方性。而日本的"山、锋、屋台行事"和中国的剪纸艺术一样，尽管扩展项目数量众多，但在文化类型上却有着高度的一致性，这种明显的类型化和一致性明示着它们之间有着某种程度的关联：即日本花车节祭典与日本各地方社会拥有的其他历史传统文化结成可以"互释"的密切关系，只有发生"在地化"的花车节祭典，才能使得花车节祭典得以普遍流行。此观点也可以推广到对于凡能体现出节气更迭、除厄纳福、祈求丰收等诸多传统习俗现象的研究之中。

依据《实施〈保护公约〉的业务指南》Ⅰ.6之条规，日本2009年成功申报的"日立风流物""京都祇园祭花车节祭典"自行被本次名录所替代。就此，日本政府所拥有的人类非物质文化遗产代表作名录项目由22项减少至21项，但实际上，通过本次的项目扩展，日本所拥有人类非物质文化遗产代表作名录的项目，一次性增至到了53项。一项非物质文化遗产项目就包括33项子项目，这在人类非物质文化遗产代表作名录项目上尚属首次。对此，政府间委员会评价，"对于申报国（日本）将以前的人类非物质文化遗产代表作名录项目，以国家级非物质文化遗产之标准进行扩展，且再次提出申报之事给予称誉"，"申报国（日本）所提交的申报项目，关注其对人文环境所赋予的积极影响，特别在保证且强调对申报项目关联的自然资源的可持续利用方面，尤其值得赞誉"①。由此可见，针对一国内的某一项目进行扩展之事，联合国教科文组织是积极提倡和高度评价的。而在日本国内，2017 年 5 月，在富山县南砺市举办的全国花车节祭典联合会总会上，日本文化厅向 33 个人类非物质文化遗产代表作名录项目——花车节祭典——的传承保护团体颁发了联合国教科文组织授予的认定证书。同时，各地均为此举行了隆重的庆祝仪式，使得非物质文化遗产概念更加深入人心，提升了日本国民的非物质文化遗产保护意识，激发了民众保护非物质文化遗产的热情，有效推动了非物质文化遗产资源的转化发展，使得民族民间传统文化真真正正地融入了现代生活。

　　2017 年度的项目申报评审，基于 2015 年第十届政府间委员会会议决议（最低保证每一缔约国 2 年有 1 次评审机会），日本未有项目进入评审流程，而 2016 年 3 月所提交的申报项目，因故被延期于 2018 年度审议。2018 年 11 月，在毛里求斯召开的第十三届政府间委员会上，政府间委员会共审议了各类申报项目 50 项②，最终，包括日本在内的 39 项③申报项目荣登第十一批人类非物质文化遗产代表作名录。本年度日本申报的项目为"来访神：假面、假装的诸神"，仍为扩展项目，其包括 10 个子项目（见表 5-4）。其中甑岛来访神为 2009 年已成功申报的项目，"男鹿生剥鬼节"为 2011 年申报时落选项目，其余 8 项均为首次申报项目，这 10 项扩展项目均为"重要无形民俗文化财"大类中的"风俗习惯、年中节庆"之类属。基于萨摩硫黄岛假面神、恶石岛假面神均于 2017 年 3 月才

---

① 日本文化厅：《ユネスコ無形文化遺産保護条約第 11 回政府間委員会決議文仮訳》，2017 年 2 月 22 日，http：//www.bunka.go.jp/seisaku/bunkashingikai/isanbukai/mukeitokubetsu/5_02/pdf/shiryo_1_besshi.pdf，最后访问日期：2019 年 7 月 20 日。
② 该数目包含申报代表性名录 40 项、申报紧急保护名录 7 项、申报最佳实践名录 2 项、申报国际援助项目 1 项。
③ 该数目包含代表性名录 31 项、紧急保护名录 7 项、最佳实践名录 1 项。

被认定为重要无形民俗文化财，所以，日本政府又对 2016 年提交的申报数量给予了修正。

表 5-4　　2018 年日本入选项目"来访神：假面·假装的诸神"10 项扩展项目一览

序号	项目名称	节日举办时间	认定时间	项目所在地域
01	甑岛来访神（甑島のトシドン）	每年 12 月 31 日	1977 年 5 月 17 日	鹿儿岛县萨摩川内市
02	男鹿生剥鬼节（男鹿のナマハゲ）	每年 12 月 31 日或次年 1 月 16 日	1978 年 5 月 22 日	秋田县南鹿市
03	能登妖怪来访神（能登のアマメハギ）	每年 1 月 14—20 日	1979 年 2 月 3 日	石川县轮岛市
04	宫古岛黑魔鬼来访神（宮古島のパーントゥ）	每年旧历 9 月上旬	1993 年 12 月 13 日	冲绳县宫古岛市
05	游佐小年来访神（遊佐の小正月行事）	每年 1 月 1—6 日	1999 年 12 月 21 日	山形县新庄市
06	米川泼水来访神（米川の水かぶり）	每年 2 月初	2000 年 12 月 27 日	宫城县登米市
07	见岛火势鸟来访神（見島のカセドリ）	每年 2 月第二个周六	2002 年 2 月 20 日	佐贺县佐贺市
08	吉滨来访神（吉浜のスネカ）	每年 1 月 15 日	2004 年 2 月 6 日	岩手县大船渡市
09	萨摩硫黄岛假面神（薩摩硫黄島のメンドン）	每年旧历 8 月 1—2 日	2017 年 3 月 3 日	鹿儿岛县三岛村
10	恶石岛假面神（悪石島のボゼ）	每年旧历 7 月 16 日	2017 年 3 月 3 日	鹿儿岛县十岛村

资料来源：笔者参照"日本文化庁：重要無形文化財 – 国指定文化財等データベース（http://kunishitei.bunka.go.jp/bsys/index_pc.asp）"相关数据制作。另注：项目名称后面括号内所示乃为日语原名称。

由此可见，日本政府针对世界非物质文化遗产申报工作，举全国之力勇于担当作为，打破思想禁锢紧抓工作落实，尤其是雷厉风行的作风，着实为其他国家做出了表率。2019年12月，在哥伦比亚召开的第十四届政府间委员会上，来自世界各地的42项民族民间传统文化荣升为人类非物质文化遗产代表作名录项目，中国、日本和韩国和2017年一样，未有项目入选。截至2022年7月，日本所拥有人类非物质文化遗产代表作名录项目共21项，但因为连续3年实施了项目扩张的战略，实际上日本所拥有的人类非物质文化遗产代表作名录的项目已多达62项。

从以上论述可见，由联合国教科文组织所主导实施的人类非物质文化遗产代表作名录申报/评审制度，自2001年实施以来，随着人类非物质文化遗产代表作名录成功申报项目数量的不断增加，政府间委员会不拘于时，不泥成规，因事而化、因时而进、因势而新，进行了一系列的制度革新。但同时，其相对也为世界各国在相同领域的"民族民间传统文化"单独申请增加了难度，针对像中国、日本、韩国这样的非物质文化遗产大国，从2014年起，基本上都是两年一评审，也即2015年、2017年、2019年、2021年均不能再申报评审，而只能在2016年、2018年、2020年才有资格申报评审。这意味着，日本最大限度也仅是两年才有一次成功申报的机会。对此，日本则可谓是积极应对，依据联合国教科文组织的制度变化，因势利导，保持了良好的战略定力，在申报人类非物质文化遗产代表作名录项目方面，走出了一条特色鲜明、富于创新的探索之路。

既然扩展项目的申报模式益处多多，想必日本政府还会继续申报，但从日本文化厅网站公示文件中得知[1]，2020年度日本政府申报的是"传统建筑工匠技艺"。为何会如此，这大概要从日本和韩国所拥有的人类非物质文化遗产代表作名录项目总数中寻找答案。截至2020年4月，日本拥有21项，韩国拥有20项，而面对2020年的评审，如果日韩两国均各自采取2018年的申报战略的话，那么韩国将会在数量上追上日本，

---

[1] 日本文化厅：《「伝統建築工匠の技：木造建造物を受け継ぐための伝統技術」のユネスコ無形文化遺産への提案について》，2018年2月27日，http://www.bunka.go.jp/koho_hodo_oshirase/hodohappyo/1401748.html，最后访问日期：2019年7月22日。

达到 21 项，与日本并列位居世界第二，而日本为了独自保住总数世界第二的位置，则不会再走项目扩展的路线。然而，传统建筑工匠技艺作为新申报项目，也并非是单一项目，而是有着 14 个子项目、16 个保护团体的规模性集合体，甚至有 92% 的子项目都来自有形文化遗产。① 在人类非物质文化遗产代表作名录申报方面，日本似乎走得很是"着急"了一些。

到目前为止，在《保护公约》的 180 个缔约国、140 个人类非物质文化遗产代表作名录拥有国中，只有日本一个国家在采用一国内单一项目扩展的方法，而且是连续三年使用此法。该战略优势自不待言，按照新增项目的申报办法，日本应该拥有 25 项，其总数仅次于中国，位居世界第二。而按照扩展的申报方式，日本拥有 21 项，减少了 3 项，总量虽然屈居世界第三（次于中国和法国），但国内所拥有人类非物质文化遗产代表作名录的项目或团体却至少多出了 37 个，增长了 148%，这还仅仅是三次所申报的成就。日本政府的这种方案，当然决不单纯是为了数字政绩，其背后与日本政府自 2006 年 9 月所实施的"地方魅力、日本美丽"之观光立国战略②有关，作为其中的一环，借助不断成功申报的人类非物质文化遗产代表作名录项目，整合各类优势资源，尤其是文化资源，突出地方文化特色，穿线成珠、连点成面，从单一观光到多元观光，从景点观光到文化观光，进而构建了符合日本国情的"文化+观光（旅游）"战略发展模式。

---

① 该项目共由 14 项子项目组成，均来自日本遴选申报人类非物质文化遗产代表作名录项目的 4 大数据库之一的选定保存技艺，该数据库目前包括有形类（46 项）、无形类（30 项）、与有形·无形相关类（3 项）等共计 79 项。传统建筑工匠技艺项目有 13 项来自有形类、1 项来自无形类。具体可参看"日本文化厅国指定文化财数据库（https://kunishitei.bunka.go.jp/bsys/categorylist.asp）"相关信息。

② 该战略日语为"地域が輝く「美しい、日本」の観光立国戦略"，是日本安倍政府在 1963 年制定的《观光基本法》之基础上于 2006 年开始实施的战略计划，2006 年 12 月通过的《观光立国推进基本法》，该法将观光业定位为 21 世纪促进日本发展的支柱产业。作为其中的一环，整合观光资源，扩大访外国人数是一个重要的评价指标，以 2006 年为基点（访日人数 733 万），力争 2010 年达到 1000 万人次、2020 年到达 2000 万人次。2011 年因 3.11 大地震，当年访日外国人次锐减到 622 万，为重振经济，日本从各个领域开启了观光振兴策略。而实时数据是 2013 年访日外国人数达到了 1036 万，2015 年上升到了 2000 万，2018 年突破了 3119 万。可见，虽还未到时间，但这一战略已达成。

第 六 章

中国的文化遗产保护经验
——以研培计划为例

进入21世纪以来，针对非物质文化遗产保护，中国政府积极组织和实施了一系列保护措施，取得了世界瞩目的不菲成效。经过20余年的保护发展，中国的非物质文化遗产保护工作也由过去的——"抢救保护、建章立制"的基础工作阶段进入了现在的——"巩固抢救保护成果、提高保护传承水平"的纵深发展阶段，同时在保护的探索与实践过程中，还孕育并积累出了很多丰富的经验和宝贵的理念。这当中，"中国非物质文化遗产传承人群研修研习培训计划"[①] 就富有中国特色、蕴涵中国价值，不乏可以直接上升为中国理论、中国模式乃至中国智慧。本章试以2015年试点的"中国非物质文化遗产传承人群研修培训计划"项目为切入点，通过对该计划的参与高校——清华大学美术学院所实施的一系列探索模式的研究分析，进而提炼出其具有示范意义和推广价值的创新模式——"清华经验"，由"清华经验"再上升为"中国智慧""中国经验"，从而为共同守护好全人类的文化瑰宝提供中国样本、中国方案。

第一节 在高校开展研培计划的必要性与可行性

中国作为联合国教科文组织创始国之一，对促进非物质文化遗产保

---

① "中国非物质文化遗产传承人群研修研习培训计划"于2021年3月更名为"中国非物质文化遗产传承人研修培训计划"，由文化和旅游部单独实施变更为由文化和旅游部、教育部、人力资源社会保障部三部门共同实施。

护的关注可以视作是中国政府在文化领域开展行动中的一个优先事项。2001年5月，中国昆曲艺术入选联合国教科文组织首批"人类口承及非物质遗产的杰作宣言名录"项目，标志着中国现代意义上——非物质文化遗产概念下——的民族民间传统文化保护事业就此拉开序幕。[①] 经过二十余年的保护发展，截至2022年7月，中国政府已公布了五批共1557项（3610子项）"国家级非物质文化遗产代表性项目名录"，五批共3068名"国家级非物质文化遗产代表性项目代表性传承人"，其中有43项入选联合国教科文组织实施的"人类非物质文化遗产代表作名录"，是目前世界上入选项目最多的国家。

随着中国政府对非物质文化遗产保护事业的全力以赴、攻坚克难，一大批富有创造力、贡献力的保护制度如雨后春笋般涌出，诸如"国家级文化生态保护实验区"（2007年）、"非物质文化遗产代表性项目代表性传承人制度"（2007年）、"联合国教科文组织亚太地区非物质文化遗产国际培训中心"（2010年）（以下简称"亚太中心"）、"非物质文化遗产代表性项目代表性传承人抢救性记录"（2015年）、"中国非物质文化遗产传承人群研修研习培训计划"（2015年）（以下简称"研培计划"）、《国家级非物质文化遗产代表性传承人认定与管理办法》（2020年）、《中国非物质文化遗产传承人研修培训计划实施方案（2021—2025）》等，不仅增强了非物质文化遗产保护的"造血"功能，还为非物质文化遗产的利用带来了新思路，这既是国家一直在致力于破解非物质文化遗产保护与利用过程中所遭遇的困境和难题的过程，同时也是培育富有中国特色的非物质文化遗产保护体系形成的过程。因此，从中国的角度来认识，中国的文化遗产保护内容已从始初的单纯性、唯一性的局部保护项目进入了当今的整体性、系统性的全面保护阶段，而且许多非物质文化遗产保护的方法和措施正在为国际社会提供宝贵的中国经验。

研培计划实施于2015年6月，如今已实施到了第8个年度，参与高校也从最初的23所发展到121所，遍及全国31个省、自治区和直辖市，累计开展研培1100余期，培训非遗传承人3.8万人次，加上各地延伸培

[①] 王文章：《以〈公约〉精神推动"非遗保护"》，《中国文化报》2013年6月19日第3版。

训，累计超过 10 万人次。① 高校的密集人才、齐全的学科门类、丰富的智力资源等优势使得参与高校在研培计划中的作用愈发重要，已成为国家培养高素质、创造性非物质文化遗产传承人群的摇篮。但不难发现，受传统办学模式和思维的影响，以及自身办学水平和能力的限制，各参与高校对待研培计划执行力度不一，研培效果水平参差不齐。故此，弘扬榜样力量做示范，以优带新促发展，用榜样作镜子树立形象，以示范为标杆推崇作风，对于提升研培计划整体的办学质量具有重要的意义。

清华大学美术学院是清华大学的二级学院，其前身是创建于 1956 年的中央工艺美术学院。1999 年 11 月，中央工艺美术学院正式并入清华大学，更名为今名。2020 年，QS 世界大学学科排名，清华大学美术学院艺术设计学科位列第 19 名，是国内艺术类的顶尖院校。② 研培计划在试点期间，主要以开展传统工艺项目培训工作为主，而这正是清华美院的强项。因此，从绘画、雕塑、工艺美术到工业设计、陶瓷艺术设计、染织服装艺术设计等都是清华美院的"金牌"专业，这使其在非物质文化遗产保护实践中具有多方面的优势和有利条件，可以充分发挥在教育传承、引导社会中的积极作用。

中国特色体现时代精神，国家复兴召唤民族精神，时代精神需在全民族中弘扬，民族精神要从传统文化中重铸。非物质文化遗产作为中华民族优秀传统文化的重要组成部分，积淀着深厚的民族精神追求，其既是培育社会主义核心价值观的沃土，也是中国构建国家文化软实力的根本。然而，近年来，随着工业化、城镇化进程的加剧，许多非物质文化遗产的生存环境逐渐恶化，多数传统技艺后继乏人，面临遭受冲击、加速消失的现实威胁。而如何改变目前相当部分非物质文化遗产中，尤其是传统手工艺者的综合文化修养、设计创新能力不足，缺少民族特色的知名品牌，行业整体实力和市场竞争力不强的窘况，党的十八大后，一系列全国性高层会议和具有前瞻性、创新性的政策举措纷纷出台，勾勒

---

① 新华社:《建议提案办理见成效｜加强非遗保护传承和合理利用——文化和旅游部扎实推动落实代表委员建议提案》，2023 年 2 月 27 日，http://www.news.cn/2023-02/27/c_1129400857.htm，最后访问日期：2023 年 2 月 28 日。

② 清华大学美术学院:《学院介绍（历史沿革）》，2018 年 3 月 1 日，https://www.ad.tsinghua.edu.cn/gy/lsyg.htm，最后访问日期：2023 年 2 月 28 日。

出中央政府对非物质文化遗产保护所进出的革新魄力和施政方略。

2013年12月，习近平总书记谈及提高国家文化软实力时强调，"要系统梳理传统文化资源，让收藏在禁宫里的文物、陈列在广阔大地上的遗产、书写在古籍里的文字都活起来"①。2014年9月，说到如何对待传统文化时，习近平总书记再次强调，"我们要善于把弘扬优秀传统文化和发展现实文化有机统一起来，紧密结合起来，在继承中发展，在发展中继承"②。同年10月，习近平总书记在北京主持召开文艺工作座谈会时强调指出，要"'以古人之规矩，开自己之生面'，实现中华文化的创造性转化和创新性发展"③。一句句指示、一项项部署，这是以习近平同志为核心的党中央对文化自觉的深刻认识，是新时代坚定文化自信、建设文化强国的时代宣言。在习近平总书记的引领推动下，通过对包括非物质文化遗产在内的文化遗产的保护，进而赋予中华传统文化以新的时代内涵，使之成为我们的精神追求和行为准则，使其为实现中华民族伟大复兴的中国梦提供强大的精神动力和文化支撑。④

另外，众所周知，在国际学界公认大学主要有人才培养、科学研究、社会服务三大职能。就中国高校来说，进入21世纪后，随着社会情势等诸方面的深入发展，2011年4月，胡锦涛总书记在清华大学建校100周年庆祝大会上发表重要讲话，将文化传承与创新作为高校的一个新职能提出来⑤，进而确认了学界一直在呼吁的高校第四职能——文化传承创新。⑥而高校这一职能的产生背景，与中国在进入21世纪后蓬勃开展的非物质文化遗产保护事业密不可分。《保护公约》强调了"特别是通过正

---

① 《建设社会主义文化强国　着力提高国家文化软实力》，《人民日报》2014年1月1日第1版。
② 习近平：《在纪念孔子诞辰2565周年国际学术研讨会暨国际儒学联合会第五届会员大会开幕会上的讲话》，《人民日报》2014年9月25日第2版。
③ 习近平：《在文艺工作座谈会上的讲话》，《人民日报》2014年10月15日第2版。
④ 中华人民共和国中央人民政府：《这里是爱国爱澳的新园地——习近平考察澳门大学横琴新校区》，2014年12月20日，http://www.gov.cn/xinwen/2014-12/20/content_2794571.htm，最后访问日期：2023年2月28日。
⑤ 胡锦涛：《在庆祝清华大学建校100周年大会上的讲话》，《人民日报》2011年4月25日第2版。
⑥ 徐显明：《文化传承创新：大学第四大功能的确立》，《中国高等教育》2011年第10期。

规和非正规教育"[①]的传承方法的实践。2005年3月，国务院办公厅印发了《关于加强我国非物质文化遗产保护工作的意见》，其中明确提出了"通过社会教育和学校教育，使非物质文化遗产代表作的传承后继有人"[②]。2011年2月，十一届全国人大常委会十九次会议通过的《非物质文化遗产法》明确规定，"学校应当按照国务院教育主管部门的规定，开展相关的非物质文化遗产教育"[③]。以上诸类高校在非物质文化遗产保护领域的积极参与，使得高校的功能不断得到发展和完善，成为文化保护与文化传承的重要参与方，拓展了大学建设理念的创新和发展。

除了上述两方面的因素外，2015年3月，文化部非遗司与中央美术学院共同主办了"非遗保护与现代生活——中青年非遗传承人研修交流活动"，活动邀请了全国各地的20名中青年非物质文化遗产传承人进入中央美院进行为期四周的研修交流，前两周以专题研讨方式进行，后两周则根据传承人的工艺门类以工作室教学的形式进行小组创作。这是国家首次尝试将高校优势资源与非物质文化遗产传承人培育相结合，搭建高校与非物质文化遗产传承的互动模式，为积极应对非物质文化遗产后继乏人的危机，提高传承人群传承能力做出的有益探索，而此种探索模式也得到了文化部副部长项兆伦的充分肯定和高度评价。

在此成功经验基础上，再经过深入分析研判，结合实际多方论证，2015年6月，文化部在上海大学召开了研培计划试点工作现场协调会议，项兆伦副部长出席会议并讲话，对非物质文化遗产保护工作全局做出了谋划发展和战略抉择，统筹组织共23所试点院校在2015年暑期开展传统工艺项目培训工作。就此，研培计划正式起航。

在研培计划实施之前，针对非物质文化遗产及其传承人的保护和研究，部分高校就已开始积极进行过一系列的创新探索和丰富实践，诸如设置学历教育（中山大学，2008年）、创设博物馆（常州大学，2010

[①] 文化部对外文化联络局编：《联合国教科文组织〈保护非物质文化遗产公约〉基础文件汇编》，外文出版社2012年版，第10页。
[②] 全国人大常委会法制工作委员会行政法室编：《中华人民共和国非物质文化遗产法解读》，中国法制出版社2011年版，第196页。
[③] 全国人大常委会法制工作委员会行政法室编：《中华人民共和国非物质文化遗产法解读》，中国法制出版社2011年版，第96页。

年)、建立传承人工作室(宁波职业技术学院,2010 年)、请非遗传承人到校授课(武汉纺织大学,2010 年)、与非遗传承人建立长期合作关系(阜阳师范学院,2010 年)、研发非遗衍生品(景德镇陶瓷大学,2010年)、开展教学课程(云南艺术学院,2011 年)、建立重点实验室(上海戏剧学院,2014 年)、实施非遗传承人培训(北京联合大学,2014 年)等,并都取得了明显和不菲的成效。

而研培计划,无疑是高校在上述所实施的诸多探索与实践方法的升级版和扩大版,作为高校与非物质文化遗产传承人群的双向互动实践探索机制,既可以提升传承人群的艺术素养和创新能力,为新一代的代表性传承人的技艺传承创造更好的条件,也能密切高校与非物质文化遗产保护的联系,促进相关学科建设的实践,有利于高校新兴学科的形成与繁荣。[①] 即研培计划通过各个参与高校的自主实施使得传承人培育呈现"百花齐放"之景象的同时,也展现了参与高校自身多彩的角色定位。这种特征主要体现在:

一 参与高校在研培计划中的主体地位

由于参与高校是研培计划的实施主体,在研培次数固定(每年 2—4 次)的情况下,参与高校数量的多少就左右着研培传承人群的整体规模。就参与高校数量来说,2015 年,文化部非遗司先行指定了 12 个省(自治区、直辖市)的 23 所高校和 1 家设计企业(雅昌文化集团)分批次启动了普及培训(18 所高校、26 期)、研修(5 所高校、9 期)和研习(3 所高校和 1 家设计企业、7 项目)的试点工作,培训传承人群约 1800 人次。[②] 2016 年,在原有的基础上,参与高校增加了近 150%,达到了 57 所,成功举办了 160 期培训,使得近万名培训学员受益。[③] 2017 年,研培计划的规模又有了进一步的延展,参与高校则又增加至 78 所,全年共举办研培班 196 期,加上山东、江苏、浙江、贵州等 13 个省区市启动的省

---

① 李韵:《文化部非遗司负责人就非遗传承人群研培计划答记者问》,《光明日报》2016 年 2 月 26 日第 8 版。

② 沈大雷:《委托高校和企业开展培训——中国非遗传承人研修研习培训计划启动》,《中国教育报》2016 年 1 月 15 日第 4 版。

③ 李静:《2016 年度非遗保护十大事件揭晓》,《中国文化报》2017 年 1 月 20 日第 8 版。

级研培计划，全国研培计划的总覆盖传承人群已达 4.8 万人次。[①] 2018 年，参与高校数量则继续扩大，达到了 112 所，覆盖了 31 个省级行政区（港澳台除外），年度培训达到 200 期，参与研培人数共约 2 万人次。[②]

由此可见，研培计划已逐渐显现出其扩大传承人群、提高传承人群传承能力的多重效应，而高校在其中所起的重要作用则更加明显，参与高校数量的增多，直接会使得研培计划的影响力和受众群体扩大，而高校自身又具有较强的非物质文化遗产（尤其是传统工艺、民间美术）相关领域研究、教学基础或研究能力，因此，研培计划的实施有利于双方的相互提升。尽管每所高校依据自身条件都可申请研培，但从近四年参与高校名单来看，北京、上海、江苏等省市入选高校数量最多，这也体现出了高校的专业设置、硬件设施、师资力量、研究能力等因素对能否成功入选起着非常重要的作用。

参与高校的另一个角色定位，就是在研培主题选择与培训次数等方面的自由定位。如果说研培计划所采用的研修、研习和普及培训等多层次的人才培养模式，考虑到了传承人群之间的差异性的话，那么，研培主题的选定与培训频率、开班时间，则充分兼顾了不同高校在不同的非物质文化遗产门类中所拥有的独特资源优势。如清华大学美术学院所依托研培计划而开展的"非遗进清华"系列，自 2015 年 10 月启动以来，共承办了 13 期研修班，每期学员 20 余人，既有全国范围的培训，也有整建制式的招生（佛山班和玉树班），既有多科类的工艺美术的研修，也有精准到青瓷、漆艺等单科独类的研习，后续还有成果展演、经验交流、学术研讨等一系列相关活动。从试点论证和统筹安排，到开班研修和教学实践，再到最后的结业展览和学员回访，逐渐形成了相对完整的研修体制，故使得"清华经验"取得了广泛社会影响，更得到了文化部领导的肯定。[③] 当然，清华美院绝不是唯一的优秀个案，上海大学、苏州工艺

---

① 王学思：《2017 非遗保护工作：踏着时代的节拍阔步前进》，《中国文化报》2018 年 1 月 10 日第 8 版。

② 《文化和旅游部、教育部、人力资源社会保障部关于印发〈中国非物质文化遗产传承人群研修研习培训计划实施方案（2018—2020）〉的通知》，2018 年 4 月 26 日，https://zwgk.mct.gov.cn/zfxxgkml/fwzwhyc/202012/t20201206_916846.html，最后访问日期：2018 年 5 月 22 日。

③ 王连文：《让优秀传统文化传出去、活起来》，《中国文化报》2016 年 3 月 29 日第 1 版。

美术职业技术学院等参与高校都表现出鲜明的特色和极高水平，对于保护和振兴传统工艺效果显著。

二 通过参与高校所实施的其他探索实践

依托参与高校的优质资源，针对研培学员所实施的课程设置安排，则最大限度地体现了高校在研培计划中的重要作用。虽然研培计划分研修、研习和普及培训三个层次，但一般均采用"教学＋创作＋展览"——递进、整合的教学探索模式。以中央美术学院实施的首期研培计划为例，该班自2015年11月16日开班，2016年3月17日结业，历时四个月，共有38名中青年学员分别组建剪纸、木雕、玉雕、建筑营造四个门类小组。开班后的前三周为教学阶段：第一周，主要是一系列的专题讲座，向传承人普及政策导向和理论方法，梳理各专业的历史与现状，在短时间内让学员开阔视野，即所谓的要"知情"——文化要知情。第二周，学员将进入小组工作室跟随导师进行研修与交流，将学与做结合起来，加深其对各自所属传统工艺民族性与地域性之特性的理解和感悟，即所谓的要"知艺"——技艺要知艺。第三周，学员需结合前两周的学习感悟与交流经验，提出独创方案，在导师指导下确定具体实施办法和作品呈现方式，即所谓的要"知辩"——发展要知辩。通过三周的系统学习，学员在领悟"三知"内涵的基础上，学会寻觅传统工艺与现代生活结合的创意点，具有在传统与现代视域下的思辨创新的意识和觉悟。

接下来为两个月的创作阶段：带着确定后的创作主题和方案，传承人将回到自己在家乡开设的工作室完成创作工作。此期间，学员要定期向门类小组与导师汇报创作进度以及设想，若有疑问和创意，可随时向导师请教，再进行交流和讨论。而结业展览作为研培计划的最后一个环节，将集中展览传承人的创作成果，展期为一周，地点则在参与高校，这既是对传承人职业能力培养成果的全面展示，对师生也是场有益的艺术素养普及。短短三年时间，参与高校从23所发展到112所，在规模和影响力上，已经验证了高校对其参与度和认同度的肯定，而参与高校在实践过程中所总结出的诸如"清华经验""央美经验""苏工经验"等，皆印证了这一模式的成效性。

与此同时，为了最大限度地发挥参与高校在研培计划的导向作用，文化部（及后来的文旅部）一直在积极探索，不断完善传承人群培养体系建设。比如，2016年在昆明、2017年在苏州分别召开了"研培计划高校项目负责人培训班"，促进了参与院校更准确地把握研培计划的理念、目标和要求。此外，文化和旅游部非遗司还依托联合国教科文组织亚太地区非物质文化遗产国际培训中心，于2016年在上海、2017年在苏州召开了"《保护非物质文化遗产公约》中国师资培训履约班"，其学员均为研培计划参与高校的代表，通过理论学习并结合田野考察，加深了学员在《保护公约》框架下对非物质文化遗产保护理念的认识，既拉近了中国与世界的距离，也为日后在研培计划教学中拓宽传承人群的思路和视野奠定了基础。

研培计划经过两年的实施，研培内容也从传统工艺逐渐扩展到传统戏剧（2017年7月，江苏省戏曲学校试点）、传统节日仪式（2017年9月，北京师范大学试点）和餐饮类老字号（2017年11月，首都经济贸易大学试点）等非物质文化遗产项目，使得研培计划覆盖面广、参与度高，进而扩大了其影响力。以上诸多试点取得显著成效，使得研培计划迅速"成为我国非物质文化遗产保护事业的一项基础性、战略性工作"[1]。故此，高校在研培计划中角色的定位，既形式多样又内容丰富。两者的密切配合，互相衬托，成就了非物质文化遗产保护的中国经验。

第二节　清华大学美术学院所开创的"清华经验"

基于清华美院的教学与研究等职能定位，自建院之初就与传统民间艺术创作有着密切的联系，可以说其建院起发荣滋长的历史有一部分正是植根于民族土壤的活态文化——非物质文化遗产之上。尤其是进入21世纪后，随着中国非物质文化遗产保护事业的深入再推进，学院通过积极进行非物质文化遗产保护的理论研究及人才培养；组织实施非物质文

---

[1]《文化和旅游部、教育部、人力资源社会保障部关于印发〈中国非物质文化遗产传承人群研修研习培训计划实施方案（2018—2020）〉的通知》，2018年4月26日，https://zwgk.mct.gov.cn/zfxxgkml/fwzwhyc/202012/t20201206_916846.html，最后访问日期：2018年5月22日。

化遗产研究成果的发表和非物质文化遗产传承人才培训；举办学术、展览（演）及公益活动，交流、推介、宣传非物质文化遗产保护工作的成果和经验等一系列活动，使学院走上了全面建设与发展的新阶段。有基于此，2015年7月，文化部统筹组织启动的研培计划中，清华美院成为首批全国范围确定的23所试点院校之一。

2015年10月12日，首期非物质文化遗产研修班（以下简称"非遗研修班"）正式在清华美院拉开序幕，清华美院将研培计划定称为"非遗进清华"活动（见图6-1）。清华美院基于自身的资源优势，在研培计划中所涉及的"研修、研习、培训"三个类型中只实施层次最高的研修部分，内容涉及非物质文化遗产项目中传统美术与传统技艺两项，主要是传统手工艺。

图6-1　首批研培计划学员参加结业典礼仪式

研修学员来自全国各地，以各级非物质文化遗产代表性传承人和其他具有较高水平的从业者，以及企业、作坊、合作社的业务骨干和部分管理人员中的年轻人为主。课程设置在配备全院11个系室的教学力量基础上，由艺术史论系承担规划和指导，学院培训中心、实验教学中心等单位也全面提供后方支持，此外，还兼有国际合作和其他社会资源的导入。学员在清华美院集中学习交流一至一个半月，每人都配有指导教师，采取导师负责制，每位学员结业前须完成不少于 1 件作品，且展示创作作品和自报学习心得，一般采用离校制作、返校展示的方式。

自 2015 年 10 月开班至 2022 年 12 月，清华美院已举办了 17 期非遗研修班（见表 6-1），从首期试点伊始，基于"以传统文化为本位，以传承人群为主体"的研培理念，清华美院调动各方资源，"以促进非遗融入现代生活，全面提高非遗保护传承水平"为核心，开展了一系列卓有成效的工作，并得到了文化部、教育部的高度认可及社会各界的高度评价，时任文化部部长雒树刚曾两次批示要推广清华美院的研培计划经验。① 那么，具体来说，"清华经验"有哪些内核呢？

表 6-1　　　　　　　清华美院实施研培计划相关信息一览

研修年度	举办期次	开班时间	研修主题	研修人数	结业时间
2015	第一期	2015 年 10 月 12 日	染织服装	20 人	2016 年 3 月 27 日
	第二期	2015 年 12 月 23 日	手工艺	21 人	2016 年 3 月 27 日
2016	第三期	2016 年 5 月 9 日	笔墨纸砚	20 人	2016 年 9 月 23 日
	第四期	2016 年 5 月 9 日	工艺美术	21 人	2016 年 9 月 23 日
	第五期	2016 年 10 月 17 日	广东佛山定向研培	21 人	2017 年 5 月 2 日
2017	第六期	2017 年 5 月 8 日	青瓷	20 人	2018 年 4 月 13 日
	第七期	2017 年 5 月 8 日	漆艺	20 人	2018 年 4 月 13 日
	第八期	2017 年 10 月 13 日	金属工艺	20 人	2018 年 9 月 21 日
	第九期	2015 年 12 月 23 日	青海玉树定向研培	20 人	2018 年 9 月 21 日
2018	第十期	2018 年 11 月 27 日	新疆哈密定向研培	20 人	2019 年 6 月 29 日
	第十一期	2018 年 11 月 27 日	湖北荆州定向研培	21 人	2019 年 2 月 17 日
2019	第十二期	2019 年 10 月 8 日	传统雕塑技艺	20 人	2019 年 12 月 6 日
	第十三期	2019 年 10 月 8 日	木拼画、麦秆画、海南黎族传统纺织技艺	20 人	2019 年 12 月 6 日
2020	第十四期	2020 年 11 月 2 日	汝州汝瓷产区	20 人	2020 年 12 月 22 日

---

① 清华大学美术学院：《非物质文化遗产工艺美术研修班（第 1 期）》，2022 年 11 月 15 日，https://www.ad.tsinghua.edu.cn/info/1339/28785.htm，最后访问日期：2023 年 3 月 7 日。

续表

研修年度	举办期次	开班时间	研修主题	研修人数	结业时间
2021	第十五期	2021年6月15日	漆器髹饰技艺（斫琴）	20人	2021年10月18日
2022	第十六期	2022年12月20日	竹编与灯彩	20人	—
2022	第十七期	2022年12月20日	传统首饰设计	20人	—

资料来源：笔者参照"清华美院官网'非遗进清华'（http：//www.tsinghua.edu.cn/publish/ad/10863/index.html）"中相关数据内容制作。

一 先行活用"1+1"概念模式

根据文化部非遗司关于全面提高非物质文化遗产保护传承水平的工作部署，自实施研培计划试点工作起，清华美院结合自身实际及优势，创新开展了"1+1"的非遗研培概念模式，此种概念模式主要有"1+1"创作模式和"1+1"合作模式两种：

创作模式中的"1+1"，主要指一名设计导师加一名史论导师，设计导师主要从研修学员设计概念的取材、主题确立、构思及创新程度、美感质量、实现可能性、功能和效用等方面因素对其进行指导和培训；史论导师主要从中外艺术学的理论和历史之视野出发，使得研修学员熟悉国家关于非物质文化遗产保护的各项方针、政策和法规，了解艺术学科的理论前沿、应用前景、发展动态和行业需求，具有一定的批判性思维能力，掌握艺术鉴赏与艺术批评方面的基本能力，着重完善学员的知识结构。在此基础上，每届研修班设置3—4个"1+1"指导小组，每个指导小组分别对应5—6名研修学员。

此处的另一层含义还可理解为一名导师加一名学员的"1+1"创作模式，即通过导师与学员的一对一学习指导、双向互动式讨论沟通，使得导师自身具有的深厚专业知识和广阔的学术视野等可以在短时间内对学员起到潜移默化的影响作用，相对于课堂式的效果则更为直接和有效，有利于导师根据自己的优势和学员的自身特长，开展针对性、个性化的培训，由导师直接负责学员的结业创作。如首期研修计划成果展示会上，国家级非物质文化遗产代表性项目蓝印花布的第三代传承人、南通蓝印花布艺术研究所倪沈键、吴灵姝（夫妇），听取了结业创作导师王悦的建议将其非物质文化遗产技艺融入百姓当代生活，借助史论导师章锐提供的新思维和新视野创作的"'百子送福'——夹缬桌旗靠垫"作品，在经过清华美院多位专家两轮评审后，最终在全部140套、300余件参展作品中脱颖而出，成为清华美院代表国家永久性收藏的五件作品之一。

合作模式中的"1+1"主要指研修班中拥有不同项目的研修学员之间的一加一合作，也即是一种传统工艺加另一种传统工艺。这一没有导师参与的"1+1"合作创新实践，旨在通过不同项目传承人之间的合作研发，激发不同传统工艺间艺术创意的碰撞，凸显各自工艺最经典的内核元素，彰显传统文化的时代活力与价值，进而推动民间工艺的"学、研、产"联动，从而将民间传统工艺引向时尚和生活，最终探索出传统工艺融入现代生活的本土路径。

这一合作模式的萌芽最初主要来自第二期手工艺研修班上，各研修学员在结业创作的过程中，来自不同地域、不同工艺门类的学员自发产生了合作的意识倾向与密切行为，由此产生了"1+1"的策展理念。如首批国家级非物质文化遗产代表性项目"嵊州竹编"的市级传承人吕成（浙江嵊州）与首批国家级非物质文化遗产代表性项目"银铜器制作及鎏金技艺"的国家级代表性传承人何满（青海湟中）合创的酒具、茶器，第二批国家级非物质文化遗产代表性项目"徽州漆器髹饰技艺"的省级传承人俞均鹏（安徽黄山）与第二批国家级非物质文化遗产代表性项目"钧瓷烧制技艺"的市级传承人刘红生（河南许昌）合创的创意花瓶，实现了不同传统工艺间的强强联合，使得作品更加出彩夺目、精美绝伦。2016年9月，在山东济南举办的第四届中国非物质文化遗产博览会上，作为研培计划的参与高校之一，清华美院所筹备的"传统对话传统——'非遗进清华'创新成果汇报展"，其展品均是以"1+1"交流合作方式产生的创新作品，继续深化体现了"1+1"合作创作模式之精神。

2017年5月，在广东佛山开幕的清华美院研培计划第五期研修班（佛山定向研培）结业成果展上，研修学员充分利用"1+1"合作研发模式，陶塑与彩灯、藤编与木雕、狮头与金箔等工艺相结合所研创的展品，呈现出永恒经典与辉煌时尚共存、传统元素与当代审美并行、地域文化与国际潮流同在的多元特征，喜获了佛山老一辈传承人和市民公众的高度认可之同时，也使得清华美院研培计划中"1+1"传统工艺跨界合作的创新之路得以真正确立。2018年4月，在第六期青瓷研修班、第七期漆艺研修班结业成果展上，人们不仅能看到青釉与大漆的"1+1"创新作品，传统工艺与当代设计的跨界合作，更有与英国皇家艺术学院、帝国理工学院合作共建的全球创新设计研究生项目（GID）进行融合创新的作品，多件作品被专家和学者称赞其水平达收藏级别。①

二 搭建非物质文化遗产保护创新实践平台

以本校的各二级教学单位（学院、系所）为依托，充分利用自身的各种资源优势（或与校外资源携手）建立创新（实践）基地、（重点）实验室和基金等，在向本单位师生提供教学和科研等服务的同时，作为回馈社会的一种方式，也（或部分）向社会开放，满足公众所需，实现资源的广泛共享，这是众多高校所取的普遍经验。而对于非物质文化遗产的保护与利用，是多年来诸多政府和高校所始终坚持的，作为已发展成为民众普遍受益的文化事业，其不仅在于静态的"博物馆式"的珍藏和展示，更需要动态的"多方联动式"的人人参与、共建共享。清华美院立足自身资源优势，借助研培计划之推力和影响，相继成立了一系列有关非物质文化遗产保护与利用的传统工艺工作站、创新基地、国家重点实验室、非物质文化遗产保护基金及非物质文化遗产公益教育项目等。

1. 新疆哈密传统工艺工作站、湖北荆州传统工艺工作站

为落实党的十八届五中全会关于振兴传统工艺的要求，在实践中探索振兴传统工艺的有效措施，同时为进一步提升新疆哈密地区非物质文化遗产，尤其是维吾尔族刺绣等传统工艺的保护与利用水平，由文化和旅游部出面协调组织，2016年3月，全国首个传统工艺工作站——雅昌文化集团、清华美院驻新疆哈密传统工艺工作站正式成立。

2016年6月，由文化部非遗司组织，包括清华美院非遗研修班项目负责人陈岸瑛副教授在内的清华大学传统工艺专家全国巡讲组首站对哈密地区的非物质文化遗产传承人和企业以"实地考察+即时交流+集中

---

① 清华大学美术学院：《【非遗进清华】"青瓷与大漆——清华大学美术学院第六期、第七期非遗研修班结业成果展"作品欣赏（图）》，2018年4月17日，http://www.ad.tsinghua.edu.cn/publish/ad/11478/2018/20180417151411287889886/20180417151411287889886_.html，最后访问日期：2018年7月21日。

讲座"的形式，就工作站日后工作中的改进设计、提升品质、创立品牌、形成系列、研修研习、培育骨干等具体内容开展了针对性指导。同年 8 月，文化部在哈密市召开传统工艺工作站工作座谈会，项兆伦副部长主持会议，他积极肯定了该站大学跟进培训、大师进村辅导等工作模式；清华美院艺术史论系主任陈岸瑛副教授等学者专家则就工作站的改善传统工艺的设计与制作水平、培训后继人才、提升市场竞争力、带动富业增收等问题给出了专业性意见。

2017 年 3 月，清华美院发挥学术支撑优势作用，先后派出王晓昕等专家团队赴哈密实地研究，并将新疆哈密维吾尔族传统刺绣图案研究等五个研习课题列入本校国家级科研项目。2017 年 9 月，由清华美院染服系李迎军副教授策划的密图——新疆哈密维吾尔族传统刺绣图案研究与创新设计汇报展在北京国际设计周主体板块之一的百年建筑北京劝业场展出，此次展览成为清华美院项目导师对哈密传统工艺工作站维吾尔族传统刺绣图案的收集、研究、整理、创新应用成果的综合汇报展。

2019 年 6 月，哈密市还举行了哈密传统工艺工作站传承人对话活动，来自北京、上海、广州、江苏、山西等地的专家、高校师生、企业负责人等，与新疆哈密刺绣非物质遗产传承人面对面探讨刺绣技艺，助推传统手工艺的挖掘、保护、发展和提升。2020 年 6 月，哈密传统工艺工作站举行了刺绣展示活动，绣娘们凭借着刻有京剧脸谱的葫芦、绣着牡丹花的笔记本，还有哈密瓜造型的陶艺杯具等文创产品，从而提升了其市场竞争力，增加了从业者收入，扩大了就业容量，取得了良好的综合效益。在防疫的特殊时期，哈密传统工艺工作站改变工作思路，用手机分发承接订单，让绣娘们吃下"定心丸"。

新疆哈密传统工艺工作站成立以来，以培育的"密作"品牌为公用品牌，建立准入标准，成立哈密市传统刺绣协会，完善传统刺绣管理的体制机制，通过刺绣企业、合作社、传承人，集合政府、企业、高校和绣娘的四方合力，形成"传统工艺工作站＋手绣工坊＋协会＋合作社＋合作组＋绣娘"工作链条，利用工坊建设、开展培训、组织展览等措施，将优质艺术设计资源引入传统工艺聚集区和欠发达地区，进而带动当地民众就业增收。2020 年年底，哈密市已培育刺绣企业十余家、刺绣合作社200余家、专业绣娘5000多名。①

鉴于哈密传统工艺工作站所取得的良好社会效果，2017年10月，在文化部的支持下，湖北首家传统工艺工作站——荆州传统工艺工作站成立，清华美院为该站的建站单位。2018年4月，清华美院驻荆州传统工艺工作站正式启动，把致力于振兴以楚式漆艺为代表的传统工艺作为首要的基本目标，开始对湖北的传统工艺振兴事业给予支持。2018年11月，荆州传统工艺工作站在十堰竹溪县挂牌设立了"荆州传统工艺工作站漆树种植示范基地"。2019年3月，荆州传统工艺工作站在恩施州巴东县启动了生漆材料与色漆加工车间建设。2019—2020年，荆州传统工艺工作站和荆楚非物质文化遗产技能传承院（以下简称"非遗传承院"）开发出"荆作·楚生活"文创品牌，并选派漆艺专家和非遗传承人，指导漆农开展漆树种植、生漆加工、学习漆器生活用品制作技艺。2022年5月，清华大学美术学院陈岸瑛教授指导的艺术管理硕士刘欢以《荆州传统工艺工作站"荆作·楚生活"品牌规划及相关研究》为研究课题完成了自己的毕业设计，并通过答辩。这标志着荆州传统工艺工作站、非遗传承院与清华大学美术学院的产教融合走向深入。

目前，荆州传统工艺工作站已在文化、旅游、教育三大领域创新并搭建了"文以化人"的四条价值链平台，探索出"站+坊+馆+中心+公司"五位一体的非物质文化遗产保护、传承和产业化发展的新模式。同时，荆州传统工艺工作站正围绕着琴、食、茶、书四个主题进行深度和精度开发，比如古琴、餐具、茶具、文房四宝系列文创用品，力争开发出一批贴近现代生活、让更多人愿意购买并支付得起的文创生活用品。在工作站基础上升级建设的"荆楚非遗工匠小镇"也将于2023年10月竣工，未来将形成更大规模的多功能一体化文化生态聚集区，继续为荆楚非遗的保护与传承"加一把火"。

2. 清华美院BMW非物质文化遗产保护创新基地

深化产教融合和校企合作作为推动我国高等教育高质量发展的重要一环，历来被各高等院校所重视，尤其是在当下非物质文化遗产的保护

---

① 夏青：《文旅融合，传统手工艺——在传承创新中焕发新活力》，《新疆日报》（汉文版）2020年12月28日第A5版。

与利用中，其亦发挥着愈加重要的作用。2016年6月，清华美院与宝马集团（BMW）联合创办了国内首个校企联合建立的非物质文化遗产保护创新基地——清华美院BMW非物质文化遗产保护创新基地（以下简称"创新基地"）成立，通过搭建创新合作交流平台，进而架起非物质文化遗产走进现代生活的桥梁。

创新基地作为非营利性学术机构，其是清华美院研培计划的创造性延伸，主要以参与清华美院非遗研修班学员及"BMW中国文化之旅"[①]中发现的具备创新潜力和需求的非物质文化遗产传承人为依托，通过一系列的学习、交流和展览活动，旨在保护、研究、推广中国非物质文化遗产保护的创新模式。六年来，创新基地共同举办了6场社会创新成果展和20多场研讨会，为来自四川、湖南、青海、海南、辽宁、湖北及云南等地的非物质文化遗产传承人开展了量身定制的培训计划，并组织了"一对一"的创新赋能工作，让非物质文化遗产资源在开发利用中得到了更好的保护和传承。

创新基地成立之日的首个活动是非物质文化遗产创意设计工作营，近30位非物质文化遗产传承人与清华美院专家及BMW Lifestyle（生活精品）工作团队展开交流研讨，设计和研发一系列具有非物质文化遗产核心工艺的概念性作品。2016年9月，作为第四届中国非物质文化遗产博览会传统工艺振兴论坛的参加代表，创新基地派出20余名非物质文化遗产研修学员参展，展示了在非物质文化遗产保护和传播模式创新、非物质文化遗产作品创意设计等方面所取得的部分成果。10月，由BMW中国文化之旅在四川精选的10名非物质文化遗产传承人与第五期研培计划研修班成员一起，在创新基地，围绕如何助推非物质文化遗产的活态传承、实现非物质文化遗产的可持续发展，开展了为期一个月的深度研修。此外，同年12月，创新基地还协办了2015—2016 BMW中国文化之旅成果双年展，展览通过创新的展示方式和互动的体验模式，除了向公众呈现文化之旅近两年的探访成果外，还展出在创新基地进修的非物质文化

---

① "BMW中国文化之旅"是指由宝马中国和华晨宝马于2007年在中国发起实施的企业社会责任项目，旨在探访和保护中国传统文化，促进非物质文化遗产的保护与利用的社会公益活动。

遗产传承人设计和制作的创意作品。

2017年10月，本年度BMW中国文化之旅在湖南精选的10名非物质文化遗产传承人与第八期、第九期研培计划研修班成员一起，在创新基地开展了为期一个月的深度研修和交流。在此过程中，创新基地专家给予了学员们更多在创新设计孵化方面的指导，使得非物质文化遗产传承人在不改非物质文化遗产技艺"传统基因"的前提下，掌握了如何去努力适应市场的真正需求，为现代社会提供更好的服务。12月，创新基地还主办召开了传统工艺振兴暨非物质文化遗产教育研讨会，创新基地教师和来自全国各地的13位非物质文化遗产传承人与10位中小学教师、家居行业设计师等共同参会，围绕传统工艺的传承与创新、非物质文化遗产与教育的融合等问题展开了讨论。

2018年4月，由创新基地主办的传统工艺振兴研讨会在拥有全国领先的青少年非物质文化遗产教育空间——北京宋庆龄青少年科技文化交流中心召开，会议邀请到了越窑烧制技艺传承人顾少波、钧瓷烧制技艺传承人任英歌、龙泉青瓷烧制技艺传承人金逸瑞、中国传统工艺领军人物奖得主董宁等中国著名传统工艺大师为非物质文化遗产传承人做有关非物质文化遗产技艺传承与发展的经验分享，进而促进了我国传统工艺的传承与振兴。

2019年，鉴于清华美院与BMW前三年合作的成功经验，创新基地进行了全新升级，由清华美院的教授作为设计师，携手传承人以"研培+艺术设计+产业"有机结合的方式，开发具有市场需求的非物质文化遗产文创品，进而推动非物质文化遗产的创新性转化与发展，使得创新基地从慈善捐助性公益升级为"赋能型"企业社会，从过去对非物质文化遗产项目传承人"授人以鱼"的捐助模式升级为"授人以渔"的赋能模式，最终让创新基地成为助力"非遗走进现代生活"的一个可持续性公益平台。同年11月，由创新基地与华晨宝马联合举办的2019"BMW中国文化之旅"非遗保护创新成果展在北京798艺术中心启幕（见图6-2），免费向公众展示创新基地近三年来致力于中国非遗保护的创新转化等方面的系列社会成果。

图 6－2　2019 BMW 中国文化之旅非遗保护创新成果展

2020 年 11 月，创新基地还举办了"2020—2021 清华—BMW 非遗保护创新基地 2020 年研修班导师见面会"，研修班以"BMW 中国文化之旅"项目探访活动遴选的非物质文化遗产及其传承人为基础，针对辽宁省、湖北省代表性非物质文化遗产中琥珀雕刻、通山木雕、松花石砚、传统锡雕、阜新玛瑙雕、楚式漆器髹饰六个项目，由清华大学专家导师和非遗传承人组成项目组，共同探索研究非遗传承、保护、发展的创新路径与延展模式。

2021 年 12 月，创新基地举办了清华—BMW"非物质文化遗产保护创新模式探究与实践"项目系列精品讲座，讲座由清华大学参与合作项目的导师担任主讲人，专家通过讲座、咨询等方式对非遗传承人进行引领、示范和指导，从而提升其群体的艺术审美与修养，推动非遗传承人在研培教学中切实受益。2022 年 5 月，创新基地以线上会议形式召开了 2021—2022 年清华—BMW"非物质文化遗产保护创新模式探究与实践"项目导师见面会，本次项目围绕着云南省代表性非物质文化遗产鹤庆银器、乌铜走银、建水紫陶、彝族刺绣、白族扎染的文创输出与转化展开相关分享与讨论，为非遗文创的融合转型、创新、质变谋足前景，提出非遗文创未来的发展方向与实践探索的方法经验，为非物质文化遗产资源的"双创"性转化提供了强有力的经验支持。

除上述传统工艺工作站和创新基地之外，清华美院还以研培计划为契机，相继成立了清华大学学生非物质文化遗产传播与保护协会（2015）、传统工艺与材料研究文化和旅游部重点实验室（2016）、清华大学雪花秀非物质文化遗产保护基金（2018）、振兴中国传统工艺清华大学创新工作坊非物质文化遗产公益教育项目（2018）等组织机构，充分利用和发挥各系室专业力量与资源优势，组织实施了包括培训、展演、展览、研讨、论坛、回访、出版、工作坊、课题研究、政策咨询、文创策划等在内的一系列非遗传承人群研培活动，得到了主流媒体和社会公众的广泛关注，形成了可推广、可示范的经验和模式。

三 "清华经验"典型案例的研究与分析

"研培计划"作为非遗保护事业的一项基础性、战略性工作，其是着眼于新时代提升非遗新活力而开展的国家计划。为配合这一政策，在文化部非物质文化遗产司的支持下，国家相继在新疆、湖南、贵州、青海等省区设立了15家传统工艺工作站（见表6-2），这些传统工艺工作站通过有序开展调研考察、培训交流、学术研究、产品研发、展览传播等活动，既帮助当地非遗传承群体提高了传统工艺发展水平，又促进了其就业增收、精准扶贫，在乡村振兴、民族团结和铸牢中华民族共同体意识等方面都发挥了积极的作用。传统工艺工作站尤以清华美院作为驻站单位的哈密传统工艺工作站建立最早、效果最好、影响力最大。工作站自建立以来，文旅部副部长项兆伦，文旅部非遗司副司长张玉红，文旅部非遗司巡视员马盛德，中国社会科学院荣誉学部委员、国家非遗保护专家委员会副主任刘魁立等均对该站所取得的成就给予了很高评价。2020年11月，哈密传统工艺工作站荣获新疆维吾尔自治区文旅厅颁发的"新疆传统工艺传承基地"，这对其他工作站来说具有重要的开创意义。可以说，哈密传统工艺工作站在为其他工作站提供了很好的榜样和示范的过程中，清华美院起着关键性赋能作用。那么，在哈密传统工艺工作站的工作推进中，除了前面所谈到的"1+1"的非遗研培概念模式，清华美院还积累了如下经验与启示可资借鉴：

表6-2　　　　　　　　全国15家传统工艺工作站一览

序号	建立时间	工作站名称	驻站单位	涉及项目
1	2016年3月	新疆哈密传统工艺工作站	雅昌文化集团、清华大学美术学院	维吾尔族刺绣
2	2016年4月	湖南湘西传统工艺工作站	北京木真了时装有限公司	土家族织锦技艺、蜡染技艺、竹编技艺
3	2016年6月	贵州雷山传统工艺工作站	苏州工艺美术职业技术学院	苗绣、苗族银饰锻造技艺、侗族服饰
4	2016年7月	青海果洛传统工艺工作站	上海大学	唐卡、德昂洒智、银饰锻造
5	2017年1月	安徽黄山徽州传统工艺工作站	故宫博物院	歙砚、徽墨、万安罗盘、徽州三雕、徽州漆器髹饰技艺、新安黄精炮制技艺
6	2017年3月	广东潮州传统工艺工作站	中国纺织工业联合会	潮州刺绣
7	2017年9月	浙江东阳传统工艺工作站	中央美术学院	传统民居营造技艺
8	2017年10月	山西忻州（静乐）传统工艺工作站	文化部恭王府博物馆	静乐剪纸
9	2017年10月	湖北荆州传统工艺工作站	清华大学美术学院	楚式漆艺
10	2017年11月	云南大理传统工艺工作站	中央美术学院、云南艺术学院	白族扎染、古典木雕
11	2018年2月	海南保亭传统工艺工作站	东华大学服装与艺术设计学院	黎族传统纺染织绣
12	2018年4月	四川成都传统工艺工作站	中央美术学院	道明竹编
13	2018年5月	重庆荣昌传统工艺工作站	北京服装学院	荣昌夏布
14	2018年9月	济南百花洲传统工艺工作站	山东同程尚品文化传媒有限公司	民族服饰、纺织染绣、陶冶烧造、编织刺绣、制茶酿造、古琴制作
15	2019年2月	四川凉山传统工艺工作站	唯品会（中国）有限公司	彝族服饰、彝绣、彝族羊毛擀毡技艺

资料来源：笔者参照"传统工艺工作站简报（https://www.sohu.com/a/308112017_716308）"中相关数据内容制作。

四　层级式人才培养模式

我国针对非遗的保护与传承，无论是非遗名录体系，还是非遗传承人，均建立起了国家、省、市、县四级保护体系。按照非遗其所具有的历史、文化和科学等价值的大小，实行分级管理，既有利于突出重点，也便于采取相应的保护措施。[①] 哈密传统工艺工作站建站伊始，就遵循这一理念，积极实施层级式递进、螺旋式上升的人才培养模式，不断丰富发展非遗研培计划的理论与实践，让理念在工作站落地生根、开花结果。

具体来说，层级式人才培养的模式为：其一，对哈密维吾尔族刺绣的非遗人才资源进行普查与认定，摸清刺绣人才底数，依照国家、省、市、县四级保护体系建立人才库。目前，这一人才库已达 36 名核心骨干成员，其中国家级 1 人、自治区级 1 人、地市级 24 人、县区级 10 人。[②] 这些刺绣骨干精英，在国家政策和地方政府的推动下，依靠各自的专业地位和业务能力，广收学徒，免费传授刺绣技艺。这类活动和培训一般先从哈密市各村镇的有刺绣基础的爱好者中遴选，每期招收约 30 名学员，时间约为 15 天，从基础的理论知识到具体的精湛技能，授课内容丰富，层次递进，且深入浅出。最终，依据学员结业作品得分的高低，再相应升入高一级的培训班进行能力提升。

其二，在前者的基础上，再对学员开展四级培训。其中，第一级为基础性培训阶段，主要依托哈密市下设于各乡镇的刺绣合作社，从与刺绣有关的技能角度对学员进行系统培训，使其能够熟知刺绣的工艺流程并掌握基本的刺绣技巧和方法。第二级为提升性培训阶段，主要依托工作站和刺绣协会，以培训与刺绣相关的新理念、新思路和新技法、新举措为主要内容，通过历史与时代碰撞，既让学员了解刺绣可以成为一种新的生活方式，一种新的致富途径，也让传统非遗之一的刺绣与现代生活相结合，使其真正可以"活起来"。第三级为创新性培训阶段，主要依托清华美院和雅昌文化集团，通过教师和设计师的正确教学与引导，让

[①] 王文章：《非物质文化遗产概论》，文化艺术出版社 2006 年版，第 21 页。
[②] 陈岸瑛：《工艺当随时代：传统工艺振兴案例研究》，中国轻工业出版社 2019 年版，第 286 页。

学员认识非遗的时与势，启发学员对刺绣的内涵认知和艺术兴趣，进而提升学员刺绣的创新意识和能力，重塑体系化刺绣人才队伍。第四级为前瞻性培训阶段，借助教育部、文化和旅游部、哈密市政府，通过政策支持、基地示范和技术培训，进而对刺绣作坊、生产企业、合作社负责人以及刺绣精英、骨干、人才进行重点培训，积极培养一批富有国际视野和探索精神，且懂得刺绣管理经营的专业管理人员，从而形成可持续的品牌效应。

五 精选项目与构建品牌

非遗作为文化遗产的重要组成部分，其具有独特价值和魅力，是一个地方的文化名片和记忆纽带。哈密市历史悠久，文明博大，古为伊吾卢之地，自汉代之后，地处在中原、匈奴、西域的结合部，拥有绚丽多彩、独具特色的民族文化。[①] 这当中，木卡姆（传统音乐）、赛乃姆（传统舞蹈）、新疆曲子（曲艺）、维吾尔族刺绣（传统美术）、麦西热甫（民俗）等民族民间传统文化都是哈密市的国家级非物质文化遗产代表性项目，但最终，哈密传统工艺工作站选择了维吾尔族刺绣作为工作重点和主打产业给予了扶持。

这其中的原因有很多，在笔者看来，其原因有以下几方面：第一，维吾尔族刺绣是哈密的重要文化名片。早在汉代，哈密就是张骞第一次通西域开通丝绸之路的要塞。此外，这里还曾出土了我国考古发现年代最早的毛绣品。[②] 在今天的新时代新征程之路上，哈密依旧是新丝绸之路的关键节点。因此，作为人类历史上最伟大的贸易线路之一，丝绸之路既是陆上商贸之路，更是综合意义上的文化线路。"丝绸之路是一个交通道路的概念，但不是一般的交通道路，而是两种或两种以上文明交往的道路。"[③] 哈密作为古"丝绸之路"上的重镇和今日新疆维吾尔自治区的

[①] 黄适远、魏和平：《新疆东大门 哈密》，五洲传播出版社2005年版，第3页。
[②] 中华人民共和国国务院新闻办公室：《新疆哈密挖掘刺绣文化 打造丝路"密作"品牌（图）》，2016年8月12日，http：//www.scio.gov.cn/31773/35507/35514/35522/Document/1532060/1532060.htm，最后访问日期：2018年5月22日。
[③] 荣新江：《从张骞到马可·波罗——丝绸之路十八讲》，江西人民出版社2022年版，第9页。

"东大门",维吾尔族刺绣作为丝绸之路上一颗宝贵的"活化石",以其为载体和纽带,则可以借助这一文化符号的不断挖掘和传承,来提升地方的文化软实力和民族文化的影响力。

第二,维吾尔族刺绣是国家级非遗项目。绚丽多彩、独具特色的非遗是中华文化的瑰宝和结晶,是中华文明绵延传承的生动见证和历史象征。[1] 国家级非遗代表性项目名录作为我国非遗保护的重要制度,既是我国履行《保护非物质文化遗产公约》缔约国义务的必要举措,也是对体现中华民族优秀传统文化,具有历史、文学、艺术、科学价值等非遗采取传承、传播等措施予以保护的最直接体现。因此,维吾尔族刺绣能在2008年入选国家级非遗代表性项目名录,足见其重要地位和文化意义。那么,将维吾尔族刺绣视为工作站的首选扶持项目,这也提供又一个机会,让我们再次见证其作为国家级非遗代表性项目的魅力与价值。

第三,维吾尔族刺绣在哈密具有良好的行业基础。维吾尔族刺绣主要流行于新疆哈密地区,维吾尔族妇女几乎都精于刺绣,会拿针就会绣花就是对她们的最好注解。比如作为维吾尔族刺绣的国家级非遗代表性项目代表性传承人的阿吉尔·赛买提,其12岁时就跟随母亲学习刺绣,从简单的花草动物到寓意吉祥富贵的云纹、龙凤纹等复杂图案组合,保存和创制的刺绣图案有300多种。随着刺绣技术越来越娴熟,经她绣织的作品栩栩如生、惟妙惟肖,深得大家的喜爱和青睐。[2] 而像阿吉尔·赛买提这样的出色绣娘,又何止这一位国家级非遗代表性项目代表性传承人。比如,阿吉尔·赛买提的外孙女古扎丽努尔·斯坎在17岁时就拥有设计专利49项,哈密市级刺绣传承人卡德尔·热合曼的徒弟已达2000多名……哈密地区总人口约67万,有刺绣合作社、企业、工坊等335家,专职从业人员约5000人[3],这里有着深厚的维吾尔族刺绣文化底蕴。因此,形成以刺绣为基础、加工和营销为依托的文化产业链,可带动相应的产业消费、居民消费和社会消费,以期达到增收致富、经济发展同频

---

[1] 王尧:《非遗保护传承关键在人》,《中国文化报》2023年7月10日第5版。
[2] 巴燕·保尔江:《哈密维吾尔刺绣工艺传承与保护研究》,硕士学位论文,新疆大学,2018年,第15页。
[3] 张晓莉:《为民族传承 为生活创新——新疆哈密传统工艺工作站纪实》,《中国文化报》2016年4月20日第7版。

共振的效果。毋庸置疑，哈密传统工艺工作站以维吾尔族刺绣为媒介，积极搭建刺绣产业创业者、中小企业和行业精英技能培训、交流研讨等活动，其最深层次的原因大概可归结于对党的十八届五中全会提出的"构建中华优秀传统文化传承体系，加强文化遗产保护，振兴传统工艺"这一国家战略方针的理解和把握上①，旨在使传统工艺在现代生活中得到新的广泛应用，更好满足人民群众消费升级的需要。

刺绣产品要想实现其规模化销售和高附加值，还需要构建品牌影响力及其体系，通过消费者的选择而产生商品价值和经济效益，进而形成产业体系和市场体系，持续做大做强，最终才能实现产业的振兴。在哈密传统工艺工作站，清华美院利用自身学术优势，积极与哈密行署、雅昌文化集团、唯品会（中国电商平台）等政府、企业合作，着力进行品牌培育。基于哈密的历史文化底蕴和特色，借助哈密当地贡瓜和红枣两大品牌效应的示范引领作用，最终正式启用——"密作"为哈密区域公共品牌标识，力争通过提高哈密维吾尔族刺绣的产品辨识度、品质认可度、文化内涵和市场竞争力。

有了品牌和品质的加持并非一劳永逸，如何维护品牌和拓展其影响力，持续获得消费者认可以及以品牌带动刺绣产业发展，还需要很多努力和探索。在此方面，清华美院充分发挥中心协调作用，以市场为导向，积极助推密作刺绣的发布、推介、展示、销售等渠道和方式，广泛开展交流和投融资对接活动。比如2017年6月，在第六届中国成都国际非遗节上，来自哈密的维吾尔族刺绣有了另一种表达方式：传统手艺与现代时尚元素兼收并蓄，引领了潮流的新方向。2018年6月，在河南博物院举办的"河南省传统工艺保护传承成果展"上，哈密刺绣以"冰山来客——哈密维吾尔族刺绣邀请展"为标题展区，展出代表性作品百余件，这是哈密文化首次系统性地借助刺绣走进河南、走进大众，增进了民族文化交融。2019年5月，哈密刺绣亮相亚洲文化旅游展，80多件刺绣工艺品如杯盘垫、刺绣手包、工艺摆件等衍生产品均被游客买走，还有不少客商预订绣品，可见其受到市场的肯定和欢迎。从2020年起的三年受

---

① 陈岸瑛：《工艺当随时代：传统工艺振兴案例研究》，中国轻工业出版社2019年版，第6页。

疫情影响较大，2023年随着经济社会全面恢复常态化运行，哈密传统工艺工作站再次以"绣"为媒，带领密作刺绣先后走进北京文博会、上海国际时装、中国洛阳牡丹文化节、中国（深圳）国际文化产业博览交易会等重大节会，展示多姿多彩的新疆地域文化。

六 网络状生产管理系统

一个好的品牌能带来品牌溢价，一批优秀的传承人可以让非遗保护深入到下一代，一套先进科学的管理系统可以通过合理地组织和配置人、财、物等因素而提升生产效率和生产质量。哈密传统工艺工作站基于高校、企业、政府等多方力量的参与和支持，在管理与组织方面，其采用网络状、多节点、全覆盖的"传统工艺工作站+手绣工坊+协会+合作社+合作组+绣娘"之形式，自成体系、独具特色，从而实现了刺绣传统工艺的整体性保护、规范化管理、标准化生产、规模化经营、品牌化营销、特色化发展的模式，积极探索出了一条发展和保护协同共生的新路径。[①]

如前所言，传统工艺工作站是为深化推进我国传统工艺振兴，推动传统工艺高质量传承发展而由文旅部支持设立的平台。作为国家级传统工艺工作站，哈密传统工艺工作站体现着中央政府保护非遗、扶持传统工艺、创新发展文化的理念，具有重要的文化战略导向作用，更多地呈现着国家的长远利益和人民的根本利益，对国民经济和社会发展具有重大的理论和实践意义。同时，作为全国首个传统工艺工作站，哈密传统工艺工作站所产生的影响或效益的广泛性也是毋庸置疑的，其实施的结果必将对传统工艺或地区国民经济产生潜在效益或广泛的影响。比如在揭牌仪式举行之际，文旅部副部长项兆伦一行赴哈密市调研并主持召开传统工艺工作站试点工作现场会，新疆维吾尔自治区人民政府副主席田文、自治区文化厅厅长穆合塔尔·买合苏提、哈密市委书记刘剑、文旅部非遗司巡视员马盛德、雅昌文化集团总经理、清华美院清华大学美术学院研修班导师等人员出席会议即是证明。这些各级行政领导的出席，

---

① 灌木互娱：《国韵非遗哈密维吾尔族刺绣的传承与深度开发》，人民邮电出版社2019年版，第12页。

其代表着对哈密传统工艺工作站的重视和期望，对工作站某种程度上可发挥出导向、指挥、督导、激励、协调和服务等作用，其所在的单位机构一定程度上可保证传统工艺工作站的正常运行且为之提供一系列配套机制，促成传统工艺工作站社会协同治理机制的有效启动。[①]

要实施好一项项目工程，仅有好的顶层设计还远远不够，还要有具体的配套落实细则。哈密传统工艺工作站运行后，遵照哈密行署和市委的统一工作安排，自2017年1月起，传统工艺工作站先后在陶家宫镇、五堡镇、天山乡、巴里坤县、伊吾县设立了手绣工坊。从城区到乡村山区、农牧区，手绣工坊作为传承和发扬维吾尔族刺绣、对接市场的大舞台，其主要有负责承担集中培训绣娘、展览展示刺绣产品、举办刺绣比赛、搭建传承人技艺交流平台、制作订单及推介新产品等职能，在让传统手工艺"活"起来的过程中起着重要的支撑作用。同时，手绣工坊还为绣娘建立档案，对绣娘的家庭情况、手艺水平、生活质量、教育经历、健康状况、社会关系等进行不同类别的标注，这个标注是动态的，会在实时跟进中及时修改。在此基础上，再协助传统工艺工作站建立绣娘数据库，通过该数据库，可快速为绣娘分配订单，同时将工时进行标准化，对产品做好品控。

在成立手绣工坊的同时，为了持续对刺绣产品进行创新和升级，让更多的刺绣非遗传承人提升文化艺术素养、审美能力和创新能力，进而实现从量变到质变的提升，哈密行署和市委还成立了哈密地区传统刺绣协会。该协会主要负责设计研发刺绣产品，严格核验把关刺绣产品质量，培训技术、管理和营销人员，搭建销售平台，推进品牌建设，为哈密维吾尔族刺绣发展提供支撑保障。如2022年8月，刺绣协会在回城乡举行了"旅游景点附近农村妇女刺绣旅游纪念品生产"培训班，在为期15天的时间里，参训学员在传统服饰、民族服饰的特点与演变、色彩搭配、刺绣针法等方面得到了系统的学习和训练，在图案基础、工艺技能、产品创新等方面均有了很大的提升和发展。哈密地区传统刺绣协会介于行政部门和生产企业之间、刺绣生产者与刺绣经营者之间，是政府、企业、绣娘三者的桥梁和纽带，尤其是协会所起的交流沟通作用、监督协调作

---

① 张昕中：《哈密维吾尔族刺绣与传统服饰文化》，四川美术出版社2018年版，第177页。

用、合作发展作用和教育引导作用等,积极帮助绣娘排忧解难和规划前景,利用协会的资源与力量助力绣娘销售绣品,深得大家的欢迎和好评。

此外,作为哈密传统工艺工作站的配套政策和措施,哈密行署和市委还在刺绣实绩突出的乡镇区成立合作社,在刺绣传承较好、有一定生产规模的村落设立合作组。合作社和合作组均是依托有手艺、懂管理、会技术的刺绣能人,但规模上有所区别,合作社一般指年收入超过200万元,员工超过50人,平均工资在2500元以上的刺绣企业,反之在其之下的则称为合作组。① 两者的目的均在于积极引导绣娘发展手工刺绣业,将手工刺绣业从零散的刺绣小作坊逐步走向组织化和规模化的轨道,即引导农村妇女发展手工刺绣业。刺绣合作社和合作组的区别还不仅仅在于其规模的大小,因各家庭和绣娘等文化、经历、传承等因素的影响,进一步会导致合作社和合作组的刺绣产品在色彩、图案、针法、用料、形状、用途等方面体现出个体差异和多样性,从而使得刺绣产品出现质量不统一、品种复杂、资源分布散乱、供需对接不畅等问题。因此,需要借助哈密地区传统刺绣协会的介入和支持,来带来更多的改变和进步。

作为网络状生产管理系统的最后一个重要环节和基础,那就是绣娘。绣娘是指掌握一定刺绣技艺的工人,因女性较多故有此称谓。② 但随着时代的发展和社会的变迁,许多男性也加入到绣娘队伍中,人们对待绣娘的观念也在悄然改变,如在南方某些具有特色悠久历史的刺绣世家,也只有男性才能获得绣法的真谛。在国家级非物质文化遗产代表性项目代表性传承人中,来自藏族的米玛次仁作为藏族唐卡(墨竹工卡直孔刺绣唐卡)家族技艺传承人,就是一位绣郎。③ 就哈密来说,国家级非遗维吾尔族刺绣哈密市级代表性传承人,同时兼哈密传统工艺工作站的设计师卡德尔·热合曼也是位绣郎,其穿针走线"须眉"不必让"巾帼",凭借娴熟的技艺与对刺绣的热爱,已设计出400多种刺绣产品,其中有些还畅销全国,甚至还出口海外。同时,在哈密政府的支持下,卡德尔·热合

---

① 白帆:《疆绣走出乡村登上国际舞台》,《中国民族报》2017年3月28日第8版。
② 李薇、刘铁军:《绣娘》,人民邮电出版社2019年版,第2页。
③ 中国非物质文化遗产网、中国非物质文化遗产数字博物馆:《国家级非物质文化遗产代表性项目代表性传承人》,2022年11月30日,https://www.ihchina.cn/representative.html#target1,最后访问日期:2023年7月21日。

曼还开办了刺绣培训班，组建了80多人的刺绣团队，先后带出的学员超过3000名。①借助着哈密传统工艺工作站的智力优势和创新优势，仅在2018年，工作站就组织举办本地初级培训班15余期，参加清华大学美术美院和上海大学研习培训2期，培训和参与工作站绣娘人数共达5643人次，取得了不凡的成绩。②

综上所述，凭借传统工艺工作站、手绣工坊、协会、合作社、合作组和绣娘等多元资源的整合与高效融通，网络状生产管理系统大大提高了刺绣的产品质量和生产技术等要素，也助力了密作品牌的品质服务建设，为自身高质高效运营提供了有力保障，进而使得以刺绣为主的传统工艺和非遗项目走进基层、走进人们的生活，既使绣娘们走出一条居家致富之路，又擦亮了地方文化名片，可谓一举两得、事半功倍。借此契机，2019年12月，清华大学美术学院研培计划工作团队也斩获"2019年中国非遗年度人物奖"，这是获此奖项的唯一团体，清华美院的非凡成绩，由此可见一斑。

哈密传统工艺工作站只是全国为数众多的优秀工作站之一，像其一样深深扎根于地方，服务于基层，实践于民间且走出特色的工作站还有很多，可谓数不胜数。清华美院作为中国非遗研培计划首批试点院校之一，迄今已举办了17期研修班，培养了近350名传统工艺中青年领军人才。③在120余所参与高校中，清华美院是举办班次最多、影响最大、获奖最多的高校之一，尤其是其在探索实践的基础上所形成的"清华经验"，引得文旅部雒树刚部长两次批示要大力推广"清华经验"。④一座传统工艺工作站——哈密传统工艺工作站，一所非遗研培参与高校——清华大学，两者的合力，多方的参与，便有了产生创造无穷奇迹的可

---

① 徐鲁：《新疆哈密绣娘绣郎：足不出户战疫情 飞针走线巧增收》，《经济日报》2020年2月9日第9版。
② 中国非物质文化遗产网、中国非物质文化遗产数字博物馆：《探索传统工艺的创新性发展——哈密传统工艺工作站》，2019年4月17日，https://www.ihchina.cn/news_1_details/18560.html?_isa=1，最后访问日期：2023年7月21日。
③ 清华大学美术学院：《全国50家——清华大学美术学院非遗研培工作获评优秀》，2023年5月12日，https://www.ad.tsinghua.edu.cn/info/1061/29657.htm，最后访问日期：2023年7月21日。
④ 王连文：《让优秀传统文化传出去、活起来》，《中国文化报》2016年3月29日第1版。

能性。

　　以新疆哈密传统工艺工作站和清华美院所积累的"清华经验"为引领和基本评价尺度，四川马边彝族刺绣所构建的——"1社6站15班"的网格化技能培训服务体系[1]，陕西千阳西秦刺绣所采取的——"协会+合作社+绣娘"的三方联合共建模式[2]，贵州黔西苗族刺绣所实施的——"龙头公司+小微企业+合作社+农户（绣娘）"的全新发展模式[3]，四川理县羌族刺绣所推广的——"公司+合作社+绣娘""能人+基地+绣娘"等多元模式[4]，云南楚雄彝族刺绣所发展的——"传承+现代+融合+发展+旅游"的深化彝绣产业合作模式[5]，青海西宁青绣[6]、青海互助土族盘绣所实施的——"刺绣公司+农户""刺绣协会+农户""公司+基地+农户+艺人"等多种形式相结合的发展模式……[7]如此等等，这些体现推陈出新、古为今用的原则，用于提升刺绣工艺、强化刺绣质量、延伸刺绣服务、拓展刺绣市场的方法和路径，无不浸透着哈密密作培育方法和清华美院研培经验的影子与精髓。因此，清华美院在研培过程中所积累的——整建制培训、专题培训和分类培训——这一套行之有效的办班经验与协调管理能力，向下可以推而广之，为传统工艺保护与传承建设提供借鉴；向上可以把清华经验凝聚为中国经验，把中国经验再凝聚为中国理论，实现文化保护上的中国方案。

　　研培计划自2015年实施以来，全国超120所专业院校参与其中，举

---

[1] 中国非物质文化遗产网、中国非物质文化遗产数字博物馆：《【非遗工坊典型案例】彝族刺绣：让绣娘们的日子越过越美》，2023年3月22日，https://www.ihchina.cn/news_1_details/26901.html，最后访问日期：2023年7月23日。

[2] 王秀萍：《秀萍秀庄》，千阳县秀萍专业刺绣合作社2021年印刷，第1页。

[3] 新华网：《巧手创造"锦绣"新生活——贵州特色苗绣产业发展观察》，2023年6月24日，http://www.xinhuanet.com/politics/2023-06/24/c_1129714156.htm，最后访问日期：2023年7月23日。

[4] 中国非物质文化遗产网、中国非物质文化遗产数字博物馆：《【非遗工坊典型案例】羌绣：吸引青年返乡创业绣出别样人生》，2023年3月24日，https://www.ihchina.cn/project_details/26902，最后访问日期：2023年7月23日。

[5] 腾讯网：《沪滇协作｜楚雄彝绣从"指尖艺术"转化为"指尖经济"》，2023年6月7日，https://new.qq.com/rain/a/20230607A08X5Z00，最后访问日期：2023年7月23日。

[6] 青海青绣泛指湟中堆绣、河湟刺绣、湟源皮绣、土族盘绣、贵南藏绣以及海东回绣等的统称。

[7] 鸟成云：《打造河湟文化新高地》，《光明日报》2021年2月22日第8版。

办各类研培班约 1220 期，培训各类非遗传承人约 4.2 万人次，加上各地的延伸培训，惠益非遗传承人超过 10 万人次，已构建起专业院校参与非遗保护工作的广阔平台，且对非遗保护多个领域产生了深远影响，可以说是非遗系统性保护的重要支点。① 这当中，清华美院研培计划所取得的一系列有显示度的培训、科研、展览和学术交流成果，足以代表研培高校在新探索的发展过程中所积累的最高成就与最强实力，因此其获得文旅部中国非遗传承人研修培训计划 2021—2022 年度绩效考核优秀等次可谓实至名归、当之无愧。可以遥望在不远的将来，在国家大力扶持传统工艺高质量传承发展的背景下，清华研培经验必得以大放光彩，中国研培经验必将大有可为，在世界书写新的光荣与梦想。

---

① 王晨阳：《全面推进非物质文化遗产系统性保护》，《学习时报》2023 年 6 月 5 日第 A7 版。

第 七 章

日本的文化遗产保护模式
——以日本遗产为例

当今世界各国在联合国教科文组织所通过的《世界遗产公约》和《保护非物质文化遗产公约》之框架下，不遗余力地保护人类共同的文明——文化遗产，由此造就了许多文化遗产大国，诸如中国、意大利、西班牙、日本、韩国等。本章试以"日本遗产"名录制度为例，探究日本在联合国教科文组织的两公约之外，如何因地制宜，采取新思路、新体系。取长补短，来继续完善和发展本国的文化立国之路，或能为其他国家的文化遗产保护提供些许有益的启示和参考。

第一节 日本遗产名录制度创设的初衷

1992年9月，日本继荷兰之后作为当时发达国家中的最后一个，也是世界上第125个缔结《世界遗产公约》的国家。按照《世界遗产公约》之规定，每个国家缔约公约之后，就有资格把本国的具有突出普遍价值的文化遗产和自然遗产列出一个预备名单；经多方筛选后，可以将预备名单作为缔约国的世界遗产暂定名单，按期呈报联合国教科文组织世界遗产中心；世界遗产中心核实申报材料是否完整，完备者将送交世界自然保护联盟和国际古迹遗址理事会评审；然后由两单位派出专家实地考察，评估遗产的保护与管理的状况，进而编写评估技术报告，评价提名地是否具有"突出普遍价值"。

第七章　日本的文化遗产保护模式　/　155

　　基于此，日本政府于缔约公约的当年即向世界遗产委员会提交了 12 件①遗产作为暂定名录项目，其中即有来自日本三大古都（京都、奈良、镰仓）的文化遗产精粹代表——古都京都的文化财（古都京都の文化財）、法隆寺地域的佛教建筑物（法隆寺地域の仏教建造物）、古都镰仓的寺院神社及其他（古都鎌倉の寺院・神社ほか）。以奈良、京都为地域的若干文化遗产群于 1993 年、1994 年业已成功登录了世界遗产名录，唯有古都镰仓的世界遗产申请之路屡屡受挫，尽管日本政府和地方团体为其成功登录世界遗产奔走呼号，费尽千般心思，但是 2013 年 3 月，世界遗产委员会依旧对其做出了"不予登录"的决议。②

　　连续申请了长达 21 年之久，但却与世界遗产无缘的"武家的古都・镰仓"，其结果令日本政府及举国上下为之哗然。这是日本政府自加入《世界遗产公约》以来首个被世界遗产委员会评为"不予登录"的项目。为洗此雪耻，重塑文化立国之路，2013 年 4 月，日本政府发表公告，阐明了创设日本遗产名录制度的构想。③ 5 月 27 日，日本内阁府（中央政府）修订了 2011 年颁布的《クールジャパン推進に関するアクションプラン（关于推进酷日本之行动计划）》之相关内容，责成文部科学省要"借助'日本遗产'，成功申请世界遗产"④。6 月 11 日，日本国土交通省观光厅公布了《観光立国実現に向けたアクション・プログラム（观光立国行动计划）》，强调要"充分利用地方文化遗产，优先发展观光旅游，

---

　　① 注：这 12 项遗产分为文化遗产和自然遗产两类，前者包括法隆寺地域的佛教建筑（1993 年）、姬路城（1993 年）、古都京都的文化财（1994 年）、白川乡・五箇山合掌村落（1995 年）、原子弹爆炸遗址（1996 年）、严岛神社（1996 年）、古都奈良的文化财（1998 年）、日光社寺（1999 年）、古都镰仓的寺院神社及其他、彦根城等 10 项；后者包括屋久岛（1993 年）、白神山地（1993 年）两项。12 项中已有 10 项已成功申报为世界遗产名录项目，仅有古都镰仓的寺院神社及其他、彦根城两项尚未成功申报。
　　② 据《世界遗产公约》之规定，国际咨询机构和世界遗产委员会会对各国提交的申请项目进行申报项目的评估或审议，其结果分为"登录""补报""重报"和"不予登录"四种。被判断为不予登录的项目原则上今后四年内不能再次提出申报世界遗产之申请。
　　③ 《「日本遺産」の創設検討　政府、世界遺産登録へ後押し》，《日本経済新聞》2013 年 5 月 14 日第 1 版。
　　④ 《クールジャパン発信力強化のためのアクションプラン》，载日本内阁府编《クールジャパン戦略　クールジャパン推進会議（第 4 回）議事次第》，日本内阁府 2013 年版，第 14 页。

培育与酷日本行动计划水乳相融、互为一体的日本文化品牌"①。6月14日，日本政府正式出台以《日本再興戦略（日本再兴战略）》为名的经济增长战略，提出"要活化/利用好文化遗产等观光旅游资源，使日本成为人人向之往之的魅力国度"②。由此观之，日本政府创设日本遗产的目的和初衷，就是为了申请世界遗产名录和发展地方社会经济。正如文化厅在2015年度预算概要中针对日本遗产名录项目首次给予补助金所作的说明那样，"让日本遗产助力地方经济，让日本遗产走向世界"③。

日本政府创设日本遗产名录制度的目的虽说是为申请世界遗产名录和发展地方社会经济，但笔者认为，该制度又不是世界遗产名录制度的翻版和延续，而是在创设过程中形成了鲜明的自身特色，更具备了较强的发展优势。登录日本文化厅官网，可以看到日本遗产被如下定义："'日本遗产（Japan Heritage）'是指由文化厅主导认定的，通过带有地方历史魅力和特色等诸类有形/无形的文化遗产来表现出具有日本文化·传统等故事性的文化所在。特别是在故事性方面，能够多方面地活用那些已与地方社会融为一体，且具有引人入胜、精彩纷呈之内涵的有形或无形的各种文化遗产群。我们所看重的，不仅仅是其在国内声名远播，乃至令世界游客慕名而来，而且还重视其给当地社会经济所带来的繁荣。"④

因此，日本遗产名录制度与世界遗产认定、日本国家级文物指定有着明显的区别。世界遗产和日本国家级文物两者所代表的文化遗产或文物都附带着价值（具有突出意义和显著的普遍价值），其所认定或指定的最终目的还是加强保护。而日本遗产虽然也有此共性，但又绝不是其唯一，其是将散存于各地方的文化遗产实现由"点"及"面"，集"群"

---

① ［日］日本国土交通省観光庁観光戦略課：《観光立国実現に向けたアクション・プログラム》，载日本国土交通観光庁編《アクション・プログラム2013年》，日本国土交通観光庁2013年版，第4页。

② ［日］日本首相官邸：《日本再興戦略——JAPAN is BACK（2013年）》，日本首相官邸2013年版，第83页。

③ ［日］日本文化厅：《平成27年度文化厅予算の概要》，载日本文化厅编《日本文化厅预算报告 27年度》，日本文化厅2014年版，第10页。

④ 日本文化厅：《「日本遺産（Japan Heritage）」について》，2015年4月24日，http://www.bunka.go.jp/seisaku/bunkazai/nihon_isan/，2016年9月23日。

发展，将文化遗产贯穿一体进行活化和推介，以提升该地方的经济活力才是其重中之重。① 这一点，则是世界遗产和日本国家级文物等保护制度所未纳入或是重视的。日本遗产名录制度之特色还可以与日本已有的文化遗产保护体系做一比较，具体可将其内容表格化（见表 7-1）。

表 7-1　日本遗产名录制度与日本已有文化遗产保护体系的比较

已有的文化遗产保护体系	
各个单一的遗产作为"点"得到指定·保存	
（汉倭奴国王金印）考古资料、（绢本著色孔子像）美术作品	→国宝·重点文物
（欢喜院）神庙、（瑞龙寺）佛寺、（四稜郭）城郭、（角塚古坟）遗址	→史迹·名胜
（能乐·歌舞伎）传统艺能、（雪祭·和合念佛舞）风俗习惯	→无形文化财·无形民俗文化财

以"保存·保护"为第一要务

→不能充分传达出地方文化遗产之魅力

⇩

日本遗产

点在的各文化遗产作为整体的"面"得到活用·推介

```
       国宝·重点文物
        ╱        ╲
      城郭 ─── 遗址
         故事性
      艺能·习俗 ─ 庙宇·神社
```

以"保存·保护"为首务

→统一对将包装化了的文化遗产群进行宣传·推介

促进地方文化品牌化·提升地方文化自信力·强化地方文化同一性认识

资料来源：笔者参照"日本文化厅官网：《「日本遺産（Japan Heritage）」について》，(http://www.bunka.go.jp/seisaku/bunkazai/nihon_isan/)"中相关数据内容制作。

---

① 日本文化厅：《「日本遺産（Japan Heritage）」について》，2015 年 4 月 24 日，http://www.bunka.go.jp/seisaku/bunkazai/nihon_isan/，最后访问日期：2016 年 9 月 23 日。

从中不难看出，日本遗产制度有着更明晰的方向性和目的性。其可以简略地归纳为以下三个方面：第一，可以通过把握点状分布在地方的文化遗产数量及其各自的历史背景，进而确定这些文化遗产之间的故事性而对其进行艺术文化加工（文化包装），但绝不是捏造。第二，不把文化遗产按其属性进行分类，让其各自为政，进而形成文化壁垒或鸿沟。而是把各地方/地域的文化遗产作为一个整体来统筹协调，用足用活用好，为地方社会经济服务。第三，积极做好宣传，彰显地方特色，致力于将该地方/地域的文化遗产发扬光大，促进本地优秀文化与世界文化的交流与互鉴。[①]

日本遗产名录项目是与观光旅游振兴密切结合，且为地方社会经济的繁荣这一目的而创设的。因此，不限于其必须是国家级、省市级的文化遗产项目，未有级别的文化遗产也可以名列其中，作为地方的资源而得到积极的宣传和推介。所以，它有益于促进地方文化的品牌化，增强地方居民对自身文化归属认识的再确认，进而提升地方居民的文化自信力，进而开创地方的社会经济发展的新局面。照此发展，各个地方公共团体（地方政府）作为管理主体有意识把全国各地散存为点的文化遗产项目借助"日本遗产"来进行纵向联动和横向整合，如日本遗产名录中的第 35 号项目，就是一个横跨三县一府（广岛县、长崎县、神奈川县和京都府），囊括了 151 处文化遗产点的综合文化遗产群。之所以如此，与各地政府都想盘活文化遗产资源，激发经济发展新动能的发展理念不无关系。

第二节　日本遗产名录认定项目的特色

如上所述，日本遗产名录认定项目的核心在于各遗产点之间因一个共同的主题而能彼此间贯穿成一个有情节的故事线。例如日本遗产项目"日本产盐第一都"的播州赤穗，其共有 41 个文化遗产点，这些遗产点在历史上都与"制盐"有关，而将这些遗产点连成一条线，就能很好地

---

① 日本文化厅文化财部记念物课：《日本遗产パンフレット》，载日本文化厅编《日本文化厅研究报告　日本遗产》，日本文化厅 2015 年版，第 4 页。

阐释清楚古播州今赤穗在日本盐业史上的重要地位和作用。这犹如我国的"北京中轴线"申遗，尽管北京市的中轴线上已经有了三处世界文化遗产，但当中轴线上数量庞大的文化遗产组合在一起，要讲的就不再是某个文物的故事，而是五千年中华文明的传承和中华民族多元一体格局的形成过程、中华文明传统的审美观念，这些都会在"北京中轴线"的遗产价值中呈现出来。因此，日本地方推选组织为成功申报日本遗产项目，都在为找准主题、讲好故事、推出精品而殚精竭虑。基此，日本文化厅在认定日本遗产时所遵循的原则主要围绕以下三点来展开：第一，其有历史深度且扎根地方风俗中，有着若干世代的传承和流传。第二，在构思故事性之情节时，应明确设定能广泛代表该地方文化魅力精髓的题目，充分把点散于该地方的遗迹、建筑物、名胜地、传统节日等久被传承/保存的文化遗产巧妙设置于故事之中，自成一体，讲出精彩。第三，通过文化遗产景观而不仅是靠解说来充分呈现出地方的历史魅力和文化价值。①

依据其故事性（情节）的分布范围，日本遗产可以分为地方型②和跨区型③两种。每年将会由文化厅责成日本遗产审查委员会对申请项目从三个方面参照审查基准实施考证：第一，故事情节的内容，不仅能充分表现出该地域的历史特征和文化风貌，也能充分展现出日本文化的源远流长、博大精深。具体可从五点综合判断：（1）引人入胜：总能引起人们极大兴趣的内容。（2）独具匠心：有着鲜为人知的、隐藏在背后的传奇。（3）通俗易懂：无须拥有专门知识便能轻易理解的故事情节。（4）绝无仅有：有着在其他地方无法欣赏到的稀有性。（5）地方魅力：可以再现该地方特有的文化魅力。第二，能充分展现出活化日本遗产、提升地方经济的迹象，并且有成熟实现该目标的具体方针和政策。第三，各日本遗产名录项目的故事能积极有效地向国内外宣传、推介，且拥有保护该文化遗产的健全制度和体系，同时借助该制度和体系，能深度参与当地社会经济

---

① 日本文化厅文化财部记念物课：《日本遗産パンフレット》，载日本文化厅编《日本文化厅研究报告　日本遗産》，日本文化厅2015年版，第5页。
② 地方型是指在单一市县或镇村就能将故事情节表述完满。
③ 跨区型是指故事情节连跨两个及以上市县或镇村，须在多个地方（区域）连续展开才能表述完满。

发展。① 依据审查委员会对申请项目进行考证结果，最后由文化厅认定其称号。获得认定的日本遗产名录项目每件将有约 530 万日元（约 35 万人民币）的补助。②

日本遗产名录项目认定中因为也包括一些没有被国家、省市县甚至是乡镇各级文化机构所认定的文化遗产，所以该事业不是基于《文化财保护法》成形的制度来组织实施的，故日本遗产审查委员会并不是设置在文化审议会之下的组织机构。此外，为了保证日本遗产名录项目的权威性、品牌性及公信力，日本文化厅在对其认定时在项目数量上一定程度地给予了限定。

但是，为了有助实现日本政府既定的 2020 年东京奥运会召开之前访日外国游客力争达到年间 2000 万人次的目标，通过游客充分发挥旅游带动效应，借助文旅融合进而有效提升区域经济韧性，日本遗产无疑是最佳的实现手段和途径。所以，既要考虑日本遗产在日本分布的均衡性，尽量让游客游遍全国，还要构建好日本遗产项目的核心要素，明晰每个项目中子项目之间具有内在的联系性与相互的关联性，用日本遗产项目本身的丰富内容留住游客。为此，日本政府计划在 2020 年前要认定大约 100 件的日本遗产名录项目。③ 从 2015 年 4 月起，日本文化厅公布了首批共 18 项日本遗产项目，随后 2016 年 4 月又公布了 19 项，2017 年 4 月 17 项，2018 年 5 月 13 项，2019 年 5 月 16 项，2020 年 21 项，就此日本文化厅相继认定了六批共 104 项日本遗产名录项目（见表 7-2）。自然，这些项目均经过了严格的评审，诸如首批共有来自全国各地的 83 件申请项目（40 都府县、238 市镇村），第二批共有来自全国各地的 67 件申请项目（42 都府县、219 市镇村），可以看出，各地对申请项目的热衷以及国家对项目认定的严格。

---

① 日本文化厅文化财部记念物课：《日本遺産パンフレット》，载日本文化厅编《日本文化厅研究报告　日本遺産》，日本文化厅 2015 年版，第 6 页。

② 日本文化厅：《平成 27 年度文化厅予算の概要》，载日本文化厅编《日本文化厅预算报告　27 年度》，日本文化厅 2014 年版，第 10 页。

③ 日本文化厅文化财部记念物课：《日本遺産パンフレット》，载日本文化厅编《日本文化厅研究报告　日本遺産》，日本文化厅 2015 年版，第 5 页。

表7-2　日本文化厅所认定的日本遗产名录项目一览

序号	认定年份	申请方	类型	项目故事性题目	遗产点
1	2015	茨城、栃木、冈山、大分4县4市	跨区型	近代日本的教育遗产群——勤学·礼节之本源	19点
2	2015	群马县1市2镇1村	跨区型	家妻天下——群马的丝绸故事	14点
3	2015	富山县高冈市	地方型	加贺前田家遗风下的乡民文化之镇高冈——人、技、心	37点
4	2015	石川县3市3镇	跨区型	灯舞之半岛　能登——狂热的奉灯节	30点
5	2015	福井县1市1镇	跨区型	连接海与都的若峡的往来文化遗产群——贡食国若峡与鲭街道	55点
6	2015	岐阜县岐阜市	地方型	"信长公的款待"气息浓厚的战国城下町·岐阜	27点
7	2015	三重县明和镇	地方型	祈祷的皇女斋王之都　斋宫	12点
8	2015	滋贺县10市	跨区型	琵琶湖及其沿岸景观——祈祷与生活的水遗产	36点
9	2015	兵库县篠山市	地方型	丹波篠山　民谣节——用载歌载舞唤起故乡记忆	18点
10	2015	京都府5市6镇1村	跨区型	漫步日本茶800年之历史	33点
11	2015	奈良县1市1镇1村	跨区型	日本国创立之时——构筑国之根基的女性们	42点
12	2015	鸟取县三朝镇	地方型	六根清净和六感治愈之地——鉴赏日本最濒危的国宝和体验世界屈指的放射能泉	18点
13	2015	岛根县津和野镇	地方型	津和野之古今——品味百景图	34点
14	2015	广岛县尾道市	地方型	中世之时尾道航运造就的袖珍般之都市世界	19点
15	2015	爱媛、高知、德岛、香川4县34市21镇2村	跨区型	四国遍路——回游型巡礼路和个人行文化巡礼	92点

续表

序号	认定年份	申请方	类型	项目故事性题目	遗产点
16	2015	福冈县太宰府市	地方型	古日本之"西都"——与东亚其他国家的交流据点	21点
17	2015	长崎县3市1镇	跨区型	国境之岛 壱岐·对马·五岛——古代起构建的交流桥梁	36点
18	2015	熊本县1市4镇5村	跨区型	700年前诞生于相良的传统文化与时尚文化——日本最秀美且不为人知的山村：人吉球磨	57点
19	2016	山形县1市2镇	跨区型	沉浸于自然与信仰气息中的《再生之旅》——从树龄过三百年之杉林所绕的2446级台阶启程的出羽三山	39点
20	2016	福岛县2市11镇4村	跨区型	会津三十三观音——通过巡礼所看到的昔日会津之文化	56点
21	2016	福岛县1市1镇	跨区型	开拓未来的"一条航运"——大久保利通的"最高愿望"和开拓者的轨迹 郡山·猪苗代	37点
22	2016	神奈川县伊势原市	地方型	江户庶民的信仰及行乐之地——众扛硕大木刀的"大山参拜"	21点
23	2016	千叶县4市	跨区型	"北总四都市江户纪行·感知江户的北总城镇群"——佐仓·成田·佐原铫子：支撑百万都市江户的江户近郊四大代表城镇群	48点
24	2016	神奈川县镰仓市	地方型	"嘿！镰仓"——用历史与文化所绘的马赛克画般的幻觉之城	56点
25	2016	宫城县3市1镇	跨区型	政宗所培育的"豪侠"文化	53点
26	2016	新潟县4市1镇	跨区型	"什么？这是！"信浓河流域之火焰型土器与雪国文化	72点
27	2016	石川县小松市	地方型	《珍珠和进取的故事》之小松——时光岁月中所磨砺的石文化	36点

续表

序号	认定年份	申请方	类型	项目故事性题目	遗产点
28	2016	长野县1市3镇3村	跨区型	木曾路尽在山中——守护大山与山同在	39点
29	2016	岐阜县高山市	地方型	飞驒匠师之技·心——与木为伴持续1300年	19点
30	2016	兵库县3市	跨区型	修饰《古事记》开篇的"创国之岛·淡路"——维持古代国家的渔民之营生	33点
31	2016	奈良县2镇6村	跨区型	被森林涵养的居民之生活与赤心——植树造林发祥地之"吉野"	58点
32	2016	和歌山县1市3镇	跨区型	与鲸共生与鲸共存	29点
33	2016	鸟取县1市3镇	跨区型	地藏信仰所孕育的日本最大的大山牛马交易市场	22点
34	2016	岛根县2市1镇	跨区型	出云国的风箱风土记——铁制风箱流传千年的故事	31点
35	2016	广岛、长崎、神奈川、京都4县4市	跨区型	镇守府 横须贺·吴·佐世保·舞鹤——能体感日本现代化跃动之都	151点
36	2016	爱媛、广岛2县2市	跨区型	"日本最大海贼"的大本营:艺予诸岛——复活的村上海贼"Murakami Kaizoku"之记忆	42点
37	2016	佐贺、长崎2县6市2镇	跨区型	日本瓷器之故里肥前——漫步于五彩缤纷之陶瓷器	66点
38	2017	北海道江差镇	地方型	江差的五月江户也没有——因鲱鱼而繁荣的小镇	26点
39	2017	北海道、广岛等15县37市8镇	跨区型	乘风破浪的男人们编织梦想的异空间——北前船停靠港·船主村落	371点
40	2017	山形县鹤冈市	地方型	与武士结缘的丝绸 到可接触日本近代化原风景的鹤冈	20点

续表

序号	认定年份	申请方	类型	项目故事性题目	遗产点
41	2017	埼玉县行田市	地方型	支撑和服文化根基的布式袜子之城行田	43点
42	2017	滋贺、三重2县2市	跨区型	忍的故乡 伊贺·甲贺——追寻真实的忍者	55点
43	2017	大阪、奈良2县8市2镇1村	跨区型	跨越1400年悠久历史的"最古国道"——竹内街道·横大路（大道）	62点
44	2017	京都府2市2镇	跨区型	300年历史的丹后绉绸走廊	55点
45	2017	兵库县3市3镇	跨区型	贯通古老播磨国、但马国的73公里银马车道 追寻从矿山之道到资源大国日本的记忆	16点
46	2017	和歌山县汤浅镇	地方型	"最初的一滴"酱油酿造的发祥地纪州汤浅	22点
47	2017	岛根县出云市	地方型	太阳西下圣地出云 巡游神创的大地夕霞	23点
48	2017	冈山县仓敷市	地方型	从一缕棉花开始的仓敷故事 和洋编织的纤维之城	31点
49	2017	冈山、福井、爱知、滋贺等5县5市1镇	跨区型	注定会喜欢的六古窑——日本本土生养的瓷器产地	64点
50	2017	高知县3镇2村	跨区型	森林铁道到日本第一的柚子道路——柚子飘香的南国土佐·中艺地方的景观与食文化	48点
51	2017	福冈、山口2县2市	跨区型	（下）关门（司）"怀旧"海峡——时代的停车场、近代化的记忆	42点
52	2017	和歌山县2市	跨区型	胜景宝库 和歌浦	31点
53	2017	熊本县3市1镇	跨区型	米乡、跨越两千年的大地记忆——菊池河流域"今昔'水稻'故事"	43点

续表

序号	认定年份	申请方	类型	项目故事性题目	遗产点
54	2017	大分县1市1镇	跨区型	耶马溪游览——游走写生大地的山水画般之道	51点
55	2018	北海道2市10镇	跨区型	在与神灵共生的上川阿依努——大雪山的故乡传承的诸神的世界	41点
56	2018	山形县4市5镇	跨区型	山寺孕育的红花文化	44点
57	2018	栃木县宇都宫市	地方型	探寻地下迷宫秘密之旅——洋溢着大谷石文化的宇都宫城	38点
58	2018	栃木县3市1镇	地方型	明治贵族憧憬的未来——开拓那须野平原的浪漫史	31点
59	2018	富山县南砺市	地方型	宫大工之凿——由工匠孕育的木雕美术馆·井波	45点
60	2018	山梨县3市	跨区型	葡萄田编织的风景——山梨县峡东地域	25点
61	2018	长野、山梨县9市3镇2村	跨区型	星陨中部高地的绳文世界——可与有着数千年历史的黑曜石矿山和绳文人相遇之旅	68点
62	2018	静冈、神奈川县2市2镇	跨区型	遗留旅人足迹的石条道——用箱根八里小曲探寻遥远的江户旅途	17点
63	2018	和歌山县广川镇	地方型	"百世安心"——充满海啸与重建回忆的广川防灾遗产	26点
64	2018	冈山县4市	跨区型	"桃太郎"出生之地冈山——古代吉备国流传的制伏厉鬼的故事	28点
65	2018	广岛县福山市	地方型	最能展现濑户平静的近代港镇——古深棕色的魅力港镇鞆浦	29点
66	2018	大分县2市	跨区型	鬼变佛的故里——国东地域	63点
67	2018	宫崎县2市1镇	跨区型	古代人的纪念碑——在大地上描绘的南国宫崎的古坟景观	19点

续表

序号	认定年份	申请方	类型	项目故事性题目	遗产点
68	2019	北海道8市4镇	跨区型	透过北海道透视日本国策——北方的产业革命"炭铁港"	46点
69	2019	宫城、岩手县2市3镇	跨区型	故陆奥国的金色浪漫——黄金之国古日本 追寻第一桶金诞生之地	43点
70	2019	群马县馆林市	地方型	故乡的沼泽——来自祈祷、收获、守护的馆林沼泽文化	39点
71	2019	福井县2市	跨区型	开启400年历史之门的旅行——从石头解读中世·近世的城市越前·福井	27点
72	2019	爱知县名古屋市	地方型	触碰江户时代情怀的故土——弥漫蓝染气息的小城有松	25点
73	2019	三重县2市	跨区型	相逢海女之城鸟羽·志摩——渔猎的女性们	33点
74	2019	滋贺等7县20市3镇1村	跨区型	连续1300年的日本终活之旅——西国三十三所观音巡礼	71点
75	2019	大阪府泉佐野市	地方型	旅行交际和两幅绘画流传的小镇——中世日根庄园的风景	24点
76	2019	大阪府河内长野市	地方型	与中世相逢之城——传承千年的中世文化遗产宝库	36点
77	2019	鸟取县、兵库县1市6镇	跨区型	日本海风催生的胜景和秘境——灵兽叫、麒麟跑的"因幡·但马古国"	46点
78	2019	岛根县4市5镇	跨区型	神鬼跃动的神话世界——石见地区传承的神乐	129点
79	2019	冈山、香川县2市2镇	跨区型	熟知！历史悠久的石岛——越海、构筑日本基础的濑户内海备赞诸岛	45点

续表

序号	认定年份	申请方	类型	项目故事性题目	遗产点
80	2019	德岛县 4 市 5 镇	跨区型	蓝的故乡和阿波国——访日本全土最至高的蓝	32 点
81	2019	兵库县赤穗市	地方型	产盐量"日本第一"的播州赤穗	41 点
82	2019	鹿儿岛县 9 市	跨区型	萨摩武士的诞生地——漫步武家邸宅群"麓"	95 点
83	2019	冲绳县 2 市	跨区型	琉球王国时代传承的冲绳传统"琉球料理"和"泡盛"及"艺能"	29 点
84	2020	北海道 1 市 3 镇	跨区型	"鲑鱼圣地"的故事——根室海峡一万年的里程	31 点
85	2020	岩手县 2 市	跨区型	"奥南部"的漆器故事——在安比川流域传承的传统技术	42 点
86	2020	茨城、山梨县 2 市	跨区型	日本葡萄酒 140 年史——用国产葡萄酿造和文化的结晶	38 点
87	2020	栃木、茨城县 2 市	跨区型	笠间、益子——兄弟城市共同培植的陶瓷故事	41 点
88	2020	东京都八王子市	地方型	灵气高尾山——万民祈祷所造就的桑都故事	33 点
89	2020	新潟县十日町市	地方型	穷极的雪国和山冈——此言不虚!豪雪之地的故事	38 点
90	2020	福井·滋贺县 2 市 1 镇	跨区型	跨海铁道——连接世界的铁路奇迹	45 点
91	2020	山梨县 2 市	跨区型	甲州工匠的源头·升仙峡——因水晶而催生的信仰、技艺及先进技术	23 点
92	2020	长野县千曲市	地方型	月都千曲——姨舍梯田造就的国家名胜月景	31 点

续表

序号	认定年份	申请方	类型	项目故事性题目	遗产点
93	2020	长野县上田市	地方型	地脉相连的"太阳与大地的圣地"——与龙共存的城市信州上田·盐田平	34点
94	2020	静冈县2市	跨区型	首次兴起日本"旅游热"的弥次和喜多的骏州之旅——滑稽本和浮世绘描绘的东海道之游的旅游指南（道中记）	32点
95	2020	京都府、滋贺县2市	跨区型	连通京都与大津的琵琶湖水渠——泛舟、步行即可感受到明治的风情	40点
96	2020	大阪府、奈良、和歌山县2市2镇	跨区型	与女性共存至今的女性高野巡路——超越时代且又与时代相守的抚慰圣地	25点
97	2020	兵库县5市	跨区型	"伊丹诸白"与"滩生一瓶"——清酒（下り酒）的酿造地伊丹和滩五乡	51点
98	2020	奈良县、大阪府1市1镇	跨区型	不要再摔倒了！你能穿越龙田古道的心脏部"龟之濑"	22点
99	2020	大阪府、奈良、和歌山县14市5镇	跨区型	"葛城修验"——与乡民共同传承至今的日本最初的修验道之地	95点
100	2020	岛根县益田市	地方型	品味中世日本的杰作：益田——地方的历史再次闪耀	56点
101	2020	岛根县大田市	地方型	石见火山传承的悠久历史——来一场与"绳纹森林""银山"相逢的旅行	22点
102	2020	冈山县高梁市	地方型	"日本红"的发祥地——酸化铁和红铜之城·备中锻造屋	22点
103	2020	长崎、福冈、佐贺县8县	跨区型	广布糖文化的长崎街道——食糖之路	27点

续表

序号	认定年份	申请方	类型	项目故事性题目	遗产点
104	2020	熊本县八代市	地方型	创造八代的石匠群体的轨迹——石匠故乡溢见的石造遗产	24点

资料来源：笔者参照"日本文化厅官网：「日本遗产（Japan Heritage）」について（http://www.bunka.go.jp/seisaku/bunkazai/nihon_isan/）"中相关数据内容制作。

自日本文化厅认定"日本遗产"项目实施以来，为了更好落实项目，2017年10月，日本文化厅还设置了"日本遗产项目跟踪委员会"，评估项目执行情况，完善项目推进机制，精细化保护制度和活化遗产资源。对于日本遗产的认知，尽管有一部分人认为日本遗产知名度较低[1]，且与日本经济产业省在2007—2009年认定的66件"近代化产业遗产群"项目有着高度的相似性[2]，但不可否认的更重要的一点是，日本遗产每个单独的项目都又包含着众多的子项目，最少的有12点，最多的可达371点，最大限度地活化了文化遗产所具有的文化、审美、经济以及生态价值，既有效把文化遗产资源转化成旅游资源，又没有影响到文化遗产的保护传承，达到了用文化遗产宣讲历史，使文化遗产资源得到了可持续发展。如今，日本遗产名录项目已覆盖到全国47个道府县（省级行政区），模式受到广泛验证，提升了地方社会经济的繁荣。

每一件文物（文化遗产）背后也都宛如照片一样，有着与之相应的精彩故事。然而，因为各个文化遗产所处的地域、种类和时代背景等都有所差别，所以人们很难看到由此复生出的能代表一方文化的全体像。而日本遗产名录项目将单个孤立的文化遗产之历史贯穿于有趣的故事之中，由此又进而绘制勾勒出足以代表该地域的文化群体像。我们可以以第二批第八号认定项目——世界公认的仅有的几处滑雪胜地之一——信浓河流域的雪国文化为例，来看看其所重塑的故事（性）之内涵。从图

---

[1] ［日］冈安丽奈：《文化的社会资本の価値と評価：日本遺産を中心とした実証分析》，博士学位论文，青山学院大学，2021年。

[2] ［日］岩鼻通明：《日本遺産から世界遺産へ——その可能性を探る》，《庄内地域文化研究所ニューズレター》2021年第1期。

中可以看出（见图7-1），如果把信浓河流域的雪国文化置入一个三角形中的话，那么首先处于三角形底层的是由40多万年前地壳隆起所形成的河岸型山丘、在河岸型山丘发掘的绳文时代中期（约5000—4000年前）的村落遗址及代表该时代最高水平的火焰型土器（出土共928件、其中部分为日本国宝）、作为母亲河的信浓河（日本最长的河流、国家一级水系）、世界上仅有的几处滑雪胜地之一（适合越野滑雪）四处该地域固有的地形·地质风貌等所造就的景观。处于三角形中层的是由秀丽名山、高原红叶、山毛榉原始林、蜂斗菜/楤木芽等多种野菜、天然植物纤维——织布的原料苎麻群（后由此而发展为日本的纺织中心）五处该地域特有的植被/生态等所造就的景观。处于三角形顶层的是由玩雪（游戏/越野滑雪）、织雪（晒织节/越后丝织）、祈雪（雪洞节·小年奇祭）、食雪（梯田米·雪室储藏·冷冻食品·折挽荞麦面）、与雪为伴（除雪、防雪、雪节、房屋构造）五个主题群所编绘的该地域鲜有的生活文化和饮食、产业等所造就的景观。由此，该地域文化资源的独特性由该地域的地理、地质（GEO），以及在此基础上发展而出的动植物层、生态系列（BIO），进而再在前两者之基础上所发展起来的产业和都市、文化、生活（SOCIO）等构成。

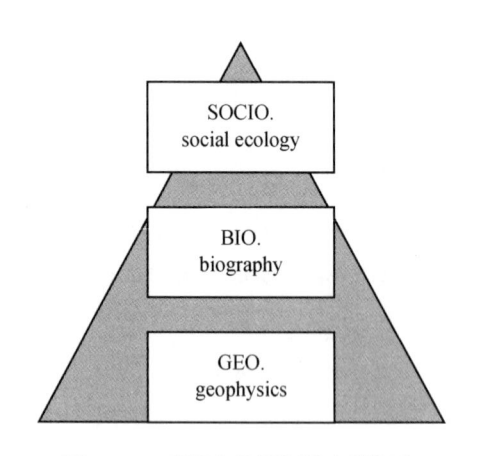

图7-1 雪国文化资源的多样视点

对于雪国，虽然过去以滑雪为主的休闲项目很受欢迎，但没有把雪完全作为一种资源，去对其完全活化利用，进行旅游观光开发。而今天，对雪之魅力的理解，也正在被重新再定义。以晒织节等为主的大雪地带的衣食住行等生活文化都被作为旅游观光资源的内核，正在培育为新的观光品牌。特别是其被列入日本遗产名录项目之后是否给当地社会经济带来了腾飞与繁荣，这从日本文化厅2023年7月公布的《关于2017年认定的〈日本遗产〉的总体评价及继续审查的说明》中[1]，可见分晓。

与日本相比，我国地大物博，资源丰富，在旅游观光资源开发方面有着更多的优势。[2] 我国已经拥有42项人类非物质文化遗产名录项目和56项世界遗产名录项目，其数量分别位居世界第一位和第二位。这些宝贵的文化遗产，无疑将会为我国建设成为"社会主义文化强国"提供基础和保障。[3] 但仅有这些资源还远远不够，我们还必须在保护制度、景区规划、交通道路、住宿设施、政府监管、草根参与等诸多方面进行完善和加强。文化强国之梦的实现需依靠经济强国来做后盾，其标准之一就是第三产业在国民经济总量中要足够大、足够强。为此，充分利用文化遗产资源积极发展旅游观光事业不失为提升第三产业的一种好方法。这正如我国休闲旅游理论先驱者于光远先生所说的那样，旅游观光既是项文化性很强的经济事业，又是项经济性很强的文化事业。2016年2月，国家旅游局公布了中国首批262家国家全域旅游示范区创建名单[4]，这好像与日本遗产名录项目的创设有异曲同工、不谋而合之妙，但具体对比，在内容细化方面，日本可谓更胜一筹，给我们树立了很好的范例和榜样。

同样以地方为例，笔者所工作的地方湖北省恩施土家族苗族自治州，地处武陵山区，享有"鄂西林海""世界硒都"等称号；特殊的喀斯特地貌造就了美国科罗拉多大峡谷般的百里绝壁、千丈瀑布之奇景——恩施大峡谷；我国研究人类起源的、著名而重要的科学考察基地——"建始人"（距今约250万—200万年）遗址；中国的第48处世界遗产——恩施

---

[1] 日本文化厅：『令和5年度における「日本遺産」の候補地域の認定審査及び総括評価？継続審査の結果の発表について』，2023年7月14日，https://www.bunka.go.jp/koho_hodo_oshirase/hodohappyo/pdf/93916701_01.pdf，最后访问日期：2023年8月7日。

[2] 孙根年：《大国优势与中国旅游业的高速持续增长》，《旅游学刊》2008年第4期。

[3] 周和平：《文化强国战略》，学习出版社2013年版，第259页。

[4] 国家全域旅游示范区：全域旅游是将特定区域作为完整旅游目的地进行整体规划布局、综合统筹管理、一体化营销推广，促进旅游业全区域、全要素、全产业链发展，实现旅游业全域共建、全域共融、全域共享的发展模式。首批创建单位共有262个市县。

唐崖土司城遗址；中国及世界优秀民歌"龙船调"的故乡；保存着古代巴人原始婚俗遗风的土家族七夕节"女儿会"；首批国家全域旅游示范区等；不止于此，不胜枚举。

确切地说，恩施州拥有着丰富多彩的自然资源和文化遗产，但2019年全州的旅游收入仅有530亿元[①]，而在土地面积、常住人口、地形特征、文化资源等方面均与恩施州旗鼓相当的邻城宜昌市，2019年其旅游收入就达到了985亿元[②]，对比两城，笔者认为恩施州仅在"做精生态文化旅游业……大力发展乡村旅游……大力发展智慧旅游"[③] 方面提升城市的软实力还不够，除了需要加强职能部门之间的联动机制，还要增强民族文化的创造活力，根据地方优势突破"景点旅游观光"模式，积极发展全域旅游观光，积极探索符合恩施州实际而又行之有效的发展经验。他山之石，可以攻玉。以地方文化资源为内核以提升地方经济为目的日本遗产名录项目认定制度，对像恩施州、宜昌市这样的旅游观光业收入占城市社会生产总值（GDP）总量超过国家平均水平的城市来说，无疑有着重要的学习和借鉴意义。

---

① 恩施土家族苗族自治州统计局：《2019年统计月报》，http：//att.enshi.cn/2020/0117/1579253238482.pdf，最后访问日期：2020年3月25日。

② 宜昌市人民政府：《图解 | 2019数字宜昌》，http：//www.yichang.gov.cn/html/zhengwuyizhantong/zhengwuzixun/tupianxinwen/2020/0114/1016934.html，最后访问日期：2020年3月25日。

③ 恩施土家族苗族自治州人民政府：《2019年政府工作报告——2019年1月20日在州八届人大三次会议上》，http：//www.enshi.gov.cn/2019/0121/701018.shtml，最后访问日期：2020年3月25日。

第 八 章

中日对工业遗产的不同阐释
——以"Industrial Heritage"为例

自人类进入 21 世纪以来,随着经济全球化、世界多极化和文化多样化的深入发展,世界各国各种文化交往交流交融更加频繁,进一步凸显了以文化遗产为代表的文化软实力在综合国力竞争中的战略地位。因此,在近代工业社会①中所营造留存的各种文化遗产,亦始借"工业遗产"之名由各国政府主动推介而走上世界,为世人所瞩目和熟知。

第一节 中日对"Industrial Heritage"的不同阐释

"工业遗产",是英语"Industrial Heritage"一词的汉译,该词最早源于 1978 年在瑞典成立的国际工业遗产保护委员会(The International Committee for the Conservation of the Industrial Heritage,简称 TICCIH),其成立使得工业遗产的保护迈上了全球化合作的道路。2003 年 7 月,在俄罗斯召开的第十二届国际工业遗产保护委员会大会上,通过了《关于工业遗产的下塔吉尔宪章》(The Nizhny Tagil Charter for the Industrial Heritage,以下简称"《下塔吉尔宪章》"),作为工业遗产保护领域里最重要的国际宪章,其对世界各国就工业遗产的界定、价值和保护起了很好的示范作用和引导意义。

---

① 此处的近代工业社会主要是指以蒸汽机时代和电气化时代为主要特征的 18 世纪 60 年代至 20 世纪 70 年代为时间跨度的时期,具体,参见[德]乌尔里希·森德勒编《工业 4.0——即将来袭的第四次工业革命》,邓敏、李现民译,机械工业出版社 2014 年版,第 8 页。

在中国，学界和官方对"Industrial Heritage"最初就多以"工业遗产"之称谓来对译和使用，多年来学界虽有所争鸣，但只局限于其时间所指的上下限，且无法达成共识。对"工业遗产"的内涵和外延，虽有学者曾经涉足，却又经常浅尝辄止，缺乏全面系统的研究和总结。日本作为工业遗产强国，学界只将"Industrial Heritage"用日语汉字译为"产业遗产"，未见"工业遗产"的表述和使用。因此，受日本在工业遗产领域的学术影响，在我国也有学者使用"产业遗产"来指代"工业遗产"，故"工业遗产"一词的概念在当今的使用存在着较为混乱的现象。

本章试从中日两国对"Industrial Heritage"的不同对译角度切入，通过透视两国的工业遗产保护实践，明晰"工业遗产"与"产业遗产"两词的不同内涵和外延，且作为对主张使用"工业遗产"的陆邵明、寇怀云先生的回应，从而提出"产业遗产"之概念更符合我们对工业遗产保护的未来定位，有助于我们推动优秀传统文化保护传承，促进区域创新融合协调发展，拓展工业遗产保护发展的新空间。

1945 年 11 月成立的联合国教科文组织（UNESCO），旨在通过教育、科学和文化促进各国合作，进而对世界和平和安全做出贡献。尤其是在文化领域，1972 年 11 月通过的《世界遗产公约》，成为号召世界人民合理保护和恢复全人类共同遗产的重要宣言书。随后于 1976 年 11 月召开的首届世界遗产公约缔约国大会和 1977 年 6 月召开的首届世界遗产大会，成为联合国教科文组织对诸类文化遗产进行保护，以及促进文化多样性发展的连接器和助推器。就此，作为联合国教科文组织的一个优先发展方向，其开启了保护全人类共享文化遗产的跨世纪航程。1978 年 9 月，第二届世界遗产大会在美国华盛顿召开，大会认定了美国、加拿大等 7 个国家共 12 个项目进入首批世界遗产名录，其中波兰的维利奇卡盐矿作为世界遗产名录中的首项工业遗产而备受世界瞩目。

波兰的工业遗产项目能顺利入选世界遗产名录，其与国际工业遗产保护委员会的鼎力推介和积极影响密不可分。1973 年 5 月，来自 9 个国家的学者在工业革命的发源地英国什罗普郡召开了第一届国际工业纪念物大会（FICCIM），大会首次建立了针对工业纪念物的评审体系和保护政策，使得近代文化遗产开始纳入世人的视野。1975 年 9 月，在德国波鸿召开了第二届国际工业纪念物大会（SICCIM），17个国家组织参加，大会进一步强化了针对工业纪念物保护体系的系统性、规范性、协调性。1978年5月，在瑞典斯德哥尔摩召开了第三届国际工业纪念物大会（TICCIM），参与国家达到了20个，大会经表决通过，同意将国际工业纪念物大会更名为国际工业遗产保护委员会（TICCIH），由"Heritage（遗产）"取代了"Monuments（纪念碑/馆/堂/像等）"。国际工业遗产保护委员会的新成立，标志着国际性的工业遗产保护事业就此踏上了新征程，为全球人类文化遗产的保护提供了新思路和新方向。从此后，以维利奇卡盐矿的成功入选为榜样塑像，其他如挪威的勒罗斯（1980）、法国的阿尔克—塞南皇家盐场（1982）、英国的铁桥峡谷（1986）等工业遗产项目均成功入选世界遗产名录，国际工业遗产保护委员会对工业遗产的保护理念遍及欧洲。

另外，世界遗产委员会（WHC）作为《世界遗产公约》的执行机构，负责世界遗产名录的认定。依据《威尼斯宪章》精神于1965年6月在波兰华沙成立的国际古迹遗址理事会（ICOMOS），作为国际性非政府组织，又是世界遗产委员会的专业咨询机构，在审定世界各国提名的世界文化遗产申报名单方面起着重要作用。20世纪90年代，教科文组织为改变世界遗产地域分布不均衡的弊端[①]，把在各国学界热衷进行比较研究的"工业遗产""文化景观""20世纪建筑"三个领域的文化遗存作为遴选世界遗产名录的对象而备受关注，由此国际古迹遗址理事会和国际工业遗产保护委员会开始全方位、多层次地加强沟通协作，诸如双方所签署的《ICOMOS-TICCIH共同原则（2000）》《ICOMOS-TICCIH谅解备忘录（2014）》以及国际工业遗产保护委员会所起草的《下塔吉尔宪章（2003）》《都柏林原则（2011）》，都对世界遗产委员会在认定世界遗产名录时，倾向于工业遗产申报项目而起到了很好的指导作用和借鉴意义。在此背景下，工业遗产的概念借助世界遗产名录和《下塔吉尔宪章》的积极影响，开始进入中国和日本等东方国家，进而塑造这些国家对工业

---

① 1994年12月，在泰国普吉岛召开的第十八届世界遗产大会上，会议表决通过了《改善世界遗产名录分布不均衡及确保其代表性/真实性的全球战略（The Global Strategy for a Balanced, Representative and Credible World Heritage List）》。

遗产的不同理解和认识。

论及工业遗产的释义，当以《下塔吉尔宪章》的表述最为全面和权威。其定义为"Industrial heritage consists of the remains of industrial culture which are of historical, technological, social, architectural or scientific value. These remains consist of buildings and machinery, workshops, mills and factories, mines and sites for processing and refining, warehouses and stores, places where energy is generated, transmitted and used, transport and all its infrastructure, as well as places used for social activities related to industry such as housing, religious worship or education."[①] 中文一般将其对译为"工业遗产是指工业文明的遗存，它们具有历史的、科技的、社会的、建筑的或科学的价值。这些遗存包括建筑、机械、车间、磨坊和工厂、选矿与冶炼的矿场和矿区、货栈仓库，能源生产、输送和利用的场所，运输及其基础设施，以及与工业相关的社会活动场所，如住宅、宗教和教育设施等"[②]。日语则对译为"産業遺産は,「歴史的, 技術的, 社会的, 建築学的, あるいは科学的価値のある産業文化の遺物から成り, それらは「建物, 機械, 工房, 工場及び製造所, 炭坑及び処理精製場, 倉庫や貯蔵庫, エネルギーを製造し, 伝達し, 消費する場所, 輸送とその全てのインフラ, そして住宅, 宗教礼拝, 教育など産業に関わる社会活動のために使用される場所から成る」とされる"[③]。对比中日各自对"Industrial Heritage"的对译，差异只存在对"Industrial"一词的不同理解上，中文将其对译为"工业"，日语则将其表述为"産業"。

在中国，对"Industrial Heritage"一词的广泛关注和高度重视，从时间上始于2006年前后。[④] 对"Industrial Heritage"概念的认识与理解，则以学界为先。2002年9月，学者李蕾蕾在《世界地理研究》发表《逆工

---

① ICOMOS（国际古迹遗址理事会）：THE NIZHNY TAGIL CHARTER FOR THE INDUSTRIAL HERITAGE,2006年12月31日，https://www.icomos.org/18thapril/2006/nizhny-tagil-charter-e.pdf,2020年3月25日。

② 刘伯英：《对工业遗产的困惑与再认识》，《建筑遗产》2017年第1期。

③ 日本文化厅：《世界遺産における産業遺産について》，2008年5月28日，https://www.bunka.go.jp/seisaku/bunkashingikai/bunkazai/sekaitokubetsu/11/sanko_1_8.html，最后访问日期：2020年3月25日。

④ 《企业家信息》编辑部：《保护用好工业遗产》，《企业家信息》2020年第12期。

业化与工业遗产旅游开发：德国鲁尔区的实践过程与开发模式》一文①，其将"Industrial Heritage"对译为"工业遗产"，这是目前中国（未含港澳台）可查到的最早谈及工业遗产的学术论文。2004年2月，学者顾承兵则使用"产业遗产"的概念来指代"工业遗产"②。2006年2月，学者卢永毅、杨燕在《时代建筑》刊发《化腐朽为神奇——德国鲁尔区产业遗产的保护与利用》一文，亦将"Industrial Heritage"对译为"产业遗产"③。可见，对"Industrial Heritage"的理解，学界在对其翻译之初就未达到统一的认识。

英语"Industrial"一词，其有"工业、产业"之意，如"Industrial Output（工业产量）""Industrial Workers（产业工人）"等。④ 但"工业""产业"是两个不同的概念的词语，《辞海》对"工业"解释为"采掘自然物质资源和对工农业生产的原材料进行加工或再生产的社会生产部门……工业可分为采掘工业和加工工业，又可分为重工业和轻工业"⑤。针对"产业"一词，《辞海》则解释为"指各种生产、经营事业……特指工业，如：产业革命"⑥。可见，虽然"工业革命"也即为"产业革命"，甚至"产业革命"的称谓更为标准和广泛。⑦ 但工业与产业有着明显的区别，前者是指采集原料，并把它们加工成产品的工作和过程，其是社会分工发展的产物，概有手工业、机器工业、现代工业、新兴工业等发展阶段。后者则指经济社会的物质生产部门，一般而言，每个部门都专门生产和制造某种独立的产品，某种意义上每个部门也就成为一个相对独立的产业部门，如"农业""工业""商业"等。故此，从某种意义上说，产业包含着工业。两者相比较而言，"产业"概念没有"工业"

---

① 李蕾蕾：《逆工业化与工业遗产旅游开发：德国鲁尔区的实践过程与开发模式》，《世界地理研究》2003年第3期。
② 顾承兵：《上海近代产业遗产的价值研究》，《上海城市规划》2004年第1期。
③ 卢永毅、杨燕：《化腐朽为神奇——德国鲁尔区产业遗产的保护与利用》，《时代建筑》2006年第2期。
④ ［英］A. S. 霍恩比：《牛津高阶英汉双解词典（第九版）》，李旭影译，商务印书馆2018年版，第1113页。
⑤ 辞海编辑委员会：《辞海（1999版缩印本）》，上海辞书出版社2000年版，第618页。
⑥ 辞海编辑委员会：《辞海（1999版缩印本）》，上海辞书出版社2000年版，第2154页。
⑦ 辞海编辑委员会：《辞海（1999版缩印本）》，上海辞书出版社2000年版，第620页。

概念内涵具体，但"产业"的外延明显大于"工业"所指的内容。很明显，"产业遗产"是"工业遗产"的属概念（或上位概念），"工业遗产"是"产业遗产"的种概念（或下位概念），产业遗产概念真包含工业遗产概念，是比工业遗产的外延大一个层级的概念。

但对于"Industrial Heritage"的汉译定名和其内涵问题，学界尚存争议。其中主张译名为"工业遗产"的主要以学者陆邵明为代表。2006年9月，陆邵明在《规划师》刊发《关于城市工业遗产的保护和利用》一文，作者认为产业遗产不可能是指所有三大产业中的遗产，只能指涉及第二产业的相关遗产，故工业遗产的译法更为恰当，更容易理解，而产业遗产的译法就显得模糊，缺乏清晰性。[1] 而对于工业遗产的指向对象，则主要以学者寇怀云为代表。2010年8月，寇怀云等在《东南文化》刊发论文《工业遗产的核心价值及其保护思路研究》，作者认为，目前国际社会工业遗产研究领域主要以工业革命后的工业遗存为研究对象，且从保护的角度讲，工业遗产这个概念不宜泛化到工业革命以前。[2] 陆、寇两位学者的观点颇具代表性，是国内多数学者的研究取向，也是国内工业遗产研究的主流范式。

我们的这种认识与理解恰与日本正好相反。1982年2月，片切胜撰文讨论应将"Industrial Monument（产业纪念物）"对译为"产业遗产"的问题，这是目前可查到的日本最早提出"产业遗产"概念的学者。[3] 同年7月，高津斌彰也在《地理》学刊上撰文，讨论近代石油产业的发展与产业遗产问题。[4] 虽然日本早在1975年就有学者出席了第二届国际工业纪念物大会[5]，并且1982年时国际工业遗产保护委员会已成立将近四年，但囿于当时落后的通信、网络技术，学者间的学术交流和理论探讨

---

[1] 陆邵明：《关于城市工业遗产的保护和利用》，《规划师》2006年第10期。
[2] 寇怀云、章思初：《工业遗产的核心价值及其保护思路研究》，《东南文化》2010年第5期。
[3] ［日］片切勝：《紙・パルプの産業遺産とそのリスト作り》，《紙パ技協誌》1982年第2期。
[4] ［日］高津斌彰：《近代石油産業の発展と産業遺産——生きつづける油井・新潟県の油田》，東京：《地理》1982年第7期。
[5] ［日］山崎俊雄：《内外産業考古学の現状：第二回産業記念物保存国際会議に出席して》，東京：《産業考古学》1977年第1期。

都受到了制约。但20世纪80年代的日本，基于经济高速发展下国民对文化需求的快速增长，基于学者群体对文化地位作用的认识、对发展文化历史责任的担当、对文化发展规律的把握，依靠全国上下的文化自觉，其对"Industrial Heritage"一词的英文日译，竟做到和实现了思想上的一致，只有"产业遗产"一种对译①，这不能不说是一种奇迹和惊喜。

日语对"工业"一词解释为"自然の原料に人力や機械力を加え、商品価値のある生産物を製造する産業。重工業と軽工業とに分けられる"②。汉译为"通过对自然物质施加人力和机械力而制造出有商品价值之产品的产业，可分为重工业和轻工业"。对"产业"一词则解释为"生活に必要な物の財貨および用役を生産する活動。農林漁業、鉱業、製造業、建設業、運輸・通信、商業、金融・保険・不動産業などの総称"③。汉译为"生产生活所需物质财富和社会服务的活动，是农林渔业、矿业、制造业、建筑业、运输・通信、商业、金融・保险・不动产业等的总称"。可见，"工业"和"产业"的中日文旨意是完全的同形同义，仅存表音上的差异。在这一点上，还可以通过《日汉大辞典》《新日汉辞典》的解释说明再次印证。④ 由此可知，虽然中日两国各自对"工业"和"产业"的内涵理解完全相同，但针对"Industrial Heritage"一词的翻译，基于各自的文化理解和社会认识，往往附带呈现出社会属性如文化、经济、历史等构建语境，进而形成独特的思考方式和主观感受，带有自己认知上的侧重或者包含着特定概念上的刻板印象（见表8-1）。

---

① 通过搜索国立国会图书馆（日本国家图书馆）和CiNii（日本最大的学术论文数据库）所藏的书籍资料、学术期刊及学位论文，除了其所收录的来自中国的资料外，就日本范围而言，未有以"工业遗产"为名的相关学术研究资料。
② ［日］松村明监修：《デジタル大辞泉》，2007年1月22日，https：//kotobank.jp/word/工業-494690，最后访问日期：2020年3月25日。
③ ［日］松村明监修：《デジタル大辞泉》，2007年1月22日，https：//kotobank.jp/word/産業-513151，最后访问日期：2020年3月25日。
④ 可参见日本讲谈社、上海译文出版社合编《日汉大辞典》，上海译文出版社2002年版，第708、871页；大连外国语学院、《新日汉辞典》增订版编写组合编《新日汉辞典》，辽宁人民出版社1997年版，第669、839页。

表8-1 中日对"Industrial Heritage"的认识理解及保护实践

国别 比较内容	中国 Industrial Heritage	日本 Industrial Heritage
国语对译	工业遗产	产业遗产
译词来源	国际工业遗产保护委员会（TICCIH）	国际产业遗产保存委员会（TICCIH）
定义依据	《下塔吉尔宪章》《无锡建议》	《文化财保护法》《下塔吉尔宪章》
初次参会	第十三届国际大会（2006）	第二届国际大会（1975）
TICCIH 学者代表	刘伯英（清华大学）	松浦利隆（群马县立女子大学）
首个国家级 工业遗产	大庆第一口油井（2001）、第一个核武器研制基地旧址（2001）	韭山反射炉（2007）、萩反射炉（2007）
工业遗产数量	约1440项（含部分全国重点文物保护单位）	5042项（含部分国指定文化财和登录有形文化财）
工业遗产 认定单位	工业和信息化部、中国科协调宣部、国务院国资委、文化部与国家文物局	文化厅、经济产业省、产业遗产学会
保护组织	中国建筑学会工业建筑遗产学术委员、中国历史文化名城委员会工业遗产学部、中国文物学会工业遗产委员会、中国科技史学会工业遗产研究会	产业遗产学会、土木学会、建筑学会、造园学会、机械学会、中部产业遗产研究会、产业遗产信息中心、全国近代化遗产活用联络协议会
世界遗产中的 工业遗产项目	青城山与都江堰（2000）、红河哈尼梯田文化景观（2013）、中国大运河（2014）	石见银山遗迹及其文化景观（2007）、富冈制丝场（群马县）以及近代绢丝产业遗迹群（2014）、明治产业革命遗址：钢铁、造船和煤矿（2015）

资料来源：（1）国际工业遗产保护委员会：《TICCIH》，2007年1月22日，https：//ticcih.org/，2020年3月25日。（2）中华人民共和国中央人民政府：《中国文物保护状况》，2012年4月11日，http：//www.gov.cn/guoqing/2012-04/11/content_2584143.htm，2020年3月26日。（3）[日] 文化厅：《国指定文化财等データベース》，2019年9月30日，https：//kunishitei.bunka.go.jp/bsys/searchlist，2020年3月26日。（4）[日] 種田明：《産業遺産、世界遺産への道》，《跡見学園女子大学観光コミュニティ学部紀要》2017年第2期。该表由笔者制作。

综上所述，对比中日在工业遗产保护领域对"Industrial Heritage"的认识理解，"工业遗产"和"产业遗产"作为一个外来词术语，首先被学者作为一个学术概念而对译为相应的中文和日语，其后借助教科文组织的积极影响，再通过政府主导和市场导向，制定和实施一系列保护实践工程。我们试图将关注点放在中国，为何我们未能将"Industrial"的对译选择内涵和外延更为丰富的"产业"一词呢？探其原因，笔者认为，概用吉尔特·霍夫斯泰德的文化维度理论就能轻易得到解释和澄清，他认为，文化是在一个环境下人们共同拥有的心理程序，能将一群人与其他人区分开来。①

针对我国的工业遗产研究领域，所呈现的只是一种过多趋于保守解释的文化立场，这与我们常说的当代中国文化保守主义思潮略有不同，其只是当一种新思想新理念出现时，我们只是去被动接收信息，而没有开放思维和国际视野，更缺少主动参与融合互动，也即仅有外来文化（理念）系统一方的作用，而本土文化（理念）系统没有做出及时相应的反应。诸如2006年国际工业遗产保护委员会召开的第十三届国际大会，我国学者即是受对方邀请才首次参会的。② 当今世界，各领域相互关联度在加深，而不能及时对接国际理念，失去借助国际组织所能起到整合作用的机会，就无法更好助推我们的工业遗产保护事业健康发展。

第二节 我国"工业遗产"称谓存在的问题及其局限性

《下塔吉尔宪章》除了对工业遗产进行定义之外，还对工业遗产的外延进行了界定，其表述为："The historical period of principal interest extends forward from the beginning of the Industrial Revolution in the second half of the eighteenth century up to and including the present day, while also examining its

---

① [荷]吉尔特·霍夫斯泰德、[荷]格特·扬·霍夫斯泰德：《文化与组织：心理软件的力量（第2版）》，李原等译，中国人民大学出版社2010年版。

② 阙维民：《中国工业遗产保护与管理的它山之石》，载世界遗产保护·杭州论坛暨2008国际古迹遗址理事会亚太地区会议组编《世界遗产保护·杭州论坛暨2008国际古迹遗址理事会亚太地区会议论文集》，杭州市园林文物局，2008年，第30—37页。

earlier pre-industrial and proto-industrial roots. In addition it draws on the study of work and working techniques encompassed by the history of technology."①其汉译为："具有重要影响的历史时期始于18世纪下半叶的工业革命，直到当代，当然还要研究更早的前工业和原始工业起源。此外，也要注重对归属于科技史的产品和生产技术进行研究。"② 由此，工业遗产的认定时限绝非仅限于1765年英国工业革命以后，同时也兼顾了更早的前工业文化遗存，突破了学界对工业遗产时限的传统认识与理解。我国针对工业遗产，无论从其认定内容还是认定时限方面，均是取值范围最小。此外，2014年国家文物局发布的《工业遗产保护和利用导则（征求意见稿）》（办保函［2014］758号），更能为此提供有力的佐证和依据。③ 日本于1996年修订《文化财保护法》，针对江户时代（1603—1868）和明治时代（1868—1912）所建造的建筑物纳入保护范围。2003年《下塔吉尔宪章》公布以后，在国内专家充分研究和考证的基础上，日本于2004年再次修订《文化财保护法》，将保护内容和时间的范围均进行了扩展，解决了国内法与国际法的衔接问题。可见，针对《下塔吉尔宪章》对工业遗产的认定内容和时限的范围，中日各采取了不同的立法策略（见表8-2）。

表8-2　　　　教科文组织·中国·日本对"工业遗产"
认定内容及时限的规定

	教科文组织	中国	日本
遗产认定依据	《世界遗产公约》《下塔吉尔宪章》	《下塔吉尔宪章》《无锡建议》	《文化财保护法》《下塔吉尔宪章》
遗产涵盖内容	第一、第二、第三产业	第二产业	第一、第二、第三产业

---

① ICOMOS（国际古迹遗址理事会）：THE NIZHNY TAGIL CHARTER FOR THE INDUSTRIAL HERITAGE, 2006年12月31日，https://www.icomos.org/18thapril/2006/nizhny-tagil-charter-e.pdf, 2020年3月26日。
② 此处可参见《工业遗产之下塔吉尔宪章》，《建筑创作》2006年第8期。
③ 国家文物局：《关于征求〈工业遗产保护和利用导则（征求意见稿）〉意见的函》，2014年9月15日，http://www.ncha.gov.cn/art/2014/9/15/art_2237_42070.html，最后访问日期：2020年3月26日。

续表

	教科文组织	中国	日本
遗产认定时限	以工业革命（1765）后期为主，亦兼顾其他各时期	以鸦片战争（1840）以后至现代时期为主，不兼顾其他时期	以幕府末期（1850）至第二次世界大战（1945）时期为主，亦兼顾其他各时期

资料来源：（1）ICOMOS（国际古迹遗址理事会）：《THE NIZHNY TAGIL CHARTER FOR THE INDUSTRIAL HERITAGE》，2006年12月31日，https：//www.icomos.org/18thapril/2006/nizhny - tagil - charter - e.pdf，2020年3月26日。（2）《无锡建议——注重经济高速发展时期的工业遗产保护》，《建筑创作》2006年第8期。（3）日本文化厅：《世界遺産における産業遺産について》，2008年5月28日，https：//www.bunka.go.jp/seisaku/bunkashingikai/bunkazai/sekai-tokubetsu/11/sanko_1_8.html，2020年3月25日。该表由笔者制作。

"工业遗产"作为一种学术概念，其与"非物质文化遗产"概念几乎同步传入我国，尤其是近些年，在政府主导和社会的广泛参与下，工业遗产保护工作取得了长足发展，初步建立了契合中国特色的工业遗产保护制度和管理体系，工业遗产保护理念得到了普遍认同，全社会参与的势头方兴未艾。然而，根据笔者对中国知网（CNKI）的检索，题名含有"工业遗产"的出版文献仅有4022篇，而题名含有"非物质文化遗产"的却有24507篇。[1] 可见，与非物质文化遗产相比，工业遗产的影响力相对薄弱，学界关注度相对偏低，且缺乏从国际工业遗产委员会、世界遗产名录等前瞻性角度而对工业遗产展开基础理论探讨的学术积淀。这其中可能有很多原因，笔者不揣冒昧，但拟就"工业遗产"的称谓及其局限性试谈几点思考，以期对中国工业遗产研究有所裨益。

从工业遗产涵盖内容来看，虽然"Industrial"可以对译为"工业"或"产业"，但在汉语的语境中，"工业"不完全等同于"产业"。从国际工业遗产保护委员会所推选的世界遗产入选项目、《下塔吉尔宪章》所释义以及日本的对译等来看，"产业"一词似乎更确切和充分，但我们却选择了内涵更小"工业"一词。从中国工业遗产保护名录、中央企业工

---

[1] "工业遗产"和"非物质文化遗产"两者的数据均截至2022年7月4日，亦均包含中国知网所收藏的与之相关的全部期刊、学位论文、会议论文和重要报纸四类出版文献。

业文化遗产名录、国家工业遗产名单等入选项目来看，我们的工业遗产主要集中钢（铁、水泥）厂、煤（油）矿、铁路（桥）、水（电）厂（站）、船坞码头、纱（印染、棉织）厂、酒（糖、茶、瓷、面粉）厂、灯塔、金属矿等涉及以机器和机器体系从事社会化大规模生产的工业遗存。其结果，大量涉及农业、商业的文化遗产，诸如灵渠、它山堰、郑国渠等古代的水利工程，以及盂城驿、鸡鸣驿村、武夷山闽赣古驿道等古代的商业设施，即便是符合《下塔吉尔宪章》中工业遗产的认定标准，只因为不符合我们所制定的"工业遗产"的"标准"，只好被排除在法保护的范围之外。如果我们对照一下世界遗产名录中的工业遗产项目，这种认识会更加清醒和深刻（见表8-3）。

表8-3　　　　　　　世界遗产名录中的工业遗产项目

序号	年份	遗产名	所属国	遗产属性	登录基准
1	1978	维利奇卡盐矿（2013年扩展）	波兰	历史盐矿	iv
2	1980	勒罗斯矿城（2010年扩展）	挪威	铜矿城镇	iii, iv, v
3		欧鲁普雷图历史名镇	巴西	金矿城镇	i, iii
4	1982	阿尔克·塞南的皇家盐场（2009年扩展）	法国	制盐场所	i, ii, iv
5	1985	加尔桥	法国	水利技术	i, iii, iv
6	1985	塞哥维亚古城及其输水道	西班牙	建筑及水利	i, iii, iv
7	1986	铁桥峡谷	英国	工业景观	i, ii, iv, vi
8		波托西城	玻利维亚	矿业中心	ii, iv, vi
9	1987	布达佩斯的多瑙河沿岸及布达城堡地区/安德拉希大街（2002年扩展）	匈牙利	地铁工程	ii, iv
10		瓜纳托历史名城及周围矿藏	墨西哥	矿业中心	i, ii, iv, vi
11	1988	特立尼达和洛斯因赫尼奥斯山谷	古巴	制糖产业	iv, v
12	1992	拉默尔斯堡矿山和戈斯拉尔古城（2010年扩展）	德国	矿业中心	i, iv

续表

序号	年份	遗产名	所属国	遗产属性	登录基准
13	1993	萨卡特卡斯历史中心	墨西哥	银矿城镇	ii, iv
14		历史名城班斯卡什佳夫尼察及其工程建筑区	斯洛伐克	金银矿城镇	iv, v
15		恩格尔斯堡铁矿工场	瑞典	炼铁厂	iv
16	1994	弗尔克林根钢铁厂	德国	炼钢厂	ii, iv
17		汉萨同盟城市维斯比	瑞典	商业及建筑群	iv, v
18		斯霍克兰及周围地区	荷兰	堤防工程	iii, v
19	1995	库特纳·霍拉：圣芭芭拉教堂及塞德莱茨圣母大教堂	捷克	锻银产业	ii, iv
20		阿达的克雷斯皮	意大利	棉纺织业	iv, v
21		菲律宾科迪勒拉斯的水稻梯田	菲律宾	农耕文化	iii, iv, v
22		米迪运河	法国	土木工程	i, ii, iv, vi
23		韦尔拉磨木纸板厂	芬兰	造纸产业	iv
24	1996	魏玛和德绍的包豪斯建筑及其遗址	德国	建筑造型	ii, iv, vi
25					
26		阿姆斯特丹的防御线（2021年扩展）	荷兰	水利工程	ii, iv, v
		瓦伦西亚丝绸交易厅	西班牙	哥特式建筑	i, iv
27		哈尔施塔特·达特施泰因/萨尔茨卡默古特文化景观	奥地利	盐矿经营	iii, iv
28		金德代克·埃尔斯豪特的风车	荷兰	水利设施	i, ii, iv
29	1997	拉斯梅德拉斯	西班牙	金矿开采	i, ii, iii, iv
30		卡塞塔的18世纪皇宫及其园林、万维泰利水道和圣莱乌乔建筑群	意大利	丝绸生产 水渠工程	i, ii, iii, iv
31		塞默林铁路	奥地利	山区铁路	ii, iv
32	1998	中央运河上的四座船舶吊车	比利时	水利设施	iii, iv
33		迪·弗·沃达蒸汽泵站	荷兰	蒸汽水泵	i, ii, iv
34		里昂历史遗迹	法国	纺织产业	ii, iv

续表

序号	年份	遗产名	所属国	遗产属性	登录基准
35	1999	印度山地铁路（2005年扩展）	印度	高山铁道	ii, iv
36		比尼亚莱斯山谷	古巴	雪茄生产	iv
37		迪亚曼蒂纳历史中心	巴西	巴洛克式建筑	ii, iv
38		宿库卢文化景观	尼日利亚	农耕与冶铁	iii, v, vi
39	2000	青城山和都江堰水利工程	中国	农业灌溉	ii, iv, v
40		卡莱纳冯工业区景观	英国	炼铁厂	iii, iv
41		南厄兰岛的农业风景区	瑞典	农业与风车	iv, v
42		古巴东南第一个咖啡种植园考古风景区	古巴	咖啡农园	iii, iv
43		建筑师维克多·奥尔塔设计的主要城市建筑	比利时	铁/玻璃建筑	i, ii, iv
44	2000	斯皮耶纳新石器时代的燧石矿	比利时	古代燧石矿坑	i, ii, iv
45		埃森的关税同盟煤矿工业区	德国	采煤工业	ii, iii
46		戈亚斯城历史中心	巴西	金矿城镇	ii, iv
47		德文特河谷工业区	英国	纺织工厂	ii, iv
48	2001	新拉纳克	英国	棉纺织业	ii, iv, vi
49		索尔泰尔	英国	毛纺织业	ii, iv
50		法伦大铜山矿业地区	瑞典	采铜工业	ii, iii, v
51		布尔诺的图根哈特别墅	捷克	现代建筑	ii, iv
52		上杜罗葡萄酒产区	葡萄牙	葡萄酒产业	iii, iv, v
53	2002	托卡伊葡萄酒产地历史文化景观	匈牙利	葡萄酒产业	iii, v
54		晚期的巴洛克城镇瓦拉迪那托	意大利	都市建筑	i, ii, iv, v
55	2003	瓦尔帕莱索海港城市及历史街区	智利	车站等建筑	iii
56		乌韦达和巴埃萨的文艺复兴建筑群	西班牙	都市建筑物	ii, iv
57		特拉维夫白城——现代运动	以色列	白色建筑群	ii, iv
58	2004	德累斯顿易北河谷（2009被除名）	德国	钢桥、铁路等	ii, iii, iv, v

续表

序号	年份	遗产名	所属国	遗产属性	登录基准
59	2004	利物浦海上商城	英国	栈桥、船坞等	ii, iii, iv
60		贾特拉帕蒂·希瓦吉终点站	印度	火车站建筑	ii, iv
61		瓦尔贝里广播电台	瑞典	无线通信局	ii, iv
62		维嘎群岛文化景观	挪威	渔及羽绒毛业	v
63		皮库岛葡萄园文化景观	葡萄牙	葡萄酒生产	iii, v
64		路易斯·巴拉干故居和工作室	墨西哥	创意建筑	i, ii
65		皇家展览馆和卡尔顿园林	澳大利亚	工业宫殿	ii
66	2005	亨伯斯通和圣劳拉硝石采石场	智利	硝石矿业	ii, iii, iv
67		斯特鲁维地理探测弧线	挪威等9国	测量点遗址	ii, iv, vi
68		帕拉丁莫瑞图斯工场——博物馆建筑群	比利时	印刷出版业	ii, iii, iv, vi
69	2006	阿曼：阿夫拉贾灌溉体系	阿曼	灌溉工程	v
70		塞维尔铜矿城	智利	铜矿城镇	ii
71		康沃尔和西得文矿区景观	英国	铜锡开采	ii, iii, iv
72		弗罗茨瓦夫百年厅	波兰	钢筋水泥建筑	i, ii, iv
73		热那亚：新街和罗利宫殿体系	意大利	街道及建筑	ii, iv
74		比斯卡亚桥	西班牙	钢铁桥	i, ii
75		龙舌兰景观和古代工业设施	墨西哥	农业及酿酒	ii, iv, v, vi
76		阿普拉瓦西·加特地区	毛里求斯	收容用建筑群	vi
77	2007	石见银山遗迹及其文化景观	日本	银矿遗址	ii, iii, v
78		拉沃葡萄园梯田	瑞士	葡萄酒生产	iii, iv, v,
79		波尔多月亮港	法国	海港工业	ii, iv
80		里多运河	加拿大	运河工程	i, iv
81		悉尼歌剧院	澳大利亚	艺术建筑	i
82		维舍格勒的穆罕默德·巴夏·索科罗维奇大桥	波斯尼亚和黑塞哥维那	土木工程	ii, iv
83	2008	柏林现代主义住宅区	德国	公众住宅建筑	ii, iv
84		史塔瑞·格雷德平原	克罗地亚	农业及其景观	ii, iii, v
85		阿尔布拉—伯尔尼纳文化景观中的雷塔恩铁路	瑞士 意大利	山地铁路	ii, iv

续表

序号	年份	遗产名	所属国	遗产属性	登录基准
86	2009	舒什塔尔古代水利系统	伊朗	水利工程	i, ii, v
87		旁特斯沃泰水道桥与运河	英国	土木工程	i, ii, iv
88	2009	拉绍德封与力洛克的钟表城镇	瑞士	钟表制造	iv
89		斯托克雷特宫	比利时	现代艺术建筑	i, ii
90		简塔·曼塔天文台	印度	古天文台	iii, iv
91		大不里士的集市区	伊朗	集贸市场	ii, iii, iv
92	2010	辛格尔运河内的阿姆斯特丹17世纪同心圆型运河区	荷兰	公共建筑物	i, ii, iv
93		皇家内陆大干线	墨西哥	交通运输道	ii, iv
94	2011	德国法古斯工厂	德国	鞋及鞋楦工厂	ii, iv
95		哥伦比亚咖啡文化景观	哥伦比亚	咖啡产业	v, vi
96		采珠业：海岛经济的见证	巴林	珍珠产业	iii
97		北部—加来海峡的采矿盆地	法国	采煤工业	ii, iv, vi
98	2012	瓦隆尼亚采矿遗迹群	比利时	煤矿及建筑物	ii, iv
99		巴厘文化景观：苏巴克灌溉系统	印度尼西亚	梯田与水渠	iii, v, vi
100		水银遗产：阿尔马登与伊德里亚	西班牙等	汞相关产业	ii, iv
101	2013	红河哈尼梯田文化景观	中国	农业与梯田	iii, v
102		红湾巴斯克捕鲸站	加拿大	捕鲸相关设施	iii, iv
103		中国大运河	中国	人工运河工程	i, iii, iv, vi
104		富冈制丝厂和丝绸产业遗产群	日本	丝织产业	iii, iv
105		范内尔设计工场	荷兰	茶烟生产厂	ii, iv
106	2014	皮埃蒙特的葡萄园景观：朗格·罗埃洛·蒙菲拉	意大利	农业种植	iii, v
107		橄榄与葡萄酒之地：南耶路撒冷文化景观	巴勒斯坦	梯田·水渠工程	iv, v
108		明治产业革命遗址：钢铁、造船和煤矿	日本	钢铁及煤炭等	ii, iv
109	2015	福斯铁路桥	英国	铁路桥	i, iv
110		香槟地区的丘陵葡萄园、酒庄与酒窖	法国	农村工业景观	iii, iv, vi

续表

序号	年份	遗产名	所属国	遗产属性	登录基准
111	2015	勃艮第葡萄园风土	法国	葡萄相关产业	iii，v
112		尤坎—诺托登工业遗产	挪威	电站、工厂等	ii，iv
113		仓库城：康托尔豪斯区和智利屋	德国	仓库等建筑	iv
114		腾布里克神父水道桥水利设施	墨西哥	水利设施	i，ii，iv
115		弗赖·本托斯的产业景观	乌拉圭	各产业集群	ii，iv
116	2016	波斯坎儿井	伊朗	水利设施	iii，iv
117		潘普利亚现代建筑	巴西	城市公共建筑	i，ii，iv
118		勒·柯布西耶建筑作品——对现代主义运动有杰出贡献	日本等7国	城市建筑	i，ii，vi
119	2017	塔尔诺斯克山铅银锌矿及其地下水管理系统	波兰	铅银锌矿开采	i，ii，iv
120		15—17世纪威尼斯共和国的防御工事	黑山等3国	军事防御工事	iii，iv
121	2018	20世纪工业城市伊夫雷亚	意大利	城市建筑群	iv
122	2019	奥格斯堡水利管理系统	德国	水利工程	ii，iv
123		科舍米翁奇的史前条纹燧石矿区	波兰	燧石开采加工	iii，iv
124		厄尔士—克鲁什内山脉矿区	德国捷克	水管理、冶炼场	ii，iii，iv
125		沙哇伦多的翁比林煤矿遗产	印度尼西亚	煤矿开采	ii，iv
126		布吉必姆文化景观	澳大利亚	水产养殖	iii，v
127		布基纳法索古冶铁遗址	布基纳法索	冶铁、建筑	iii，iv，vi
128	2021	伊朗纵贯铁路	伊朗	山地铁路	ii，iv
129		科尔杜昂灯塔	法国	航标建筑物	i，iv
130		威尔士西北部的板岩景观	英国	采石及采矿	ii，iv
131		罗西亚蒙大拿矿业景观	罗马尼亚	金矿开采	ii，iii，iv
132		慈善定居点	荷兰比利时	公共设施建筑	ii，iv

续表

序号	年份	遗产名	所属国	遗产属性	登录基准
133	2021	罗马帝国的边境——下日耳曼界墙	德国 荷兰	古军事设施	ii、iii、iv

注：67号工业遗产所属国为瑞典、挪威、芬兰、立陶宛、乌克兰、爱沙尼亚、拉脱维亚、摩尔多瓦、白俄罗斯9国；100号工业遗产所属国为西班牙和斯洛文尼亚；118号工业遗产所属国为日本、印度、德国、瑞士、法国、比利时、阿根廷7国；120号工业遗产所属国为克罗地亚、意大利、黑山3国。本表依据"①联合国教科文组织（UNESCO）：World Heritage List，2021年8月1日，http：//whc.unesco.org/en/list/? search = &order = country，2021年8月4日。②国际工业遗产保护委员会（TICCIH）：TICCIH BULLETIN，2021年3月31日，https：//ticcih.org/ticcih-bulletin/，2021年8月4日。③[日]種田明：《産業遺産、世界遺産への道》，《跡見学園女子大学観光コミュニティ学部紀要》2017年第2期，第43—62页。④刘伯英在《工业建筑》上相继发表的共13期的《世界文化遗产名录中的工业遗产》等相关数据制作。

表8-4　　　　　　世界五大地域所拥有工业遗产比例

地域区分	工业遗产	跨国遗产	有无遗产国家	每国均拥有量
欧美地区	92项：建筑·矿址·水利·农业·土木·商业·设施等	8项	33√　18×	1.80项
亚太地区	15项：农业·铁道·建筑·设施·水利·交通·矿址等	1项	6√　39×	0.13项
非洲地区	3项：农业·冶铁·建筑等	0项	3√　34×	0.08项
阿拉伯诸国	3项：灌溉·梯田·水渠·珍珠产业等	0项	3√　15×	0.16项
拉丁美洲地区	20项：建筑·矿址·农业·酿酒·水利·交通运输等	1项	7√　26×	0.60项

注：在"工业遗产"列表数量中，跨国遗产只按一项计算，未按国别单一计算。"有无遗产国家"列表中的数据，数字后面有"√"号的为拥有工业遗产项目的国家，数字后面有"×"号的为公约缔约国数量。本表由笔者根据表8-3数据制作。

依据表8-3和表8-4的数据分析，可见世界遗产名录中工业遗产的两大特征：其一，欧美等国家在工业遗产项目中依旧占有绝对优势。借助联合国教科文组织的力量，从 1995 年起，工业遗产在世界遗产名录中增长迅速，每年度均有项目入选。如今，世界遗产名录中共有工业遗产项目 133 项①，约占世界遗产总数的 12%，欧美国家共有 92 项，约占工业遗产总数的 69%。可见，在工业遗产领域中，欧美依旧在总数上占有绝对优势。在工业遗产领域，通过该项目的实施来达到扭转世界遗产分布不均衡的目标，未能有效实现。此外，亚太地区仅有 6 国拥有工业遗产，其中日本最多，拥有 4 项；中国、伊朗和印度三国相同，各有 3 项；菲律宾和印度尼西亚相同，各有 1 项。与德国、英国、法国、荷兰、比利时和意大利等国相比，在这一点上亚太地区还有差距，甚至拉丁美洲地区的工业遗产数量也高于亚太地区，足见其在该领域的文化优势和战略方针。其二，工业遗产项目在世界遗产名录中并无时间和内容上的限制。世界遗产名录中的工业遗产项目，上至史前的燧石矿址、13 世纪的盐矿和 15 世纪的防御工事，下至 20 世纪的都市建筑、农业梯田和交通设施，在时间上自古至今，并无特别限制；在内容上，则包括了矿业、制造业、水产业、交通、通信、商业贸易、农业粮食生产、水利设施·圩田事业等，涉及农业、工业、商业等产业的均可入选。基此，也就可以顺理成章地解释清楚为何我国的"青城山—都江堰""红河哈尼梯田文化景观""中国大运河"可以入选世界遗产名录中的工业遗产项目。

另外，因为我们的目光仅局限于发动机、传动装置、工具机或工作机等以机器（非生物动能）为标志的文化遗存，有的工业遗产则被同级的不同部门重复认定，诸如金陵机器制造局既是中国工业遗产保护名录（第一批）入选项目（中国科协调宣部认定），又是国家工业遗产名单（第二批）入选项目（工业和信息化部认定）；原子能"一堆一器"（旧址）既是中央企业工业文化遗产名录入选项目（国务院国资委认定），又是国家工业遗产名单（第二批）入选项目（工业和信息化部认定），还是第八批全国重点文物保护单位（文化和旅游部、国家文物局认定）。这种同级别的同一重复认定，易导致管理职能界定不清，主辅关系不明，保护标准过多，使得保护单位无所适从，这在很大程度上既降低了行政效

---

① 因个人统计问题，工业遗产的准确数量尚有待进一步考证，但最低限度亦有 133 项，特此说明。

能，又有损政府权威。

从工业遗产认定时限来看，我国工业遗产保护与利用的时间节点以1840年以后为主，兼顾1949年以后、"文化大革命"期间以及改革开放以后等时期。[①] 1840年作为中国近代史的开端，其是中国人民探索救国之路的开始，尤其是洋务运动，催生了中国最早的一批工业企业，创造了许多中国工业史上的第一，诸如安庆军械所、江南制造局、福州船政局、轮船招商局、开滦煤矿、汉阳铁厂等各种工业遗产，如雪泥鸿爪，分布于祖国各地。但中国作为历史悠久、文化灿烂的国度，即便论及中国工业和工业遗产，撇开与机器大工业有着密切关系的前工业文化遗产，则无法充分体现出中国工业遗产的历史性和丰富性，甚至成为影响中国工业遗产研究深入展开的一个严重障碍。例如开凿于1823年（清道光三年）的桑海井（四川省自贡市），作为世界上第一口由人工钻凿的千米深井，既是中国土法生产井盐的"活化石"，也是中国古代钻井工艺成熟的标志，其对现代钻凿技术的参考借鉴意义自不言而喻。

但基于我们对工业遗产概念的理解偏差，从而人为去固化和缩小工业遗产的认定时限，最终却导致包括桑海井在内的大批与机器大工业有关的古代前工业（原始工业）文化遗产被拒之"工业遗产"外，如铜绿山古铜矿遗址、沙河古桥遗址、瓦房庄冶铁遗址、宝山金银矿冶遗址、万山汞矿遗址、柳孜运河码头遗址、镇海堤、湖田古瓷窑址、玉泉寺铁塔、新河闸桥群、梅关和古驿道、龙江船厂遗址、四连碓造纸作坊、凤堰梯田、霍童灌溉工程……不一而足。我国世界遗产名录中的青城山与都江堰、红河哈尼梯田文化景观、中国大运河等文化遗产，在世界遗产委员会的专业咨询机构——国际古迹遗址理事会（ICOMOS）的认定中，它们毫无差别地都是工业遗产。[②] 但我们却很少知晓，更无法去宣传，因

---

① 国家文物局：《关于征求〈工业遗产保护和利用导则（征求意见稿）〉意见的函》，2014年9月15日，http://www.ncha.gov.cn/art/2014/9/15/art_2237_42070.html，最后访问日期：2020年3月26日。

② ICOMOS（国际古迹遗址理事会）：Industrial and Technical Heritage in the World Heritage List 2011，2011年12月31日，https：//www.icomos.org/centre_documentation/bib/，最后访问日期：2020年3月26日；[日]種田明：《産業遺産、世界遺産への道》，《跡見学園女子大学観光コミュニティ学部紀要》2017年第2期，第53、56页。

为用我们自己的工业遗产理论，则无法解释其原因。

"Industrial Heritage"作为有着鲜明西方特色的学术概念，其具有丰富的内涵和外延，在不同的文化和国度中会引起不同的想象和情感。对我们来说，"Industrial Heritage"自21世纪初传入中国以来，其必然需要经历一个本土化的过程后，才能在中国学术研究和保护实践中得到更多的运用和普及。2006年，时任国家文物局局长单霁翔曾就"工业遗产"的内容和时限作过讨论，他指出工业遗产涉及的领域十分宽泛，无论在内容还是时限上都具有丰富的内涵和外延。他还进一步用广义的工业遗产来指代工业革命之前各个历史时期中反映人类技术创造的文化遗产。① 学者梁波也曾撰文论及"工业遗产"，他指出用"产业遗产"的称谓更符合国际上的通行理解。② 学者叶子璇则撰文指出国际通行的"工业遗产"概念已超越18世纪工业革命内容及时限上的范畴，不宜再用容易导致人们理解偏差的"工业遗产"一词，用"产业遗产"一词则更为准确和全面。③ 甚至国际工业遗产保护委员会中国代表刘伯英教授也撰文指出，将"工业遗产"改称"产业遗产"十分必要，因为其可以涵盖中国国民经济中的整个产业。④ 只是这些争鸣仅止于一言半语，未能深入地系统论述，故没有在学界产生大的反应和影响。由此可见，关于"工业遗产"的内涵及外延等，其实早就引起过学者们的关注。

这里需要说明的是，提出"产业遗产"这一话语转向绝非否定我国对"工业遗产"已经展开多年的研究以及保护实践所取得的不菲业绩，绝非否定现代科学本土学术概念的重要性，更非一味全盘西化，将西方工业革命的衍生概念生搬硬套在中国的历史文化和社会现实之上。与此相反，对"工业遗产"的理论研究和保护实践时至今日仍然非常重要。当前，我国工业遗产保护与利用进入快速增长期，各种探索和创新正在如火如荼地开展，这就更需要我们解放思想、打开视野，将大量的研究

---

① 单霁翔：《关注新型文化遗产——工业遗产的保护》，《中国文化遗产》2006年第4期。
② 梁波：《日本的产业遗产研究》，《哈尔滨工业大学学报》（社会科学版）2008年第2期。
③ 叶子璇：《探寻中国式世界工业遗产》，《文化交流》2015年第12期。
④ 刘伯英：《对工业遗产的困惑与再认识》，《建筑遗产》2017年第1期。

成果与国际学术界产生良好的互动、交流和融合，借鉴日本对译的"产业遗产"概念或采用国际学术传统中理解"工业遗产"的范畴，并从"工业遗产"话语转向"产业遗产"话语，更符合中国工业遗产保护与利用的长远之道。其实，中国工业遗产的保护与利用本来就是以《下塔吉尔宪章》为指导，而"工业遗产"正是国际工业遗产保护委员会自始至终所秉承的核心概念和中心主题。

国学大师陈寅恪说过："凡解释一字，即是作一部文化史。"[1] 像"Industrial Heritage"这样的例子绝非个案，其他诸如"Nation（民族/国家）""Records（文件/档案）""Agrarian Question（土地问题/农政问题）""Soft Power（软权力/软实力）""Intangible Cultural Heritage（无形文化遗产/非物质文化遗产）"等西方学术概念，在我国都曾引发广泛关注和热烈讨论，并形成一系列共识，有力促进了学术建设和理论研究。这不能不说既是缩小中西文化交流的"逆差"，让外国学者更好地读懂中国，也是推动中华文化"走出去"，更好地向世界呈现中国文化之美的有效方式。

2018年11月，工业和信息化部印发《国家工业遗产管理暂行办法》（工信部产业〔2018〕232号），从认定程序、保护管理、利用发展、监督检查等方面，对开展国家工业遗产保护利用及相关管理工作进行了明确规定。[2] 2019年11月，习近平总书记在上海考察中国工业遗产保护名录杨树浦水厂时指出，要像对待"老人"一样尊重和善待城市中的老建筑，保留城市历史文化记忆，让人们记得住历史、记得住乡愁，坚定文化自信，增强家国情怀。[3]

2020年6月，国家发展改革委等五部委联合印发《推动老工业城市工业遗产保护利用实施方案》（发改振兴〔2020〕839号），拟以工业遗产的保护和利用为切入点，积极推动老工业城市加快从"工业锈带"转

---

[1] 陈寅恪：《陈寅恪集·书信集》，生活·读书·新知三联书店2009年版，第172页。
[2] 工信部：《工业和信息化部关于印发〈国家工业遗产管理暂行办法〉的通知》，2018年11月5日，https://www.miit.gov.cn/jgsj/zfs/gywh/art/2020/art_c7ab4e7dd0294a19bcb4f88d109bab24.html，最后访问日期：2020年9月26日。
[3] 《深入学习贯彻党的十九届四中全会精神 提高社会主义现代化国际大都市治理能力和水平》，《人民日报》2019年11月4日第1版。

变为"生活秀带",让工业文化融入民众生活,惠及民生。[1]

2022年6月,工业和信息化部在组织专家对《国家工业遗产管理暂行办法》进行修订的基础上,形成了《国家工业遗产管理办法》并予以公示。该管理办法鼓励利用国家工业遗产资源,建设工业文化产业园区、特色街区、创新创业基地、影视基地、城市综合体、开放空间、文化和旅游消费场所等,培育工业设计、工艺美术、工业创意等业态。[2] 以此为契机,秉承国家顶层设计中已有的明确指示,学者们应对中国工业遗产理论进行一次彻底、全面的重读,定能有助未来中国工业遗产的保护与利用,必定会呈现出"墙内开花墙外香"的局面。

---

[1] 国家发展改革委:《关于印发〈推动老工业城市工业遗产保护利用实施方案〉的通知》,2020年6月2日,https://www.ndrc.gov.cn/xxgk/zcfb/tz/202006/t20200609_1231025.html,最后访问日期:2022年9月26日。

[2] 工信部:《关于〈国家工业遗产管理办法〉的公示》,2022年6月29日,https://www.miit.gov.cn/jgsj/zfs/gywh/art/2022/art_f563b110ffad4cc9862e414bee448f84.html,最后访问日期:2022年9月26日。

第九章

文化遗产保护体系：
中国路径探讨与日本标准借鉴

　　文化遗产作为一个国家和民族历史文化成就的重要标志，是优秀传统文化的重要组成部分。进入 21 世纪后，一方面，中国在文化遗产保护方面取得巨大发展成就，在文化遗产保护领域的国际地位不断提升，尤其在数量上，成就了名副其实的文化遗产大国。但另一方面，尽管国务院早在 2005 年就提出"到 2015 年基本形成较为完善的文化遗产保护体系"，但时至今日，这一保护体系尚不清晰，学界也鲜有相关研究。本章试从《文物保护法》和《非物质文化遗产法》等法律的实施角度，紧密结合文化遗产多种多样的保护实践和新时代特征要求，同时借鉴日本在 1998 年就构建出的一套完整的文化遗产保护体系，参照其内容标准，从而全面系统梳理我国文化遗产保护发展状况，形成重点内容种类清单目录，尝试初步回答关于我国文化遗产保护体系的内容问题。

第一节　中华人民共和国成立以来中国文化遗产保护制度的发展完善及分类体系鸟瞰

　　文化遗产作为一个国家和民族文明、历史、传统精神的灵魂和载体，是一个国家和民族历史文化成就的重要标志。对我国而言，在繁荣社会主义文化，建设文化强国过程中，如何系统保护好、利用好、传承好各类文化遗产，对延续历史文脉、推动城乡建设高质量发展、坚定文化自信、建设社会主义文化强国具有重要意义。

然而，回望过去，我们好像忽略了些什么。2005年12月，国务院下发了《关于加强文化遗产保护的通知》，提出总体目标为"到2015年，基本形成较为完善的文化遗产保护体系"[①]。2013年2月，国家文物局党组撰文称："党的十六大以来的十年间，我国基本形成了较为完善的文物保护体系。"[②] 2019年7月，国家统计局社科文司撰文称："我国已逐步构建起了科学有效的文化遗产保护体系。"[③] 但时过经年，对于何为文化遗产保护体系，其内容主要包含什么，有关部门和社会各界均未给予足够关注。据中国知网的数据，国内仅有不足30篇文献涉及此内容，只有3篇文献专门论及这一主题[④]，远少于针对国外此类内容的文献数量[⑤]，且这些研究浅尝辄止，未能明晰其具体内容所指[⑥]，其足以凸显此方面理论探索与研究的不足。

反观邻国日本，其《文化财保护法》历经70多年的发展与完善，不但为联合国教科文组织制定《保护非物质文化遗产公约》提供了日本样本[⑦]，也为我国设立国家级非物质文化遗产代表性项目代表性传承人提供了借鉴与参照。[⑧] 中国非物质文化遗产保护中心主任王福州先生指出：

[①] 《国务院关于加强文化遗产保护的通知》，2005年12月22日，政府网，http://www.gov.cn/gongbao/content/2006/content_185117.htm，最后访问日期：2022年3月18日。

[②] 国家文物局党组：《建设传承体系　保护文化遗产》，《求是》2013年第4期。

[③] 国家统计局：《文化事业繁荣兴盛　文化产业快速发展——新中国成立70周年经济社会发展成就系列报告之八》，2019年7月25日，http://www.stats.gov.cn/tjsj/zxfb/201907/t20190724_1681393.html，最后访问日期：2022年8月15日。

[④] 此3篇文献——王琴红：《构建科学有效的文化遗产保护体系》，《南方文物》2006年第4期。范今朝、范文君：《遗产概念的发展与当代世界和中国的遗产保护体系》，《经济地理》2008年第3期。彭跃辉：《努力构建文化遗产保护体系》，《中国文物科学研究》2012年第1期。

[⑤] 此类文献概有5篇，分别为——王景慧、王伟英：《法国文化遗产保护体系　中国城市规划设计研究院文化遗产考察报告》，《中国名城》2010年第7期。王景慧、张广汉：《挪威文化遗产保护体系》，《中国名城》2010年第12期。姚嫒、张宝秀：《英国北爱尔兰文化遗产保护体系与经验借鉴》，《中国名城》2016年第7期。路方芳：《日本历史文化遗产保护体系概述》，《华中建筑》2019年第1期。万婷婷：《法国乡村文化遗产保护体系研究及其启示》，《东南文化》2019年第4期。

[⑥] 于海广、王巨山：《中国文化遗产保护概论》，山东大学出版社2008年版，第4页。

[⑦] ［日］松浦晃一郎：《アジアから初のユネスコ事務局長　松浦晃一郎》，日本経済新聞出版本部2021年版，第176页。

[⑧] 文旅部：《文化和旅游部关于政协十三届全国委员会第一次会议第0457号（文化宣传类035号）提案答复的函》，2020年12月6日，https://zwgk.mct.gov.cn/zfxxgkml/fwzwhyc/202012/t20201206_916859.html，最后访问日期：2022年8月26日。

"文化遗产学的学科体系建设长期落后于保护实践,亟须从理论层面加以厘清与辨析。"① 所以,就日本文化遗产保护体系的内容、演进和实践,很值得我们去细致了解和深度认识。习近平总书记曾深情寄语:"要提倡理论创新和知识创新,鼓励大胆探索,开展平等、健康、活泼和充分说理的学术争鸣,活跃学术空气。"② 在此,笔者不揣冒昧,拟通过对我国文化遗产保护体系内容的构建实践进行理论分析和学理阐释,进而明晰我国文化遗产保护体系所包含的基本内涵,以及在今天日本《文化财保护法》对我们起到参鉴作用,以期裨益于文化遗产保护实践和学术研究。

一 中华人民共和国成立以来中国文化遗产保护制度的发展与完善

文化遗产作为一个民族和国家的精神财富,历来受到各国政府的高度重视和广泛关注。尤其在保护措施中,完善的法律功令和政策规章则是保障文化遗产保护、利用的法制和法治基础。因此,加强立法保护是保护文化遗产的基本要求和必要环节,而文化遗产保护体系的建立与完善,需要一批法律规则作为其基本依据。就中国的文化遗产保护事业来说,新中国成立以来的70多年间,随着文化遗产保护内涵的扩展,基于国情的立法实践也逐步深入、日渐完善。若以21世纪为重要分水岭,则可以分前后两个时期,每个时期再各自分为两个阶段,厘清文化遗产保护的演化轨迹和各阶段发展特征,将有助于我们明晰中国文化遗产的保护体系。

(一) 抢救保护、建章立制(1949—1978)

此阶段时间跨度较长,社会变化深刻,就文化遗产的保护特征而言,随着新中国的成立,中国的文物保护事业也经历了从无到有、建章立制的过程,依靠政府的统筹管理,使得依法管理文物工作步入了正轨。尤其是1961年国务院发布的《关于进一步加强文物保护和管理工作的指示》和《文物保护管理暂行条例》,并核定公布的《第一批全国重点文物保护单位名单》180处,不但首次提出了"文物保护单位"的概念,还明确了县(市)级—省级—国家级的分级管理体制,标志着我国对不可

---

① 徐欧露:《建立中国特色的文化遗产体系》,《瞭望》2022年第22期。
② 习近平:《在哲学社会科学工作座谈会上的讲话》,人民出版社2016年版,第28页。

移动文物所实行的文物保护单位制度得以确立,该条例也被视为新中国诞生后第一个全面的国家文物保护法规。① 但受传统观念的影响,此阶段的人们往往重视实物文物、历史建筑的保护而忽视歌舞、戏曲和民俗等文化表现形式的保护,对文物的价值判断主要基于其时间年代和存世数量,且受传统的修复保护观念的影响,往往重视其历史价值而忽视其社会价值,着力于文物本体及其抢救性保护,保护也还限于政府行为和专家层面,全社会文物保护意识尚未形成,甚至在"文化大革命"时期还发生了大规模破坏文物的现象。

(二) 融入国际、完善机制 (1978—2000)

此阶段随着改革开放的深入推进,《文物保护法》颁布实施,这是我国文化领域由国家最高立法机构颁布的第一部法律,是文物工作的根本大法,尤其是设立历史文化名城制度,为国家保护了大量珍贵的文化遗产,在保护文化基因、延续历史文脉、塑造特色风貌中发挥了重要作用。同时,中国还加入了《世界遗产公约》并借助申报世界遗产名录项目,开始与国际文化遗产保护领域接触,尤其是借助联合国教科文组织的诸如《保护民间创作建议书》(1989)、《〈人类口承遗产杰作〉宣言》(1997)等一系列文件,非物质文化遗产的概念开始兴起,并在大力发展先进文化中得到了更多的应用,使得其与文物一起,在 21 世纪世界呼唤多元文化精神和价值的时代迎来了中国文化遗产保护与利用的高光时刻。传统观念与新观念、外来理念不断碰撞,促进人们对文物保护目标和原则的反思。2000 年云南省通过的《云南省民族民间传统文化保护条例》,也为日后在全国范围内展开的大规模非物质文化遗产立法工作积累了宝贵经验。

(三) 有形无形②、全面提升 (2001—2012)

此阶段中国有关文化遗产的保护理念越来越先进,诸如保护为主、

---

① 韩丹东:《〈文物保护管理暂行条例〉——文物中国文物保护史上的里程碑》,《法治日报》2021 年 6 月 22 日第 8 版。
② 此处的有形无形分别指有形文化和无形文化,也即物质文化和非物质文化。具体见——何星亮:《中国民族学学会第七届学术研讨会纪要》,《民族研究》2002 年第 5 期,第 101—102 页。顾军著,苑利编:《文化遗产报告:世界文化遗产保护运动的理论与实践》,社会科学文献出版社 2005 年版,第 235—255 页。

抢救第一、合理利用等理念深入人心，形成了全社会保护文化遗产的共识。保护制度越来越健全，尤其是《非物质文化遗产法》颁布实施，标志着我国非物质文化遗产在行政法保护领域跨入了新阶段。保护种类越来越丰富，从古文化遗址、古墓葬、古建筑、石窟寺、石刻、壁画到民俗、民间文学、传统歌舞、传统戏曲、传统技艺、传统医药等，涵盖了物质文化遗产与非物质文化遗产的方方面面。保护范围越来越广泛，从保护文物保护单位、保护历史文化街区、保护历史文化名城到具有中国特色的国家、省、市、县四级非物质文化遗产名录体系，使得一大批珍贵、濒危和具有重大价值的文化遗产得到了有效的保护。保护活动越来越密集，传统节日、文化遗产日（2017年改为文化和自然遗产日），国际性与地方性的活动更是层出不穷，使得更多个人更加积极自觉参与到文化遗产保护活动中。就此，中国社会真正实现了从"文物保护"到"文化遗产保护"的转换。

（四）中国经验、国际彰显（2012年至今）

此阶段为党的十八大以来，中国特色社会主义进入新时代，以习近平同志为核心的新一届中央领导集体把文化遗产保护作为开展工作的突破口，采取了一系列行动，工作扎实，成效显著。《文物保护法》5年间历经3次修正（2013、2015、2017），及时适应文物保护利用改革和经济社会发展需要。此外，对内通过每年所认定实施的各种诸如中国传统村落（2012）、中国重要农业文化遗产（2013）、中国少数民族特色村寨（2014）、国家级旅游度假区（2015）、国家级传统工艺工作站（2016）、中国20世纪建筑遗产（2016）、国家工业遗产（2017）、中国工业遗产（2018）、国家全域旅游示范区（2019）、国家湿地公园（2019）、国家文物保护利用示范区（2020）、国家公园（2021）、国家文化公园（建设中）等文化遗产品牌战略，打造一批有影响力、有代表性的文化遗产品牌。对外通过出台切实可行的国际合作方案，诸如中法文化遗产保护和考古机构交流对接活动、中英文化遗产高层论坛、中国—中东欧文化遗产论坛、亚洲文化遗产保护行动、承办第四十四届世界遗产大会等，以国际对话架起文化桥梁，进而增进与联合国教科文组织、法国、英国、亚洲等各国的国际交流合作，为国际文化遗产保护领域提供中国案例和中国经验。

二　中国当代文化遗产保护分类体系鸟瞰

在中国文化遗产保护语境下，作为认识中国文化遗产保护事业的科学方法和重要前提，需从保护体系的角度去总结与分析中国文化遗产保护的实质。文化遗产的保护体系尽管可以从制度体系、技术体系、管理体系、标准体系、支持体系等方面进行划分[①]，但依据法源对文化遗产进行分类实施保护是世界各国在文化遗产保护中最常见的维度，联合国教科文组织所主导实施的世界遗产名录和非物质文化遗产名录，日本所指定的重要文化财和国宝均属于此类情形。我国现行与文化遗产相关的诸法律规章在很大程度上参照了国际的标准和要求，因此遵照国际通用的分类方法，就能比较容易勾勒出中国文化遗产保护体系的清晰轮廓。

（一）国际法框架下所实施的文化遗产名录认定

我国的文化遗产保护体系，主要依据国际法和国内法两部分进行分类。国际法主要来自联合国教科文组织、国际粮农组织（FAO）和国际非政府间学术组织等机构所实施的相关文化遗产名录认定，其中联合国教科文组织依据《世界遗产公约》和《保护非物质文化遗产公约》所实施的世界遗产名录和非物质文化遗产名录认定，是世界范围内影响最大的文化遗产名录认定项目。不管是两大公约，还是其各名录认定，均深刻地影响着世界各国的文化遗产保护政策。同时，获得名录项目的多寡，在一定程度上也代表着一个国家面向国际社会诠释本国文化契机和影响力的高低，这是源自多数国家都认为优秀的传统文化就是一个国家最深厚的文化软实力的最浅显价值理解。

中国作为联合国教科文组织的重要会员国，历来积极响应其号召，认真履行公约的缔结义务，通过在教育、科技、文化等领域开展的一系列的合作项目和交流活动，取得了良好的效果。尤其是在文化遗产领域，通过实施的一系列文化强国战略，中国积极向联合国教科文组织申报项目名录，为提升人类文化遗产保护能力贡献更多的力量（表9-1）。如表

---

① 周耀林、李姗姗：《可移动文化遗产保护体系研究》，武汉大学出版社2017年版，第88—263页。

9-1所示，我国所拥有的各项世界级的文化遗产，均位列世界前茅。2012—2021年，我国共成功申报15项世界遗产名录项目，与德国同时并列第一，是世界上申报成功率最高的国家。同时，据《2020年世界遗产展望》显示，世界自然遗产和复合遗产中，全球整体状况处于"好或较好"的比例为63%，我国则高达89%；全球处于危急状况的比例为7%，我国为0，优于国际平均水平。① 可见，不论是项目申报，还是保护效果，在国际舞台上，中国已成为21世纪新时代人类文化遗产保护的主要参与者和推动者。

表9-1　　　国际法框架下我国所登录的文化遗产种类及数量

实施组织	法源或机构	遗产名称	遗产种类	中国数量	世界排名
联合国教科文组织	《世界遗产公约》	世界遗产	文化遗产	38项	2
			自然遗产	14项	
			复合遗产	4项	
	《保护非物质文化遗产公约》	联合国教科文组织非物质文化遗产名录	人类非物质文化遗产代表作名录	34项	1
			亟须保护的非物质文化遗产名录	7项	
			优秀实践名册	1项	
	世界记忆工程国际咨询委员会	世界记忆遗产		13项	7
	联合国教科文组织亚太地区文化遗产保护奖委员会	亚太地区文化遗产保护奖	卓越奖	5项	1
			杰出奖	8项	
			优秀奖	23项	
			荣誉奖	28项	
			创新奖	13项	
联合国粮农组织	全球重要农业文化遗产科学指导委员会	全球重要农业文化遗产		18项	1

---

① 顾仲阳：《我国世界自然遗产和双遗产总体保护状况良好》，《人民日报》2022年6月12日第4版。

续表

实施组织	法源或机构	遗产名称	遗产种类	中国数量	世界排名
非政府国际组织	国际灌溉排水委员会	世界灌溉工程遗产		26 项	2

资料来源：笔者参照"联合国教科文组织官网（https://ich.unesco.org/en/lists）""联合国粮农组织（https://www.fao.org/home/en）""国际灌溉排水委员会（https://icid-ciid.org/home）"相关数据制作。

世界遗产名录主要分为文化遗产、自然遗产和复合遗产三种，其中又可以再依据其他标准划分出跨国遗产、濒危遗产、文化景观、产业遗产、负文化遗产等类别。目前，我国共拥有文化遗产 38 项、自然遗产 14 项、复合遗产 4 项，合计 56 项，仅次于意大利的 58 项位列世界第二位。非物质文化遗产名录主要分为人类非物质文化遗产代表作名录、亟须保护的非物质文化遗产名录和优秀实践名册三种。目前，我国共拥有人类非物质文化遗产代表作名录 34 项、亟须保护的非物质文化遗产名录 7 项和优秀实践名册 1 项，合计 42 项，位居世界第一。同时，联合国教科文组织还组织实施有世界记忆遗产名录、世界生物圈保护区、世界地质公园、创意城市和亚太地区文化遗产保护奖五种项目名录认定制度，这些项目认定我国均有申报。目前，我国共拥有世界记忆遗产 13 项，与法国、墨西哥并列位居世界第七位；拥有世界生物圈保护区 34 个，仅次于西班牙、俄罗斯和墨西哥位居世界第四位；拥有世界地质公园 41 座，位居世界第一位；拥有创意城市 16 座，位居世界第一位；拥有亚太地区文化遗产保护奖 77 项[1]，位居亚太地区第一位。除此之外，国际粮农组织组织实施的全球重要农业文化遗产，国际灌溉排水委员会组织实施的世界灌溉工程遗产，均是在概念上等同于联合国教科文组织所实施的世界遗产名录。目前，我国拥有全球重要农业文化遗产 18 项，位居世界第一；拥有世界灌溉工程遗产 26 项，仅次于日本位居世界第二（表 9-1）。

（二）两大基本法框架下所实施的文化遗产名录认定

国内法主要指围绕着《文物保护法》和《非物质文化遗产法》两部

---

[1] 阚维民：《UNESCO 亚太地区文化遗产保护奖与中国获奖项目的意义》，《中国文化遗产》2017 年第 4 期。

保护文物和非物质文化遗产的根本大法所实施的相关文化遗产名录认定。因此，就我国的文化遗产，主要依此而划分为物质文化遗产（有形文化遗产）与非物质文化遗产（无形文化遗产）两大类。依据《文物保护法》之规定，我们把物质文化遗产称为文物，文物在第一层面主要分为可移动文物和不可移动文物两种。可移动文物又称为馆藏文物（可收藏文物），是指历史上各时代文献、手稿、艺术品、重要实物、图书资料、代表性实物等，其又可分为珍贵文物和一般文物。珍贵文物还可分为国家一级文物、二级文物、三级文物。目前，国有可移动文物约为1.08亿件（套），其中珍贵文物约385万余件（套），一级文物21万余件（套），二级文物55万余件（套），三级文物308.6万余件（套），一般文物2435万余件（套），未定文物3586万余件（套）。① 不可移动文物则又称之为文化古迹（历史遗迹），是指石刻、壁画、古墓葬、古建筑、石窟寺、古文化遗址、近代现代重要史迹和代表性建筑等，是针对可移动文物而言，依其价值可再被分别确定为全国重点文物保护单位、省级文物保护单位、市及县级文物保护单位。同时，对于保存文物特别丰富且具有重大历史价值或者革命纪念意义的城市、街区及村镇，可相应核定为国家历史文化名城、国家历史文化街区及国家历史文化村镇。目前，我国拥有不可移动文物76万余处（其中约40万余处为文物建筑）②，全国重点文物保护单位5058处，省级文物保护单位18799处，市级文物保护单位23409处，县级文物保护单位92670处③，国家历史文化名城141座，中国历史文化街区30处，国家历史文化村镇（名镇312座、名村487座）。此外，在《文物保护法》框架下，国家文物局还实施认定有国家考古遗址公园36座，省级革命文物和红色革命遗址若干。

而针对《非物质文化遗产法》框架下所实施的一系列保护措施，主要有国家级、省级、市级和县级非物质文化遗产代表性项目名录

---

① 国新办：《国家文物局举行第一次全国可移动文物普查成果发布会》，2017年4月7日，http://www.scio.gov.cn/m/xwfbh/gbwxwfbh/xwfbh/wwj/Document/1547398/1547398.htm，2022年6月8日。

② 练洪洋：《且试且行 更好活化文物建筑》，《光明日报》2022年8月9日第2版。

③ 丁燕、于冰：《文物保护单位名录汇总情况分析与规范化探讨》，《中国文化遗产》2021年第3期。

（2014年11月前称为"国家级非物质文化遗产名录"）。同时基于非物质文化遗产是以其传承人的实践活动为主要载体的"活"的文化形态，其核心是人，其保护要持以人为本的理念，与此相对应的，则是认定国家级、省级、市级和县级非物质文化遗产代表性项目代表性传承人。此两种四级保护体系均全面涵盖到了民俗、曲艺、民间文学、传统音乐、传统舞蹈、传统戏剧、传统美术、传统技艺、传统医药、传统体育、游艺与杂技等非物质文化遗产的十一大门类。此外，国家级文化生态保护区和国家级非物质文化遗产生产性保护示范基地也是针对非物质文化遗产领域实施的保护措施。目前，我国非物质文化遗产资源总量共约87万项，有国家级非物质文化遗产代表性项目名录项目1557项（五批），31个省（自治区、直辖市）约11042项、334个市约36111项、2853个县约88518项，共计约近14万项。① 国家级非物质文化遗产代表性项目代表性传承人3068名（五批）（2021年年末在世2433名），省级16432名，市级38220名，县级76842名。② 国家级文化生态保护（实验）区24个，国家级非物质文化遗产生产性保护示范基地100个（表9-2）。

表9-2　　两大基本法框架下我国各类文化遗产的种类及名录

实施法源	遗产名称	遗产种类	遗产数量
《文物保护法》第三条、第十三条	可移动文物：（馆藏文物、流散文物）约1.08亿件（套）	珍贵文物	3856268件
		一级文物	218911件
		二级文物	551192件
		三级文物	3086165件
		一般文物	24353746件
	不可移动文物：（文物史迹）约76万处	全国重点文物保护单位	5058处
		省级文物保护单位	18799处
		市级文物保护单位	23409处
		县级文物保护单位	92670处

① 周和平：《我国保护非物质文化遗产的实践与探索》，《艺术教育》2018年第17期。
② 项兆伦：《中国保护文化遗产的实践与经验》，《雕塑》2016年第5期。

续表

实施法源	遗产名称	遗产种类	遗产数量
《文物保护法》第十四条	不可移动文物	国家历史文化名城	141 座
		中国历史文化街区	30 处
		国家历史文化名镇	312 座
		国家历史文化名村	487 座
《文物保护法》第五条	地下（含水下）文物	地下文物保护区（山东省）	0 处
		水下文物保护区（山东省）	1 处
《非物质文化遗产法》第十八条	非物质文化遗产：约87万项非物质文化遗产代表性项目名录	国家级非物质文化遗产代表性项目名录	1557 项
		省级非物质文化遗产代表性项目名录	11042 项
		市级非物质文化遗产代表性项目名录	36111 项
		县级非物质文化遗产代表性项目名录	88518 项
《非物质文化遗产法》第二十九条	非物质文化遗产代表性项目代表性传承人	国家级非物质文化遗产代表性项目代表性传承人	3068 名
		省级非物质文化遗产代表性项目代表性传承人	16432 名
		市级非物质文化遗产代表性项目代表性传承人	38220 名
		县级非物质文化遗产代表性项目代表性传承人	76842 名

资料来源：笔者参照"国家文物局举行第一次全国可移动文物普查成果发布会（http://www.scio.gov.cn/m/xwfbh/gbwxwfbh/xwfbh/wwj/Document/1547398/1547398.htm）""《光明日报》（2022-08-09（02版））""《中国文化遗产》（2021年第3期）"及"周和平的《我国保护非物质文化遗产的实践与探索》、项兆伦的《中国保护文化遗产的实践与经验》"相关数据制作。

由上表内容可知，《文物保护法》和《非物质文化遗产法》作为我国开展文化遗产保护事业最重要的两部法律，依据其条文所实施的系列文化遗产认定，构成了中国文化遗产内容体系中最基础、最核心的部分。我们常说的我国已逐步构建起了科学有效的文化遗产保护体系，在很大程度上即是指四级名录体系，即国家、省、市、县四级，包括《文物保护法》中所指的国家、省、市、县四级文物保护单位认定，《非物质文化遗产法》中所指的国家、省、市、县四级非物质文化遗产代表性项目名录及其相对应的代表性传承人认定。此外，历史名城、街区、名镇和名村四级体系，可移动文物中的珍贵文物、一级文物、二级文物和三级文物四级体系，也是常常被提及的两组概念和表述。这些针对文化遗产的分类和界定，基本构成了有中国特色的文化遗产保护体系。因此在助力文化强国事业建设中的重要地位不言而喻。

（三）两大法源之外所实施的文化遗产名录认定

除上述依法所实施的各种认定，在《文物保护法》和《非物质文化遗产法》的法律框架外，国务院及相关部委、国家一级学会和各级地方政府等机构部门根据自己的定位和职能，积极发挥各自行业服务积极性，从不同的角度协助国家用足用好中央一揽子保护政策，也相继认定了一批文化遗产名录项目，诸如中国工艺美术大师（533 名、国务院认定）、国家级风景名胜区（244 处、住房和城乡建设部认定）、国家级森林公园（897 处、国家林业和草原局认定）、国家级自然保护区（474 处、生态环境部认定）、国家地质公园（220 处、国家林业和草原局认定）、国家级生态示范区（528 处、生态环境部认定）、中国传统村落（6819 座、住房和城乡建设部认定）、中国档案文献遗产（142 项、国家档案局认定）、国家珍贵古籍名录（13026 部、文化和旅游部认定）、中国重要农业文化遗产（138 处、农业农村部认定）、中国少数民族特色村寨（1057 座、国家民族宗教事务委员会认定）、国家级旅游度假区（45 家、文化和旅游部认定）、国家级传统工艺工作站（18 家、文化和旅游部认定）、中国 20 世纪建筑遗产（497 项、中国文物学会和中国建筑学会认定）、国家工业遗产（197 项、工业和信息化部认定）、中国工业遗产（200 项、中国科协调宣部等认定）、国家全域旅游示范区（168 家、文化和旅游部认定）、国家湿地公园（899 处（含试点）、国家林业和草原局认定）、革命文物保护利用片区（37 处、中共中央办公厅和国务院办公厅认定）、国家文物保护利用示范区（6 家、国家文物局认定）、国家公园（5 处、国家林业和草原局认定）等与文化遗产相关的一系列名录认定。此外，还有山东省文化和旅游厅实施的首批山东省革命文物名录（4130 件/处），山西省人民政府所实施的首批省级红色文化遗址名录（191 处）等，诸如此类，不一而足，这些文化遗产名录认定分门别类，既突出了保护重点，又可使有限的行政、财力资源得到科学利用，有利于推动文化遗产的保护和利用，加强人民对中华民族的文化自觉和文化认同（表9-3）。

表9-3　　其他部委等所实施的与文化遗产相关的名录认定

实施组单位	实施法源	遗产名称	遗产种类	认定数量
国务院	《传统工艺美术保护条例》	中国工艺美术大师		533名
	《风景名胜区条例》	国家级风景名胜区		244处
	《关于实施中华优秀传统文化传承发展工程的意见》	国家文化公园		5处
（文化部）文化和旅游部	《国家级文化生态保护区管理办法》	国家级文化生态保护区	国家级文化生态保护区	7个
			国家级文化生态保护实验区	17个
	《关于开展国家级非物质文化遗产生产性保护示范基地建设的通知》	国家级非物质文化遗产生产性保护示范基地		100个
	《中国传统工艺振兴计划》	国家级传统工艺工作站		18家
	《关于进一步加强古籍保护工作的意见》	中华古籍保护计划	国家珍贵古籍名录	13026部
			全国古籍重点保护单位	203家
国家文物局	《关于实施革命文物保护利用工程（2018—2022年）的意见》	革命文物保护利用片区		37处
	《关于加强文物保护利用改革的若干意见》	国家文物保护利用示范区		6家
住房和城乡建设部	《关于切实加强中国传统村落保护的指导意见》	中国传统村落		6819座
国家民委	《国家民委关于印发开展中国少数民族特色村寨命名挂牌工作意见的通知》	中国少数民族特色村寨		1057座
国家档案局	《世界记忆项目总方针》	中国档案文献遗产		142项
中国文物学会、中国建筑学会	《中国20世纪建筑遗产保护与发展建议书》	中国20世纪建筑遗产		497项
工业和信息化部	《关于开展国家工业遗产认定试点申报工作的通知》	国家工业遗产		197项

续表

实施组单位	实施法源	遗产名称	遗产种类	认定数量
中国科协调宣部	《城市工业遗产保护名录研究项目》	中国工业遗产		200项
山东省文化和旅游厅	《山东省革命文物保护利用工程实施意见》	可移动珍贵革命文物		3233件
		不可移动革命文物		897处
山西省人民政府	《山西省红色文化遗址保护利用条例》	红色文化遗址		191处

资料来源：笔者参照"中央人民政府（https://www.gov.cn/）""文化和旅游部（https://www.mct.gov.cn/）""国家文物局（http://www.ncha.gov.cn/）"等相关数据制作。

这些文化遗产名录认定是除国际法和两大基本法之外文化遗产保护的有益补充和延伸，其分门别类，既突出了保护重点，又可使有限的行政、财力资源得到科学利用，使得我国文化遗产保护创建体系更加完整统一，如同为文化遗产保护事业撑起了"保护伞"，既极大地推动文化遗产保护意识更广泛地深入人心，规范更多社会力量参与文化遗产保护利用，又有利于推动文化遗产的保护和利用，加强中华民族的文化自觉和文化认同。

由此，上述的三部分内容，虽不能无一遗漏、全面覆盖，但基本上反映了我国业已形成的多极化的文化遗产保护体系，约趋向于"橄榄球"型结构，一三位两端，第二居中间。三部分中，第一部分中获得国际名录认定的数量虽然最少，但是其借此名录所获得的知名度、权威性和影响力往往是最大的，是展示国家文化形象和民族精神的窗口。第二部分中数量最庞大、体系最健全，且构成了"横向到边、纵向到底"的辐射范围最广的文化遗产保护网，是申请各项国际文化遗产名录的最重要备选库。第三部分种类繁多、特征鲜明、内涵丰富，不仅有助于其根植文化内涵、突出自身特色，更好地探索文化遗产的保护路径，也有助于推进构建完善的中国文化遗产保护体系。总体上，得益于国际及国家的顶层设计和规划部署，相关部门通力协作，各地积极作为，社会各界踊跃参与，全国文化遗产系统砥砺奋进，文化遗产保护事业得到很大发展，文化遗产工作取得显著成绩，努力走出了一条符合国情的文化遗产保护利用之路。

第二节　他山之石：对日本文化遗产保护标准的借鉴

亚洲作为人类文明的重要发祥地，遗留着浩如星海的文化遗产，它们既是文明起源发展的重要见证和文明互鉴、文化融合的生动展示，也是文明可持续发展的力量源泉。[①] 这当中，作为亚洲最早走上现代化道路的国家日本，在文化遗产保护方面亦颇有建树。仅《文化财保护法》的制定，无论是在法律制度、规章政策上，还是在名录认定、利用创新方面，都可供亚洲各国在此方面加以借鉴。[②] 毋庸置疑，不同国家在推动文化遗产保护与利用上往往有着不同的政策着力点，对于我国来说，党的十九届五中全会进一步提出的到2035年建成文化强国的远景目标，可谓意义深远。如何创新发展，如何借鉴经验，是一个值得探讨的问题。日本在文化遗产事业发展中所提供的可资我们借鉴和参考的有三方面：

一　与时俱进、法常更新

法律规章只有与社会情势相适应，才能真正发挥其对社会关系的调整作用。因此，积极应对社会发展新形势，及时修订完善法律内容，是实现其法律目的的重要手段。《文化财保护法》作为日本保护文化遗产的根本大法，同时涵盖针对保护有形文化遗产和无形文化遗产的章节条例，理念先进，内容丰富，体例完整，条贯清晰，紧密结合日本文化财保护现实状况，兼具学理性、前瞻性和时代性。[③] 其自1950年5月公布以来的72年间，历经8次全面修订36次局部修订[④]，平均9年大修1次，2年小改1次，法律内容由最初的7章（不含附则）130条增加至现在的

[①] 李群：《守护亚洲文化遗产进行时》，《光明日报》2021年11月10日第16版。

[②] 周超：《日本文化遗产保护法律制度及中日比较研究》，中国社会科学出版社2017年版，第4页。

[③] 李墨丝：《非物质文化遗产保护法制研究——以国际条约和国内立法为中心》，博士学位论文，华东政法大学，2009年，第5页。

[④] 《文化財保護法》，日本法令索引，2022年6月17日，https://hourei.ndl.go.jp/#/detail?lawId=0000042652，最后访问日期：2022年8月24日。

13章203条，章条字数由3万余增至11万余，从与文化财的范围（从有形文化财、无形文化财、史迹名胜天然纪念物3种扩大到民俗文化财、埋藏文化财、传统建造物群、文化财保存技术、文化景观等共8种）、保护方法（从指定、登录到认定、选择和选定）和行政管理权限（由中央政府下发至都道府县，再到市町村），再到与《遗失物法》《国有财产法》《地方自治法》等法律条文的修正而导致该法律所做出的相应调整，从而符合社会发展的需要，使《文化财保护法》能够与相关法律有效衔接、协调运转。细微处见真章，既反映了时代特色和实践要求，又凸显了法治的责任担当，使日本逐渐摸索出一条渐进式的且富有日本特色的文化遗产保护体系。

反观我国文化遗产保护领域的两部基本法律，《文物保护法》自1982年11月颁布以来，40年间仅实施过2次修订（含2020年11月公布的《文物保护法〈修订草案〉征求意见稿》）和5次修正，条文由最初的8章（含附则）33条增至今天的9章（含附则）80条（《文物保护法〈修订草案〉征求意见稿》为9章（含附则）107条），全文由4000余字增至1.2万余字（《文物保护法〈修订草案〉征求意见稿》为1.7万余字）。《非物质文化遗产法》全文约5000余字，共6章（含附则）45条，自2011年2月公布以来，尚未实施过修正，甚至条文数量还不及地方法《甘肃省非物质文化遗产条例》丰富和完善。因此，从宏观层面来说，随着中国特色社会主义进入新时代，文化遗产事业发展面临新形势新任务，迫切需要完善法律保障。从微观角度切入，在文物保护方面，例如大拆大建、违法成本低、过度开发等问题突出。[1] 针对非物质文化遗产，诸如何给列入国家保护范畴的非物质文化遗产建档立案，以制度化体系化运行确保传承保护落实到位；如何健全切实有效的执行监督机制和责任追究制度，强化相关部门和单位的协调联动。[2] 诸如此类，均需及时通过修法克服现行法律存在的问题和不足，满足社会现实的需要。

---

[1] 李群：《国务院关于文物工作和文物保护法实施情况的报告——2021年8月18日在第十三届全国人民代表大会常务委员会第三十次会议上》，《中华人民共和国全国人民代表大会常务委员会公报》2021年第6期。

[2] 冯骥才：《把非物质文化遗产保护好传承好》，《人民日报》2022年2月7日第7版。

二 文化保护、涵盖生物

日本《文化财保护法》所具有的划时代意义，不仅仅因为其是世界上首部对非物质文化遗产实施保护的法律，从另外的维度来分析，更难能可贵的是该法律将天然纪念物（动植物）也纳入到了文化遗产保护的范畴，使其成就了世界上最早的综合性文化遗产保护立法之名。[1] 时间追溯至1919年6月，日本实施的《史迹名胜天然纪念物保存法》明确将"史迹（城址、贝塚、古坟）、名胜（庭院、海滨、山岳）、天然纪念物（动物、植物、地质矿物）"等均纳入保护对象，成为当时仅次于德国的世界上第二个对天然纪念物实施法律保护的国家。[2] "天然纪念物"一词是与"文化纪念物"相对应而衍生的新概念，1800年由德国科学家亚历山大·冯·洪堡（Alexander von Humboldt）首次使用[3]，1907年曾留学德国的日本"植物学第一人"三好学[4]撰文倡导保护天然纪念物，1911年向国会提交的《关于史迹及天然纪念物保存的建议案》被通过且最终促成了该法的诞生。1950年5月《文化财保护法》公布实施时，其继承了《史迹名胜天然纪念物保存法》中的保护内容，并将其视为与有形文化财、无形文化财并列的三大文化财保护对象之一。目前，日本共指定1038件天然纪念物（动物196件、植物558件、地质矿物261件、天然保护区域23处，均包含动物繁殖地、植物自生地、发生奇异自然现象的土地在内），其中75件（动物21件、植物30件、地质矿物20件、天然保护区域4处）被指定为特别天然纪念物。与1972年时的846件（68件

---

[1] 朱祥贵：《文化遗产保护立法基础理论研究——生态法范式的视角》，博士学位论文，中央民族大学，2006年，第27页。

[2] ［日］加藤陆奥雄、沼田真等：《日本の天然記念物》，東京：講談社1995年版，第1101页。

[3] ［日］文化厅文化财保护部：《天然記念物事典》，東京：第一法规出版株式会社1971年版，第308页。

[4] 三好学 Miyoshi Manabu（1862.1—1939.5）日本明治、大正、昭和时代的植物学者，1891年赴德国莱比锡大学留学，1895年任日本东京大学教授，是构筑日本植物学基础的第一人，尤其是作为对樱花和菖蒲研究的第一人而被人们称之为"樱花博士"。同时，其还是在日本推广"天然纪念物"概念的先驱者，为珍稀植物的保护而尽毕生之力。此外，"景观"一词也由三好学所首创。

为特别天然纪念物）数据相比，增长了约23%。

在此需要说明的是，天然纪念物并不是我们通常意义上所理解的自然保护区，与我国自然保护区相对应的，则是日本环境省等设有的用以保护珍稀濒危野生动植物物种和各种地质遗迹的"生息地等保护区""自然环境保全地域"和"日本地质公园"。故此，置于《文化财保护法》框架下的天然纪念物保护制度的设立有着更特殊的考量，稀缺性、艺术性、鉴赏性、脆弱性和不可再生性等文化遗产常有的属性不是天然纪念物认定时的首要标准，独特的文化价值才是其遴选的最重要参考。[1] 以1928年所指定的天然纪念物"室户岬亚热带性树林及海岸植物群落"为例，其所保护的以红楠、赤榕、青桐等为主的室户岬植物群落，是四国岛唯一的热带植物分布地，也是热带植物区域延伸到的最北位置，其为气候学的史学研究提供了无可替代的信息，为日后深入开展植物区系、应用气候及地域生态环境等方面研究提供了宝贵实物资料。[2]

日本对天然纪念物设立保护制度看似与文化遗产相关制度相悖实则一致，有深厚的法理依据。而我国《文化保护法》第二条之五中却如是规定："具有科学价值的古脊椎动物化石和古人类化石同文物一样受国家保护。"[3] 可见，我们把纯粹的自然产物视为文化遗产，正是看重其自身所蕴含的历史价值和科学价值等文化分量。只不过我们保护的是化石，日本保护的是活化石，中日各自从不同的路径出发，从不同的视角切入，但都殊途同归，旨在保护文化，传承文明。联合国教科文组织将世界遗产划分为"文化遗产"和"自然遗产"，我国将"文化遗产日"调整设立为"文化和自然遗产日"，无不是把握住了生态文明理念的真谛，廓清了自然与文化的辩证关系。比如我国的14项世界自然遗产和4项复合遗产中，3项涉及国家公园，6项位于全球生物多样性热点地区，16项属于我国政府确定的中国生物多样性保护优先地区，9项列入联合国教科文组织世界生物圈保护区。同时，18项遗产地还保护了200多个文物保护单

---

[1] ［日］中村淳、周先民：《日本文化财保护法的发展历程》，《遗产》2019年第1期。
[2] ［日］室户市教育委员会：《名勝室戶岬、天然記念物室戶岬亜熱帯性樹林および海岸植物群落保存活用計画》，室户市教育委员会2019年版，第25页。
[3] 国家文物局：《中国文化遗产事业法规文件汇编（1949—2009）（上册）》，文物出版社2009年版，第140页。

位、非物质文化遗产、众多的历史文化名城名镇名村和传统村落，平均每年为当地带来超过 140 亿元的旅游收入。[①] 只是对我们而言，推动文化发展、建设文化强国，文化遗产保护的探索和创新的步子还应当更大、更实，摒除文化遗产保护体系更多关注必须是由人类创造的，又或者是与人类活动有关的文物或非物质文化遗产的刻板印象，也要重视自然与文化的整体性和统一性，让更多的理念能够付诸实践。

三　传统技艺、整体认定[②]

作为世界上第一部涉及非物质文化遗产保护的国家法律[③]，日本的《文化财保护法》开创了人类文化遗产保护的新道路。同时，针对作为非物质文化遗产保护与传承核心因素的人[④]，该法律在第 71 条也有明确规制。尤其是作为艺能和传统技术类的无形文化财，其技艺是通过传承者的个人抑或团体的展演而得以物化呈现。因此，日本政府在对无形文化财进行指定的同时，也通过对传承者进行认定的方式，用以从整体上提升无形文化财的保护质效。虽然这一认定方法是在 1954 年 5 月《文化财保护法》第三次全面修订时才得到确立，且于 1955 年 2 月才进行施法后的首次认定，但其本身所具有的鲜明特征和时代价值，在人类非物质文化遗产保护史具有里程碑意义，足以留下深厚的印记。

与我国《国家级非物质文化遗产代表性传承人认定与管理办法》中采取的针对单个自然人实施的单一认定不同，日本的认定共分"各个认定""综合认定""保持团体认定"三种。各个认定指对能精湛演绎重要无形文化财艺能的传习者又或能完美体现重要无形文化财工艺技术的传习者所实施的认定，与我国的同类认定相同。综合认定是指针对因两人以上者融于一体精湛演绎艺能又或两人以上者完美体现拥有共同特色的

---

① 顾仲阳：《我国世界自然遗产和双遗产总体保护状况良好》，《人民日报》2022 年 6 月 12 日第 4 版。

② 此处的技艺是指日本无形文化财中的艺能和工艺技术，整体认定是指综合认定和保持者团体认定。

③ 李致伟：《通过日本百年非物质文化遗产保护历程探讨日本经验》，博士学位论文，中国艺术研究院，2014 年，第 3 页。

④ 宋俊华：《非遗保护的契约精神与可持续发展》，《文化遗产》2018 年第 3 期。

工艺技术之情形时，对于这些传习者所组成的团体的组成人员所实施的综合性认定。保持团体认定是指针对艺能又或工艺技术在特征上个人色彩淡薄且该艺能又或工艺技术的传承者人数居多之情形时，对于由这些传习者作为主要成员的团体所实施的认定。① 此外，"人间国宝"这一非法律用语，仅限于指获得"各个认定的"传习者；"综合认定"仅限于艺能领域；"保持团体认定"仅限于工艺技术领域。目前，日本共有各个认定者378名（艺能198名、工艺技术180名，在世111名）、综合认定14个团体（2230名）②、保持团体认定16个团体（约数千人）③，这些群体构成了一个个非物质文化遗产保护与传承的共同体，共同守护着文化遗产的多样性和融合性。

我国虽然参考和借鉴了日本的"人间国宝"制度，设立了国家级非物质文化遗产项目代表性传承人认定制度④，但我们疏于认真分析，过于

---

① [日]文化厅：《無形文化財》，2015年3月15日，https://www.bunka.go.jp/seisaku/bunkazai/shokai/mukei/，2022年8月24日。

② 注：这14个团体分别是宫内厅式部职乐部（雅乐）（现26名、总66名）、社团法人日本能乐会（能乐）（现547名、总1013名）、人形净琉璃文乐座（人形净琉璃文乐）（现62名、总165名）、社团法人传统歌舞伎保存会（歌舞伎）（现207名、总446名）、传统组踊保存会（组踊）（现84名、总129名）、义大夫节保存会（音乐）（现28名、总69名）、常磐津节保存会（音乐）（现22名、总60名）、一中节保存会（音乐）（现10名、总19名）、河东节保存会（音乐）（现14名、总14名）、宫园节保存会（音乐）（现14名、总14名）、荻江节保存会（音乐）（现14名、总14名）、琉球舞踊保存会（舞踊）（现85名、总98名）、清元节保存会（音乐）（现23名、总24名）、传统长呗保存会（音乐）（现98名、总99名）。这些团体中多数都有集于团体骨干的专职演奏家协会，当某演奏家的娴熟演技被同行认可时，若上述团体接纳其正式加入（通常会有会员的推荐又或互选）时，其作为"重要无形文化财保持者团体组成员"的身份也会被同时追加认定。上述14个团体均设有遴选种子选手的考核小组，实施若干年一次的追加认定。以上内容，参见日本文化厅《文化審議会の答申（重要無形文化財の指定及び保持者の認定等）》，2022年7月22日，https://www.bunka.go.jp/koho_hodo_oshirase/hodohappyo/pdf/93741301_01.pdf，2022年8月26日。

③ 这16个团体分别是陶艺类的柿右卫、小鹿田烧、色锅岛，染织类的伊势型纸、喜如嘉芭蕉布、久米岛䌷、久留米绊、宫古上布、结城䌷、小千谷缩/越后上布，漆艺类的轮岛涂、津轻涂，手漉和纸类的细川纸、石州半纸、本美浓纸、越前鸟子纸。工艺技术保持团体与艺能的综合认定不同，且因各项目内容差异、经营主体不同、产业规模不一等原因，难以按人员数量作为统计依据，多以团体为单位。

④ 文旅部：《文化和旅游部关于政协十三届全国委员会第一次会议第0457号（文化宣传类035号）提案答复的函》，2020年12月6日，https://zwgk.mct.gov.cn/zfxxgkml/fwzwhyc/202012/t20201206_916859.html，最后访问日期：2022年8月26日。

审慎选择，未能主动将其可复制、可推广的认定制度和保护经验借鉴到我国的非物质文化遗产保护工作实践中。我国非物质文化遗产项目代表性传承人认定制度经过15年的探索与努力，尽管成绩有目共睹，但也暴露出一定的制度漏洞和薄弱环节。其实诸多学者很早就关注到了此类痛点问题，祁庆富先生认为，在非物质文化遗产保护中，传承是核心和灵魂，要深刻认识、理解传承，深入研究传承。① 萧放先生则认为，针对单一属性的非物质文化遗产和综合性质的非物质文化遗产，决定了我们需采取不同的文化保护措施。② 周超也先生认为，借鉴日本的经验，应对我国的非物质文化遗产项目代表性传承人制度不断地进行改革和完善。③ 宋俊华先生同样认为，对非物质文化遗产项目代表性传承人进行群体认定，既是对非物质文化遗产主体和传承典范的肯定和彰显，也是对代表性传承人认定的补充和完善，且日本的经验值得借鉴。④ 周刚志先生则认为，对于非物质文化遗产保护实践中出现的"完善代表性传承人制度"和"完善区域性整体保护制度"等议题，需要通过及时修订《非物质文化遗产法》来实现其法治化。⑤

2019年12月，湖北省宜昌市印发《宜昌市市级非物质文化遗产代表性项目代表性传承人认定及管理办法》，率先在全国市级层面迈出创新步伐，将代表性传承人认定制度分为个人和团体⑥，着力探索认定传承团体新范式。2022年1月，广东省开始实施的《广东省省级非物质文化遗产代表性传承人认定与管理办法》，将"群体"纳入"省级非物质文化遗产

---

① 祁庆富：《论非物质文化遗产保护中的传承及传承人》，《西北民族研究》2006年第3期。
② 萧放：《关于非物质文化遗产传承人的认定与保护方式的思考》，《文化遗产》2008年第1期。
③ 周超：《日本文化遗产保护法律制度及中日比较研究》，中国社会科学出版社2017年版，第153页。
④ 宋俊华：《非遗代表性传承群体认定何以可为》，《文化遗产》2022年第4期。
⑤ 周刚志：《非物质文化遗产的传承发展亟待更完善的法治保障》，《中国非物质文化遗产》2021年第6期。
⑥ 宜昌市文化和旅游局：《宜昌市市级非物质文化遗产代表性项目代表性传承人认定及管理办法》，2019年12月13日，宜昌市文化和旅游局网站，http://whly.yichang.gov.cn/content-12813-959612-1.html，最后访问日期：2022年8月27日。

代表性传承人"范畴①，则率先在全国省级层面系统谋划推进创新。地方的先行先试，拓宽了我们的视野和思路，实现了创新创造与学习借鉴的良性互动。2021年8月，国务院印发的《关于进一步加强非物质文化遗产保护工作的意见》中提出"对集体传承、大众实践的项目，探索认定代表性传承团体（群体）"②，我们甚至可以大胆预见一下未来，想必这一制度也会在后期《非物质文化遗产法》的修订中得到落实和执行。

目前，拥有不可移动文物76万多处、国有可移动文物1.08亿件（套）、世界遗产56处、联合国教科文组织非物质文化遗产名录项目42项、世界记忆遗产10项、全国重点文物保护单位5058处、国家级非物质文化遗产代表性项目名录1557项（3610子项）、国家历史文化名城141座、中国历史文化名镇名村799个、中国民间文化艺术之乡964个、中国传统村落6819座，这些亮眼的数字背后，全面展现了中国当代文化遗产保护与发展的生动实践。同时，《文物保护法》将古脊椎动物化石和古人类化石等同文物的观念，《非物质文化遗产保护法》中规定的整体性保护和生产性保护之模式，《山东省文物保护条例》在全国首次提出的"地下文物保护区"概念以及在全国率先认定的"水中文物保护区"等实践，折射出中国在文化遗产领域不断聚积的创新动力，同时也在不断地提炼形成中国理念、中国方案和中国经验。这些不菲成就，使得我国的文化遗产事业改革发展迎来了历史的最好时期③，联合国教科文组织前总干事伊琳娜·博科娃④、现总干事阿祖莱也多次在各种场合高度评价我国为人类文化遗产事业上取得的巨大成绩和做出的杰出贡献。⑤ 2021年11月，

---

① 中华人民共和国中央人民政府：《中共中央办公厅 国务院办公厅印发〈关于进一步加强非物质文化遗产保护工作的意见〉》，2021年8月12日，http：//www.gov.cn/zhengce/2021-08/12/content_5630974.htm，2022年8月27日。

② 广东省文化和旅游厅：《广东省级非物质文化遗产代表性传承人认定与管理办法》，2022年1月4日，http：//whly.gd.gov.cn/open_newgfxwj/content/post_3737114.html，2022年8月27日。

③ 李群：《国务院关于文物工作和文物保护法实施情况的报告——2021年8月18日在第十三届全国人民代表大会常务委员会第三十次会议上》，《中华人民共和国全国人民代表大会常务委员会公报》2021年第6期。

④ 沈策：《非遗保护的"中国经验"》，《光明日报》2017年1月17日第12版。

⑤ 国家文物局：《世界遗产大会落幕 新增29处世界遗产》，2019年7月12日，国家文物局网站，http：//www.ncha.gov.cn/art/2019/7/12/art_1027_155946.html，2022年8月27日。

十九届六中全会进一步将文化遗产保护首次写入党的历史决议，并从战略上作了全局性规划和设计，"加大文化遗产保护力度"已成为全党意志，进一步优化了顶层设计，为今后我们铸就中华文化新辉煌、加快建设社会主义文化强国奠定了坚实基础。

　　成绩属于过去，奋斗赢得未来。习近平总书记曾深刻指出："无论是物种、技术，还是资源、人群，甚至于思想、文化，都是在不断传播、交流、互动中得以发展、得以进步的。"① 日本的文化遗产保护制度为我们提供了一扇窗口，诸如联合国教科文组织有关非物质文化遗产的概念体系、中国实施的非物质文化遗产代表性传承人认定制度、韩国推行的人间国宝指定机制等均源自日本的理念和举措，还包括了日本政府及社会各界对此做出的积极努力和卓越贡献。因此，进一步推进文化遗产保护事业发展实践，积极构建社会主义文化强国品牌矩阵，既要守正，呵护我们的"传家宝"，不断弘扬中华优秀传统文化，亦要创新，顺应社会发展情势，直面新任务新要求，对理念进行再认识，对制度进行再解读，对体系进行再完善，努力推进文化遗产保护理念、制度体系等多方面的创新，"坚持洋为中用、开拓创新，做到中西合璧、融会贯通"②，文化遗产并非孤立存在，其与我们的社会文化环境、生产生活方式等密切相关，对其的保护不是终极目标，我们不仅对其要守得住，还得让其"活"起来，"让收藏在博物馆里的文物、陈列在广阔大地上的遗产、书写在古籍里的文字都活起来，让中华文明同世界各国人民创造的丰富多彩的文明一道，为人类提供正确的精神指引和强大的精神动力"③，真正把文化遗产丰富的精神内涵之"根"留住。同时，文化遗产的保护与利用、传承和创新将是一个循序渐进、逐步提升的过程，不能冀望其一步到位、一蹴而就。从这个意义上讲，今天的我们对文化遗产的自身价值、社会功能的认识仍然不够深刻、不够充分。面对这样的情况，从学术层面围绕文化遗产体系做出全景式阐述，厘清其固有的大思路、大逻辑，并对其

---

　　① 习近平：《把中国文明历史研究引向深入　增强历史自觉坚定文化自信》，《求是》2022年第14期。
　　② 习近平：《习近平在文艺工作座谈会上的讲话》，《人民日报》2015年10月15日第2版。
　　③ 习近平：《文明交流互鉴是推动人类文明进步和世界和平发展的重要动力》，《求是》2019年第9期。

内在机理从理论上进行进一步的提升和整合,从而以整体的理论指导全面的实践,既是广大学者不能回避也无法回避的现实关切和时代命题,也是深入领会习近平总书记关于文化遗产思想理论并付之于行动的主动之举。

结　　语

　　进入21世纪以后，作为世界排名第二和第三的经济体大国——中国和日本在经济领域继续为推动世界发展而做出积极努力和贡献之同时，在国际舞台上，都更加倾力构建、宣传提升各自的国家文化软实力。中日两国一衣带水，均属于东亚文化圈，故在以汉字书法、儒家思想、佛教文化、土木建筑、歌舞戏剧等为核心而铸就的民族文化遗产中也有着诸多的共性特征。故此，当文化立国被视为国家战略时，两国在此方面所表现出的积极务实态度、迈出的坚定重大步伐也就势在必然了。可见（见表10-1），中日两国基本上都是在21世纪初确立了各自的国家文化软实力发展战略计划的，而文化遗产作为构建国家文化软实力的基础和重要动力源，自然受到中日两国中央政府重视，将其作为首要实施的事项来看待。

表10-1　　　　中日两国国家文化软实力发展战略确立时间表

国别 时间	中国	日本
1979	邓小平指出物质文明和精神文明同时建设	文化立国概念首次提出
1992	邓小平提出发展才是硬道理	设置文化财保护策划特别委员会
1996	中共十四届六中全会通过《关于加强社会主义精神文明建设若干重要问题的决议》	《21世纪文化立国方案》出台
1997	中央设置精神文明建设指导委员会	文化立国战略实施
1998	文化部成立文化产业司	《文化振兴基本纲要》颁布
1999	文化产业进入快速发展期	日本"人间国宝"人数达265人

续表

国别 时间	中国	日本
2000	首次提出文化产业概念	《文化审议会令》颁布
2001	《文化产业发展第十个五年计划纲要》颁布	《文化艺术振兴基本法》颁布

资料来源：中国部分的内容笔者参照"中共中央党史和文献研究院编：《中华人民共和国大事记（1949年10月—2019年9月）》，《人民日报》2019年9月28日第9版"；日本部分的内容参照"日本文化厅：（https://www.bunka.go.jp/tokei_hakusho_shuppan/hakusho_nenjihokokusho/archive/index.html）"相关数据制作。

而中国通过普及语言（孔子学院，2004年）——宣传文化（世界双遗产，2010年）——观光体验（全域旅游，2015年）这一方式，莫过于是一种最好的"文化性很强的经济事业和经济性很强的文化事业"[①]。囿于篇幅原因，诸如中国在戏曲、歌舞、体育、中医等领域的优势，日本在动漫、游戏、电影、音乐等产业的亮点，本论暂不为比较考证。但从上述两国在语言推广、世界遗产和世界非物质文化遗产的申请及利用方面所取得的成就来看，在资源拥有量上和数量排名方面，中国都有着绝对的优势。但在实施成效方面，特别是对比最近十年间中日两国接待入境旅游外国人次（见表10-2），可以看出，中国数据尽管整体上略有上升，但日本在此方面取得的成绩更加亮眼。

表10-2　　　　中日两国入境旅游外国人次及增降比例
（2007—2019年）[②]

年份	中国相关数据		日本相关数据	
	入境旅游外国人次	与往年比增降比例	入境旅游外国人次	与往年比增降比例
2007	2610万人次	17.5%	835万人次	13.8%
2008	2432万人次	-6.8%	835万人次	0

---

① 于光远：《论普遍有闲的社会》，中国经济出版社2005年版，第51页。
② 因新冠疫情原因，各个国家对于新冠疫情的防控都比较严格，旅游行业也成为受疫情影响最为严重的行业，故本统计未列入2020年和2021年数据。

续表

年份	中国相关数据 入境旅游外国人次	中国相关数据 与往年比增降比例	日本相关数据 入境旅游外国人次	日本相关数据 与往年比增降比例
2009	2193万人次	-9.8%	679万人次	-18.7%
2010	2612万人次	19.1%	861万人次	26.8%
2011	2711万人次	3.8%	621万人次	-27.8%
2012	2719万人次	0.3%	835万人次	34.4%
2013	2629万人次	-3.3%	1036万人次	24.0%
2014	2636万人次	0.3%	1341万人次	29.4%
2015	2598万人次	-1.4%	1973万人次	47.4%
2016	2815万人次	8.4%	2403万人次	21.8%
2017	2917万人次	3.6%	2869万人次	19.3%
2018	3054万人次	4.7%	3119万人次	8.7%
2019	3188万人次	4.3%	3188万人次	2.2%

资料来源：中国相关数据参照"中华人民共和国文化和旅游部：《旅游数据》，2020年6月30日，http://www.cnta.gov.cn/zwgk/lysj/，2020年12月31日"中的相关数据，数据中不包含港澳台同胞入境人次；日本相关数据参照"日本政府观光局：《訪日外客数（年表）》，2020年6月30日，https://www.jnto.go.jp/jpn/statistics/visitor_trends/index.html，2020年12月31日"中的相关数据，数据中不包括已经获得日本政府颁发的具有"永住（俗称绿卡）"资格的外国人；该表由笔者制作。

中国共有四次出现入境人数下降，2008年、2009年均因受当时金融危机的影响，2013年和2015年则与当年主要客源国的入境人数下降有关。日本共有两次出现入境人数下降，2009年也因受当时金融危机的影响，2011年则与当年本州岛海域发生的地震、海啸和核泄漏事故有关。排除掉两国国土面积、人口数量因素外，日本的整体表现则更优、更突出，如2015年的增幅比例，是十年以来增长最高的，而2017年的入境人次，几乎与中国持平，2018年则已经超越了中国。2019年日本则略有下降，中国则略有上升，中日两国都达到了3188万人次。

但考虑到中国的国土、人口、国际影响力等原因，入境旅游发展环境在持续优化方面还有进一步提质的必要，尤其是从国家顶层设计的角度来看，中国2015年文化部下发的《关于开展"国家全域旅游示范区"创建工作的通知》，提出进一步发挥旅游观光业在转换方式、调整结构、普惠民生中的积极作用。2016年2月，文化部公布了首批国家全域旅游示范区创建名录共计262个；同年11月，文化部又公布了第二批国家全域旅游示范区创建名录共计238个，海南省还被确定为全国首个全域旅游创建省。2017年政府工作报告中，李克强总理两次提到"全域旅游"，其首次被写入政府工作报告，"全域旅游"四字则被列为政府工作报告的12个新词之一。2018年3月，国务院办公厅印发《关于促进全域旅游发展的指导意见》，提出要大力发展乡村、休闲、全域旅游。可见，国家从宏观角度努力构建实现旅游业与文化及其他行业产业的深度融合。

全域旅游是指在一定的行政区域内（市或县），以旅游业为优势主导产业，实现区域资源有机整合、产业深度融合发展和全社会共同参与，通过旅游业带动乃至于统领经济社会全面发展的一种新的区域旅游发展理念和模式。其主要考核指标为旅游观光业的收入增加值要占申报市县GDP比重的15%以上；从事旅游观光业人数要占申报市县本地就业总数的比重达20%以上；年游客观光接待人次要达到申报市县本地常住人口数量的10倍以上；申报市县当地居民（农民）年纯收入的20%以上来源于旅游观光业；申报市县的旅游观光税收要达到地方财政税收的10%左右；申报市县区域内要有特色鲜明的旅游品牌或资源，丰富多彩、覆盖面广。

全域旅游的核心理念（见图10-1）重在全资源的整合，也即是全时间（全天候的，无论白天还是黑夜，无论春夏还是秋冬）、全空间（全社会的参与，不仅仅局限在景区，企业单位、事业单位、游客和居民均可充当旅游观光事业中的主体功能，实现景点带动景区、景区带动社区、社区带动地域发展）、全产业（多产业融合，要使得第一、第二、第三产业都积极主动融合到旅游观光事业中来，从被动变主动）、全过程（充分利用科技手段，提升旅游观光的舒适性和快捷性，不仅仅是在目的地，旅游前和旅游后的环节也应体现出服务差异化的可评价性和可追溯性）。

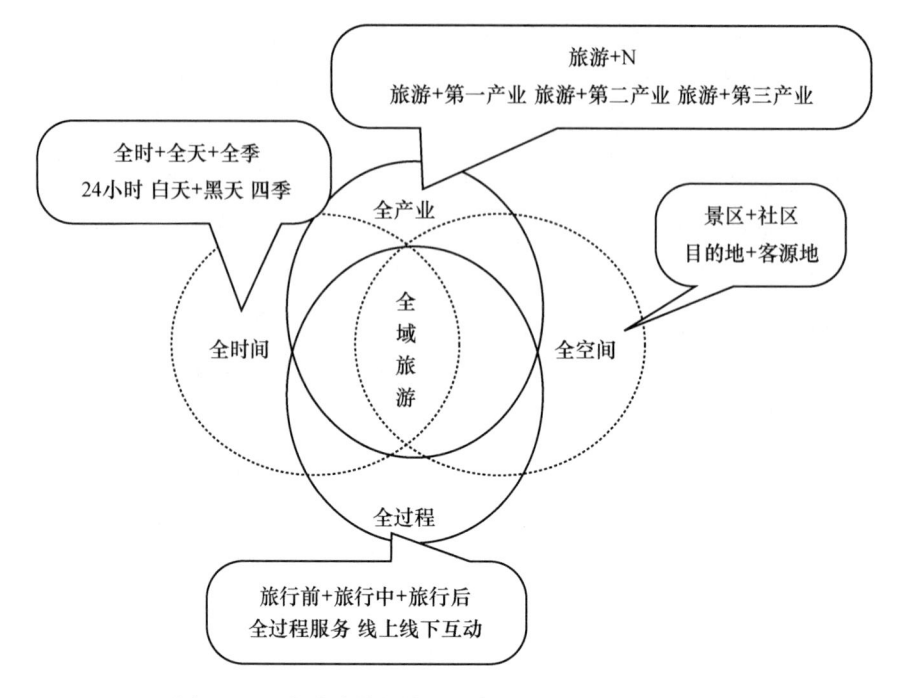

图 10 - 1　全域旅游的核心理念——"四全"发展概略

资料来源：本图参照"《国务院办公厅关于促进全域旅游发展的指导意见旅游数据》，2018年3月22日，中华人民共和国中央人民政府，http://www.gov.cn/zhengce/content/2018-03/22/content_5276447.htm，最后访问日期：2020年12月31日"中的相关内容，由笔者制作。

可见，中央政府力促发展的全域旅游，其实质就是"促进旅游业从单一景点景区建设管理向综合目的地服务转变，从门票经济向产业经济转变，从粗放低效方式向精细高效方式转变……努力实现旅游业现代化、集约化、品质化、国际化"[①]。全域旅游直指全游客的市场观、全产业的融合观、全资源的整合观，是新时代下旅游发展战略的再定位，是一场具有深远意义的变革。

而从日本遗产的实践的角度，以城市（镇）为全域旅游目的地的空间尺度最为适宜（日本唯有东京没有日本遗产名录项目），这也正好契合中国全域旅游中的"大力发展乡村、休闲、全域旅游"的主旨。尤其是

---

① 广东省旅游局：《国家旅游局关于印发〈全域旅游示范区创建工作导则〉的通知》，2017年6月13日，广东省旅游局，http://zwgk.gd.gov.cn/006940247/201706/t20170613_709085.html，最后访问日期：2018年11月16日。

日本遗产中从封闭的旅游自循环向开放的"旅游＋"融合发展的思路和理念，其与文化、农业、工业、林业、交通等产业所形成的综合新产能，均可为中国提供更多的尝试和机遇。

2019年3月，文化和旅游部办公厅印发了《国家全域旅游示范区验收、认定和管理实施办法（试行）》和《国家全域旅游示范区验收标准（试行）》，其旨在充分发挥国家全域旅游示范区在促进全域旅游发展中的示范引领作用。同年9月，文化和旅游部公布首批国家全域旅游示范区验收认定名单，共71家单位认定为国家全域旅游示范区，合格率仅为27%。可见，国家全域旅游示范区，尚且任重道远，如何充分利用中国广阔的地理空间和丰富多彩的文化优势，增加弹性供给，进一步优化结构与提升品质，开发多样化的文化旅游新产品，才是主道。

目前，中国无论是世界遗产还是世界非物质文化遗产，其数量都稳居世界第一，甚至还是世界出境观光第一国。但相较之下，尽管中国占有资源和数量方面的优势，但外国人入境中国游的发展却十分缓慢。中日两个作为各自的最大入境旅游客源国，双方互补优势明显。"天下大事，必作于细"[①]。日本为适应联合国教科文组织世界非物质文化遗产名录申报/评审制度而尝试性地探索出的——"大胆创新、合理利用、惠国惠民、世界扬名"——有强大生命力的——"以退为进"的创新发展之路，确实可资为中国提供些许全新的思路和有益的借鉴；日本遗产所体现出的文旅融合的深度发展，旅游业正从单一观光向体验式、休闲度假式转变，其产品种类更加细分、主题形式更加丰富等特点和理念，都可为中国新时代文化遗产的保护与利用提供参考和借鉴，为中国文化强国战略注入新动能。

习近平总书记强调："今天，我们要铸就中华文化新辉煌，就要以更加博大的胸怀，更加广泛地开展同各国的文化交流，更加积极主动地学习借鉴世界一切优秀文明成果。"[②] 文明因多样而交流，因交流而互鉴，因互鉴而发展。展望未来，笔者深信，秉承十九大报告中"加强文物保护利用和文化遗产保护传承。健全现代文化产业体系和市场体系，创新

[①] （春秋）老子著，（魏晋）王弼注：《道德经》，中华书局1985年版，第62页。
[②] 评论员：《铸就中华文化新辉煌》，《光明日报》2019年8月24日第2版。

生产经营机制，完善文化经济政策，培育新型文化业态。广泛开展全民健身活动，加快推进体育强国建设，筹办好北京冬奥会、冬残奥会。加强中外人文交流，以我为主、兼收并蓄。推进国际传播能力建设，讲好中国故事，展现真实、立体、全面的中国，提高国家文化软实力"[1] 之精神，践行党的二十大报告中"加大文物和文化遗产保护力度，加强城乡建设中历史文化保护传承""深化文明交流互鉴，推动中华文化更好走向世界"[2] 的要求，中国也必然会在借鉴—融合—创新的发展过程中，通过借鉴日本特有的创新精神及其与民族民间传统文化相结合而总结出的宝贵经验，走出走好自己的中华优秀传统文化创造性转化、创新性发展之路，提炼在文化遗产保护与利用方面的中国经验。

---

[1] 习近平：《决胜全面建成小康社会　夺取新时代中国特色社会主义伟大胜利——在中国共产党第十九次全国代表大会上的报告》，《人民日报》2017年10月28日。

[2] 习近平：《高举中国特色社会主义伟大旗帜　为全面建设社会主义现代化国家而团结奋斗——在中国共产党第二十次全国代表大会上的报告》，人民出版社2022年版，第45—46页。

参考文献

一　**专著类**（按作者汉字拼音为序，先中文后外文）

蔡尚伟、温洪泉等：《文化产业导论》，复旦大学出版社2006年版。

陈柏福：《我国文化产业"走出去"发展研究》，厦门大学出版社2014年版。

邓显超：《发展文化软实力的国际经验与中国选择》，中国政法大学出版社2015年版。

范英、夏俊杰：《文化强国论》广东高等教育出版社2013年版。

房列曙：《中国文化史纲》，科学出版社2001年版。

费孝通：《论人类学与文化自觉》，华夏出版社2004年版。

冯天瑜、何晓明等：《中国文化史》，上海人民出版社2015年版。

洪晓楠：《提高国家文化软实力的哲学研究》，人民出版社2013年版。

胡惠林：《文化产业学》，高等教育出版社2006年版。

黄书光：《文化差异与价值整合》，教育科学出版社2011年版。

黄正泉：《文化生态学（上、下册）》，中国社会科学出版社2015年版。

惠铭：《文化强国理念与实践》，社会科学文献出版社2013年版。

贾磊磊：《中国文化发展战略的时代抉择》，商务印书馆2016年版。

江畅、孙伟平等：《中国文化发展报告（2018）》，社会科学文献出版社2018年版。

康保成：《傩戏艺术源流》，广东高等教育出版社2011年版。

孔润年：《文化建设的伦理审视》，中国社会科学出版社2015年版。

雷巧玲、田建军：《中国梦视域下文化强国战略研究》，中国社会科学出版社2017年版。

李江涛：《当代文化发展新趋势研究》，中央编译出版社2009年版。

梁漱溟：《东西文化及其哲学》，上海人民出版社2015年版。
刘绍坚：《文化产业：国际经验与中国路径》，中国社会科学出版社2014年版。
骆郁廷：《文化软实力：战略、结构与路径》，中国社会科学出版社2012年版。
彭兆荣：《文化遗产十讲》，云南教育出版社2012年版。
单霁翔：《从"文物保护"走向"文化遗产保护"》，天津大学出版社2008年版。
苏国勋、张旅平等：《全球化：文化冲突与共生》，社会科学文献出版社2006年版。
孙承：《日本软实力研究》，中国政法大学出版社2013年版。
唐向红：《日本文化与日本经济发展关系研究》，东北财经大学出版社2012年版。
王先俊：《走向文化强国的理论旗帜》，人民出版社2017年版。
王文章：《非物质文化遗产概论（修订版）》，教育科学出版社2013年版。
熊澄宇：《世界文化产业研究》，清华大学出版社2012年版。
杨莉萍、殷瑜等：《世界文化产业案例选析》，四川大学出版社2006年版。
于光远：《论普遍有闲的社会》，中国经济出版社2005年版。
曾长秋：《世界文化概论》，中南大学出版社2012年版。
张岱年、方克立：《中国文化概论》，北京师范大学出版社2004年版。
张国涛：《传播文化：文化传播的中国思考》，中国传媒大学出版社2015年版。
张国祚：《中国文化软实力发展报告（2016）》，北京大学出版社2017年版。
周和平：《文化强国战略》，学习出版社2013年版。
［德］塞曼·杜林：《全球化与后殖民主义》，中央编译出版社1998年版。
［法］弗雷德里克·马特尔：《主流——谁能打赢全球文化战争》，商务印书馆2012年版。
［荷］吉尔特·霍夫斯泰德、［荷］格特·扬·霍夫斯泰德：《文化与组织：心理软件的力量（第2版）》，李原等译，中国人民大学出版社

2010年版。

［加］D. 保罗·谢弗：《文化引导未来》，许春山等译，社会科学文献出版社2008年版。

［美］迈克尔·巴尔：《中国软实力：谁在害怕中国》，石竹芳译，中信出版社2013年版。

［美］塞缪尔·亨廷顿：《文化的重要作用》，程克雄译，新华出版社2010年版。

［美］塞缪尔·亨廷顿：《文明的冲突与世界秩序的重建（修订版）》，周琪译，新华出版社2010年版。

［日］宫田了：《文化立国へ：文明時代の終わりから文化時代へ》，広島：知的財産権サポート協会2008年版。

［日］国末憲人：《ユネスコ「無形文化遺産」：生きている遺産を歩く》，東京：平凡社2012年版。

［日］加藤周一：《日本文化中的时间与空间》，彭曦译，南京大学出版社2010年版。

［日］金山宣夫：《新·文化立国論》，東京：産業能率大学出版社1979年版。

［日］名古忠行：《文化立国日本のすすめ》，東京：丸善プラネット2012年版。

［日］明石康等編著：《日本と国連の50年：オーラルヒストリー》，京都：ミネルヴァ書房2008年版。

［日］七海ゆみ子：《無形文化遺産とは何か》，東京：彩流社2012年版。

［日］青柳正規：《文化立国論：日本のソフトパワーの底力》，東京：筑摩書房2015年版。

［日］青木保：《「文化力」の時代——21世紀のアジアと日本》，東京：岩波書店2011年版。

［日］松浦晃一郎：《ユネスコ事務局長奮闘記》，東京：講談社2004年版。

［日］松浦晃一郎：《世界遺産：ユネスコ事務局長は訴える》，東京：講談社2008年版。

［日］樋口昭編：《民俗文化財保護行政の現場から》，東京：岩田書院

2007 年版。

［日］文化庁监修：《新しい文化立国の創造をめざして：文化庁 30 年史》，東京：ぎょうせい1999 年版。

［日］相馬尚文：《文化立国論：日本の特性を生かした選択》，東京：新風舎 2007 年版。

［日］岩本通弥编：《世界遺産時代の民俗学：グローバル・スタンダードの受容をめぐる日韓比較》，東京：風響社 2013 年版。

［日］岩渕功一：《文化の対話力—ソフト・パワーとブランド・ナショナリズムを越えて》，東京：日本経済新聞出版社 2007 年版。

［日］佐藤卓己编：《ソフト・パワーのメディア文化政策：国際発信力を求めて》，東京：新曜社 2012 年版。

［日］Yasushi Watanade、David L. et al. , *Soft Power Super Powers：Cultural and National Assets of Japan and the United Satates*, New York：M. E. Sharpe Inc Printed，2008.

二 论文类（按作者汉字拼音为序，先中文后外文）

柏贵喜：《民族认同与中华民族认同浅论》，《西南民族大学学报》2011 年第 11 期。

柏贵喜：《"名录"制度与非物质文化遗产保护》，《贵州民族研究》2007 年第 5 期。

陈淳、顾伊：《文化遗产保护的国际视野》，《复旦学报》2003 年第 4 期。

陈心林：《人类学视阈下非物质文化遗产名录制度的反思》，《青海民族研究》2015 年第 4 期。

程永明：《日本文化软实力的提升路径》，《黑龙江社会科学》2017 年第 5 期。

杜小军：《日本文化软实力的早期建构管窥》，《外国问题研究》2019 年第 3 期。

段超、孙炜：《关于完善非物质文化遗产保护政策的思考》，《中南民族大学学报》2017 年第 6 期。

哈正利、刘占勇：《中国民族学人类学本土化、国际化的困境与方向》，《民族学刊》2019 年第 3 期。

贾金玺：《日本文化遗产"活用"的经验与启示》，《人民论坛》2017 年第 22 期。

金春梅：《文化软实力视角下的日本观光立国战略》，《世界地理研究》2014 年第 3 期。

康保成：《日本的文化遗产保护体制、保护意识及文化遗产学学科化问题》，《文化遗产》2011 年第 2 期。

李海霞：《日本文化产业战略思想及其启示》，《现代日本经济》2010 年第 6 期。

李吉和、陈怡霏：《民族歧视问题研究述评》，《中南民族大学学报》2018 年第 5 期。

廖明君、周星：《非物质文化遗产保护的日本经验》，《民族艺术》2007 年第 1 期。

刘少东：《日本政府软实力建设观察》，《人民论坛》2013 年第 17 期。

卢坦：《日本发展文化产业中的海外输出》，《福建论坛》2016 年第 4 期。

彭修银、邹坚：《空寂：日本民族审美的最高境界》，《华中师范大学学报》2005 年第 1 期。

邱金英：《中国文化软实力分析》，《文化学刊》2010 年第 6 期。

孙洁：《日本文化遗产体系（上）》，《西北民族研究》2013 年第 2 期。

孙洁：《日本文化遗产体系（下）》，《西北民族研究》2013 年第 4 期。

谭志满、霍晓丽：《文化空间视阈下土家织锦保护与传承研究》，《西南民族大学学报》2013 年第 10 期。

田光辉、田敏：《充分挖掘区域特色，促进民族文化旅游产业发展》，《贵州民族研究》2015 年第 12 期。

王京：《关于日本文化遗产保护制度的几个问题》，《文化遗产》2012 年第 1 期。

王林：《中外历史文化遗产保护制度比较》，《城市规划》2000 年第 8 期。

王鑫坤：《文化产业国际化的日本经验及启示》，《中国经贸导刊》2016 年第 11 期。

吴咏梅：《浅谈日本的文化外交》，《日本学刊》2008 年第 5 期。

项久雨：《论日本软实力的向度》，《江淮论坛》2012 年第 5 期。

严永和：《论〈联合国原住民权利宣言〉第 31 条的保护对象及其制度设

想》,《中央民族大学学报》2013年第6期。

叶淑兰:《日本文化软实力:生成与借鉴》,《社会科学》2015年第2期。

苑利:《日本文化遗产保护运动的历史和今天》,《西北民族研究》2004年第2期。

张建立:《试析日本文化软实力资源建设的特点与成效》,《日本学刊》2016年第2期。

赵云川:《日本文化遗产保护法的滥觞和步履》,《文化遗产》2011年第4期。

周超:《日本的文化遗产指定、认定、选定与登录制度》,《学海》2008年第6期。

周超:《在文化遗产的保护与利用之间》,《文化遗产》2020年第1期。

周星:《文化人类学在中国和日本之间的可能性》,《中山大学学报》2018年第6期。

［日］Bertorelli Caroline:《ユネスコ無形文化遺産の課題》,《観光学研究》2018年总第17期。

［日］出口晶子:《東アジアの木造船文化継承のゆくえ》,《国際常民文化研究叢書》2018年总第12期。

［日］大貫美佐子:《「無形文化遺産の保護に関する条約」第17条の分析と日本の国際支援の可能性》,《文化政策研究》2011年总第5期。

［日］二神葉子:《無形文化遺産の保護に関する第13回政府間委員会の概要と課題》,《無形文化遺産研究報告》2019年总第13期。

［日］峯俊智穂:《世界文化遺産の法的保護》,《森下財団紀要》2016年第1期。

［日］高崎理子:《文化遺産と国際法:文化遺産の有する価値と文化国際主義》,《沖縄キリスト教学院大学論集》2014年总第10期。

［日］関根理恵:《アランフェスの文化的景観に関する研究》,《江戸川大学紀要》2017年总第27期。

［日］門田岳久:《聖地観光の空間構築》,《観光学評論》2016年第2期。

［日］山路興造:《無形文化遺産の記録保存における歴史と課題——無形民俗文化遺産を中心に》,《日本印刷学会誌》2016年第2期。

［日］加藤博文：《アイヌ民族の歴史文化遺産の魅力》，《学士会会報》2019年第6期。

［日］下田一太：《世界文化遺産に登録された遺産の保存・管理・活用》，《世界遺産学研究》2017年第4期。

［日］雪村まゆみ：《世界遺産登録基準の選択傾向に関する一試論：辺境の世界遺産に着目して》，《関西大学社会学部紀要》2017年第1期。

［日］一柳（上野）智子：《無形文化遺産の保護とは何か》，《民族芸術》2010年第26期。

［日］中川智絵：《民藝運動と文化遺産の継承》，《京都外大国際文化資料室紀要》2012年総第8期。

［日］中島ひかる：《共同体のアイデンティティと記憶》，《東京医科歯科大学教養部》2019年総第49期。

［日］種田明：《産業遺産、世界遺産への道》，《跡見学園女子大学観光コミュニティ学部紀要》2017年第2期。

［日］Mc Gray Douglas：Japan's Gross National Cool，*Foreign Policy* 2002年総130期。

后　　记

2009年9月，我有幸考取中山大学民俗学专业博士研究生，师从时任中山大学中国非物质文化遗产研究中心主任的康保成先生，从事非物质文化遗产保护理论与实践研究工作。2010年10月，受国家留学基金管理委员会（CSC）的资助，我从中山大学中退，赴日本九州大学人间环境学府，师从兼任日本民族学会和日本宗教学会理事的関一敏先生，学习民族学。而如何从民族学的视角下研究文化遗产，正是进入21世纪后国际及中国学术界经久不衰的研究热点。基于此国际背景和专业研究方向，我开始关注中日各自的文化遗产的有效保护与合理利用。

可以说，在文化遗产保护与利用领域，中日各有优势和侧重，又有着不同的面向与诉求。中国文化遗产种类丰富，分布密、数量大，亟待保护和研究；日本文化遗产立法完备，制度完善、体系健全，相互衔接与配合。如何搭建中日文化遗产保护与利用分享平台和两国人民交往的重要渠道，贡献于"构建人类命运共同体"的全球实践，本书正是对此方面做出的新的尝试和有益探索。

《中日韩非物质文化遗产的比较与研究》（康保成著，中山大学出版社，2013年）、《日本文化遗产保护法律制度及中日比较研究》（周超著，中国社会科学出版社，2017年）作为此方面的先行研究成果，其以鲜明的学术特色在新时代中日文化遗产比较学术史上占有重要的位置，具有多方面的典范意义。本书继承了前者的思考体系，既追求小中见大、厚积薄发，又力争言之有据、不发空论，且在方法论上更为自觉，也更为系统，尤其对两部著作中有关日本《文化财保护法》汉译部分所存在的不足和错误也加以辨析，逐一修改，既着力吸收和借鉴了现有研究成果，又从多方面完善现有研究的不足。

总体来说，中国的中日文化遗产比较研究兴起得较晚，理论研究相对薄弱，体系研究成果较为分散。囿于我自身对文化遗产的学习和了解不够全面和深入，因而在问题的具体研究和翻译过程中，将点、面恰当结合，形成一套严密自洽的学术逻辑体系之目标尚有难度，对书中存在错误和疏漏，敬请学界诸位不吝指正。今后，我仍将创新性地推动该相关理论的修正和完善，以理论分析为基础、以现实问题为入口、以国际经验为参照，提炼出中国文化遗产研究的新视角、新方法、新观点，从文化遗产的角度体现出中国特色、中国风格和中国气派，在世界格局中建构中国文化话语。